# TANNHEIMER BERGE

# Alpenvereinsführer

Ein Taschenbuch in Einzelbänden
für Hochalpenwanderer, Bergsteiger und Kletterer
zu den Gebirgsgruppen der

# Ostalpen

Herausgegeben vom
Deutschen und vom Österreichischen Alpenverein
sowie vom Alpenverein Südtirol

Band

# Tannheimer Berge

Reihe: Nördliche Kalkalpen

MARCUS LUTZ

# Tannheimer Berge

Ein Führer für Täler, Hütten und Berge
mit 60 Fotos, 41 Anstiegsskizzen nach UIAA,
6 Kartenskizzen und geologische Profile
sowie einer siebenfarbigen Wanderkarte
im Maßstab 1:50000 mit Panoramarückseite

**Verfaßt nach den Richtlinien der UIAA**

BERGVERLAG RUDOLF ROTHER GMBH · MÜNCHEN

Umschlagbild:

Rote Flüh (R 102) und Hochwiesler (R 123) vom Ort Haldensee (R 5) im Tannheimer Tal. Im Vordergrund der Haldensee.

Foto: Wolfgang Mayr

Alle Rechte vorbehalten
1. Auflage 1982
ISBN 3 7633 1239 0
Hergestellt in den Werkstätten Rudolf Rother GmbH · München
(2058/2218)

# Geleitwort zum Alpenvereinsführer
# Tannheimer Berge

Mit dem Alpenvereinsführer Tannheimer Berge liegt nun ein weiteres Werk vor, das in besonderer Weise dem Anspruch der Bergwanderer und Kletterer nach vollständiger und systematischer Beschreibung eines Gebietes gerecht wird: Durch die Ausgliederung der Tannheimer Berge, die in geografischer Hinsicht den Allgäuer Alpen zuzuordnen sind, aus dem „Alpenvereinsführer Allgäuer Alpen" ließ sich eine nahezu lückenlose Abdeckung dieser Gebirgsregion in einem dennoch nicht zu umfangreichen Werk verwirklichen. Als bereits 44. Band der AV-Führerreihe ist diese Schrift ein weiterer Schritt zur Verwirklichung des Vorhabens, ein umfassendes Führerwerk der Ostalpen in deutscher Sprache vorzulegen.

Bearbeitet nach den neuen „Grundsätzen und Richtlinien für Alpenvereinsführer" von 1980 und nach den Richtlinien der UIAA ist der „AVF Tannheimer Berge" ein zuverlässiger Ratgeber für Kletterer wie auch Bergwanderer gleichermaßen. Durch seine ebenso exakten wie einheitlich aufgebauten Routenbeschreibungen ist er nicht zuletzt ein weiterer wichtiger Beitrag zur Sicherheit in den Bergen. Möge er den Bergfreunden diesseits und jenseits der Grenzen ein nützlicher Begleiter durch die Tannheimer Berge sein.

München, im Frühjahr 1982

Für den Verwaltungsausschuß
des Deutschen Alpenvereins
**Raimund Zehetmeier**
Vorsitzender des Verwaltungs-
ausschusses des DAV, München

Für den Verwaltungsausschuß
des Österreichischen Alpenvereins
**Gedeon Kofler**
Vorsitzender des Verwaltungs-
ausschusses des OeAV, Innsbruck

Für den Alpenverein Südtirol
**Dr. Gert Mayer**
Erster Vorsitzender

# Inhaltsverzeichnis

Die Zahlen hinter den Orts- und Gipfelnamen von Kapitel II, III, IV und V sind die Randzahlen.

# Verzeichnis der Abbildungen

Der Name hinter dem Bildtitel ist der Name des Bildautors.

# Verzeichnis der Skizzen

*Aus der Lehrschriftenreihe des Bergverlages*

Sepp Gschwendtner

## Sicher Freiklettern

Wandkletterei – Reibungskletterei – Piaztechnik – Rißklettern – Kamin-
klettern – Spezielle Klettertechnik – Abklettern – Training – Das Sichern
mit Klemmkeilen.

128 Seiten. Zahlreiche Abbildungen und Skizzen. 1. Auflage 1982.

Zu beziehen durch alle Buchhandlungen

**Bergverlag Rudolf Rother GmbH · München**

# Vorwort des Verfassers

Endlich! Es ist vollbracht, wie man so schön zu sagen pflegt. Jetzt haben also auch die Tannheimer Berge ihren Alpenvereinsführer. Nun sind also auch hier (fast) alle Runsen, Ritzen, Risse, Hakenleitern, Kamine, Bänder, Verschneidungen und sonstigen Felsformen in Routenbeschreibungen festgehalten und fordern zur Ersteigung heraus; immer nach dem Prinzip; „Die linke Hand am Fels, in der rechten **den** Führer"

Als Autor habe ich mich bemüht, die doch sehr oberflächliche Bewertung der Schwierigkeiten der Kletterführer der letzten Auflagen des damaligen „Anhängselführers" zum AVF Allgäuer Alpen richtig zu stellen. Hier war ich besonders auf die kritische Mitarbeit von Einheimischen angewiesen, deren Bewertungsvorschläge einen gesunden Mittelweg ergeben haben. Im Zweifelsfalle bin ich dann bei der konventionellen Bewertung lieber etwas höher gegangen, während ich bei den Freikletterbewertungen streng vorgegangen bin.

Meine Hoffnung, jedem gerecht zu werden, wird sich vermutlich nicht erfüllen, wenn man die vielen Kletterbilder im Führer betrachtet. Doch ich meine, daß die „Extremen" ein Recht haben, auch optische Informationen zu erhalten; außerdem machen sie den Führer lebendiger und lockern die Monotonie von Beschreibungen und Skizzen auf. Schön wäre es, wenn der Führer dazu beitragen würde, die Tannheimer Berge sowohl dem Bergsteiger als auch dem Kletterer näherzubringen und ihnen allen aufzeigen könnte, daß es sich mehr als einmal lohnt, diesen Gebirgsstock zu besuchen. Die Tannheimer Berge bieten allen etwas, nicht zuletzt auch dem Sportkletterer, dem ich hier vermehrt Rechnung getragen habe — auch auf die Gefahr hin, daß Fotos in Führerwerken von Kletterern mit Magnesiabeuteln einigen Unmut erwecken könnten.

Auch wenn ich fast alle Kletterrouten selbst, oft mehrfach, durchstiegen habe, so war ich dankbar für jeden Hinweis von Freunden, denen ich im Folgenden danken möchte:

Reiner Loderer, Füssen; Reinhard Kleebauer, Schwangau; Anton Bartenschlager, Schwangau; Josef Trenkle, Pfronten; Manfred Osterried, Pfronten; Alfred Maringele, Nesselwängle; Leopold Jeller, Nesselwängle; Franz Martin, Steingädele; Max Niggl, Füssen; Fritz Weber, Marktoberdorf; Mathias Bertle, Pfronten; und vor allem meinem „Actionfotograf" **Wolfgang Mayr,** der sich sehr darum bemühte, diesen Führer mit informativen Bildern auszustatten und auch sonst noch einiges beisteuerte.

Man sieht, daß es allein eben doch nicht geht, und gerade deshalb freut mich die bereitwillige Mitarbeit von allen obengenannten, denen ein „gscheiter" Tannheimer-Führer ebenso wichtig und wertvoll erschien. Sollten sich trotzdem noch Fehler bzw. Unklarheiten eingeschlichen haben, danke ich jedem im voraus, der mit seinen Hinweisen auf den Korrekturzetteln (Seite 325—328) dieses Führers zu einer Verbesserung beiträgt.

Buching, im Januar 1982                                      Marcus Lutz

# Das UIAA-Gütezeichen

Die UIAA (Union Internationale des Associations d'Alpinisme) hat Richtlinien für Schwierigkeitsbewertung und Routenbeschreibung herausgegeben. Ist ein Kletterführer nach diesen Richtlinien verfaßt, erhalten Autor und Verlag das Recht, dies durch Abdruck des UIAA-Gütezeichens kundzutun.

Was beinhalten die Richtlinien?

- Alle besonderen Routenmerkmale wie Schwierigkeitsgrad, Zeit, Länge und/oder Höhe des Anstiegs, Art der Kletterei, besondere Gefahren usw. sind im Beschreibungskopf, der Routenbeschreibung vorangestellt, anzuführen.

- Zugang und Anstieg sind voneinander zu trennen und separat zu beschreiben.

- Die Beschreibung des Routenverlaufs ist kurz und eindeutig (wenn möglich, in Seillängen gegliedert) abzufassen.

- Normalwege sind auch in Abstiegsrichtung zu beschreiben.

- Die Bildgestaltung muß unmißverständlich sein.

- Routenskizzen müssen die internationalen Symbole aufweisen.

- Werden Routenbeschreibungen durch Skizzen ergänzt, müssen beide miteinander übereinstimmen.

- Und weitere Forderungen.

Die Überprüfung von Text, Bildern und Skizzen gemäß UIAA-Richtlinien erfolgt durch den DAV (Sicherheitskreis), der die Belange der UIAA in der Bundesrepublik vertritt.

Die Richtlinien verlangen **keine** Überprüfung der Richtigkeit aller Angaben und Routenbeschreibungen. Dies wäre bei der Fülle der Führen und bei der Vielzahl der Routenbeschreibungen jedes einzelnen Führers auch gar nicht möglich. So können sich auch bei UIAA-geprüften Führern nach wie vor noch unrichtige Beschreibungsdetails einschleichen. Autor und Verlag sind angehalten, möglichst gewissenhaft zu arbeiten.

**Pit Schubert**
Sicherheitskreis im DAV

# I. Einführender Teil

## 1. Zur Geographie der Tannheimer Berge

### 1.1 Lage und Begrenzung

Durch ihre Lage am Nordrand der Alpen und die damit verbundene schnelle Erreichbarkeit haben sich die Tannheimer Berge zu einem bevorzugten Ausflugs- und Tourenziel entwickelt. Dies besonders im Frühjahr und Herbst, da hier die Tannheimer Berge gegenüber den Dolomiten oder anderen höheren Gebirgsgruppen klimatisch bevorzugt sind.

Nach der für die Alpenvereinsführer maßgeblichen Einteilung der Ostalpen gehören die Tannheimer Berge zu den Allgäuer Alpen, doch rechtfertigt die relativ isolierte Lage dieses Gebirgsstockes und ihre Bedeutung als Klettergebiet die Behandlung in einem eigenen Führer.

Eingerahmt wird das Tannheimer Bergmassiv im Westen vom Enge- und Achtal, im Süden vom Tannheimer Tal und im Norden vom Vilstal. Im Osten bildet das Lechtal und der Reuttener Talkessel eine natürliche Begrenzung.

Obwohl einen geschlossenen Gebirgsstock bildend lassen sich auch die Tannheimer Berge in Untergruppen, bzw. einzelne Kämme untergliedern (vgl. Skizze Seite 16):

**1. Westkamm:** bestehend aus Breitenberg, Aggenstein, Brentenjoch-Roßberg mit Rotem Stein, Sebenspitze mit Sebenkopf, Sefenspitze und Seichenkopf.

**2. Nordostkamm:** bestehend aus Hahnenkopf, Großer Schlicke mit Karet- und Bugschrofen, Vilser Kegel und Wildböden.

**3. Hauptkamm:** bestehend aus Läuferspitze, Schartschrofen, Roter Flüh mit Hochwiesler, Gimpel, Schäfer, Kellespitze, Babylonischer Turm, Kelleschrofen, Schneide und Gehrenspitze mit Blachen- und Durrenspitze sowie dem Hahlenkopf.

**4. Südkamm:** bestehend aus Dützel, Hahnenkamm und Gaichtspitze mit Gundenspitze.

### 1.2 Zugänge in die Tannheimer Gruppe

Die Tannheimer Berge liegen verkehrsmäßig recht günstig und lassen sich sowohl vom südwestdeutschen, als auch vom süddeutschen Raum

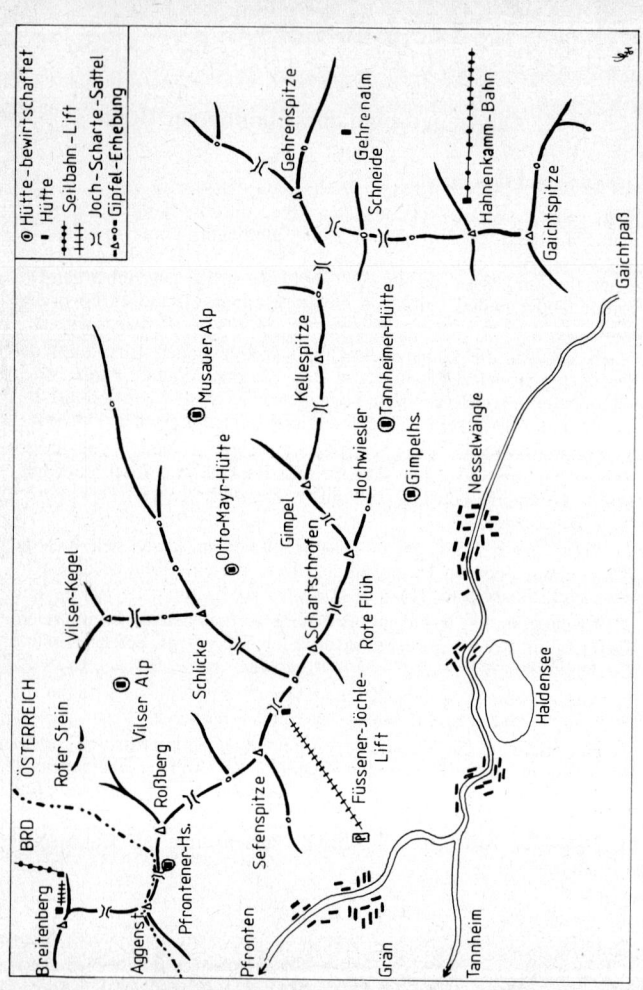

16

**Blick auf die Kette der Tannheimer Berge aus dem Ostallgäuer Vorland (bei Schwangau).**
Wer hätte nicht Lust bei einem solchen Septemberwetter in den Tannheimern zu wandern oder zu klettern?
Foto: W. Mayr

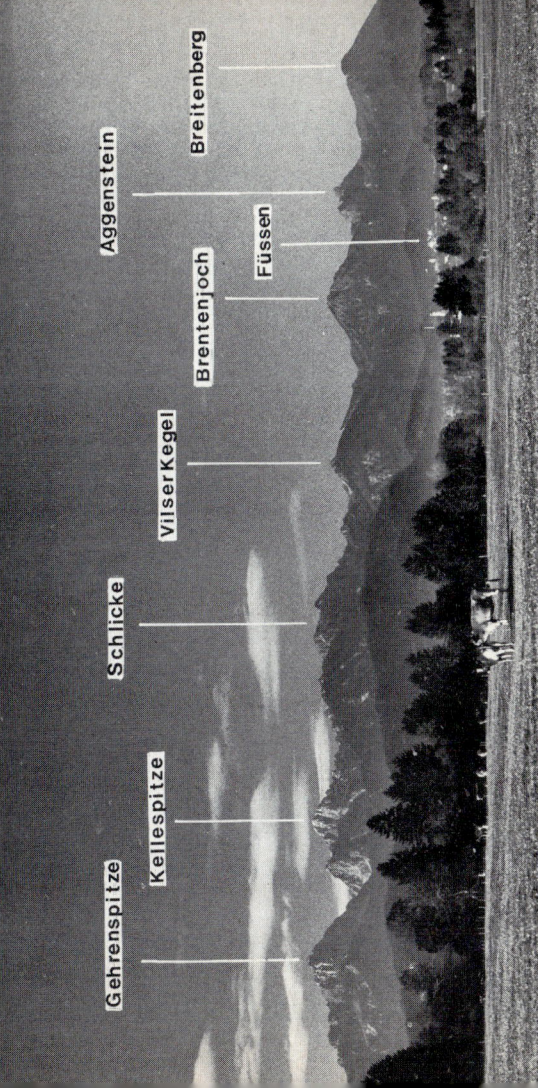

Gehrenspitze · Kellespitze · Schlicke · Vilser Kegel · Brentenjoch · Füssen · Aggenstein · Breitenberg

um Augsburg und München mit Auto oder Bahn schnell erreichen (vgl. auch die Zufahrtswegeskizze auf Seite 19).

**a) Mit dem Auto:** Aus dem württembergischen Raum erfolgt die Zufahrt am schnellsten über Kempten (Autobahn) und Pfronten. An verkehrsreichen Wochenenden ist der Bereich Nesselwang-Pfronten jedoch häufig verstopft! Vom schwäbisch-oberbayerischen Raum erfolgt die Anfahrt über die B 17 oder über Garmisch-Griesen und Ehrwald nach Reutte. Tiroler erreichen die Tannheimer Berge über den Fernpaß und Reutte. Von Vorarlberg vollzieht sich die Anreise über den Arlbergpaß und das Lechtal bis man das Reuttener Becken erreicht. Aus dem Raum Oberallgäu (Sonthofen-Oberstdorf) führt der beste Zugang über den Oberjoch-Paß.

**b) Auch Bundesbahn-Zufahrten:** Zum einen über Füssen (Endstation-Anschluß nach München und Augsburg) um dann mit dem Linienbus die Talortschaften zu erreichen. Oder ausgehend von der Bahnlinie Kempten (zahlreiche Anschlüsse in den südwestdeutschen Raum) — Pfronten — Vils — Reutte — Innsbruck, die die Ausgangsorte zum Teil direkt erreicht.

**Beim Linienbusverkehr** bitte die örtlichen Fahrpläne beachten (zum Teil keine unmittelbaren Anschlüsse).

### Ausgangsorte für die Bergfahrten

Ausgangsort für die Nordseite ist Musau (Bhf.) von dem aus man die Berge um das Reintal erreicht. Pfronten und Vils dienen als Ausgangsorte für die westlichen Berge in den Tannheimern. Der Reuttener Talkessel ist im Prinzip nur für die Südkette und die Gehrenspitze von Bedeutung, während das östliche Tannheimer Tal mit Nesselwängle als Hauptort für die Südseite der Tannheimer Berge ideal gelegen ist.

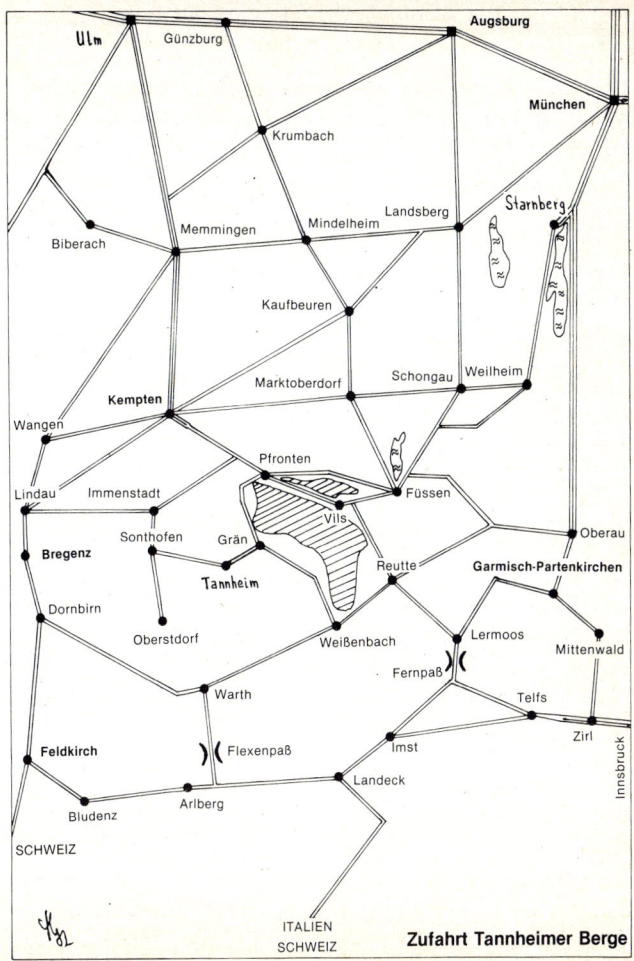

**Zufahrt Tannheimer Berge**

19

# 2. Zur Geologie der Tannheimer Berge

Von Prof. Dr. Ernst Ott

## 2.1 Allgemeines zur Geologie der Nördlichen Kalkalpen

Das Gebirge der Nördlichen Kalkalpen ist ein Stapel sogenannter „Decken". Decken im geologischen Sinne sind von ihrer ehemaligen Unterlage weitflächig abgehobele Teile der oberen Erdkruste, die durch horizontale Untergrundströmungen übereinandergeschoben wurden. Würde man die alpinen Decken wieder auseinanderziehen und in ihrer ursprünglichen Lage zueinander ausbreiten können, so käme man auf einen einstigen Ablagerungsraum von weit über tausend Kilometer Breite. Diesen Ablagerungsraum dürfen wir uns nicht als gleichförmiges Meer vorstellen. Er umfaßte flache Schelfmeergebiete mit Riffplateaus, Festlandsschwellen und Tiefseetröge, die etwa in Ost-West-Richtung verlaufen sind.

Der spätere Zusammenschub und die Auffaltung war keineswegs ein kurzzeitiges Ereignis, sondern ein mehrphasiger Vorgang, der sich über einen Zeitraum von gut hundert Millionen Jahren mit einer Geschwindigkeit von einigen Millimetern bis Zentimetern pro Jahr abgespielt hat. Die alpidische Gebirgsbildung begann in der Unterkreidezeit vor etwa 140 Millionen Jahren, hatte Höhepunkte der Aktivität in der Oberkreide und im Tertiär, und ist heute noch nicht ganz abgeklungen. Gebirgsbildung und Ablagerung von Gesteinen gingen nebeneinander vor sich, es gab im Süden schon Überschiebungen, als im Norden erst der Ozeanboden für die Flyschsedimente bereitet wurde.

Was heute zuoberst im alpinen Deckenstapel liegt, war einst am weitesten im Süden beheimatet; das sind die Kalkalpen im engeren Sinne mit ihren schroffen Kalk- und Dolomitgipfeln. Die darunter liegenden Decken queren wir in rascher Folge, wenn wir von München aus in die Alpen fahren, weil sie in schmalen Zonen von wenigen Kilometern Breite am Alpennordrand zum Vorschein kommen (siehe Abb. 1). Im Untergrund von München liegen die Schichten der Vorlandmolasse noch flach und ungestört. Tektonisch beginnen die Alpen am Hohen Peißenberg, wo diese Molasseschichten schon von der Gebirgsbildung erfaßt und steil aufgerichtet worden sind. Nach Süden folgen einige zu Mulden zusammengepreßte Molassezüge, die in der Ammerschlucht zwischen Saulgrub und Rottenbuch eindrucksvoll aufgeschlossen sind. Diese Faltenmolasse mit hauptsächlich Konglomeraten und Sandsteinen bildet weiter im Westen schon ansehnliche Berge, nämlich die Nagelfluhkette der Immenstädter Berge (Rindalphorn, Hochgrat). Auch die Gesteine der nächstfolgenden Zone, des Helvetikums (Kreide und

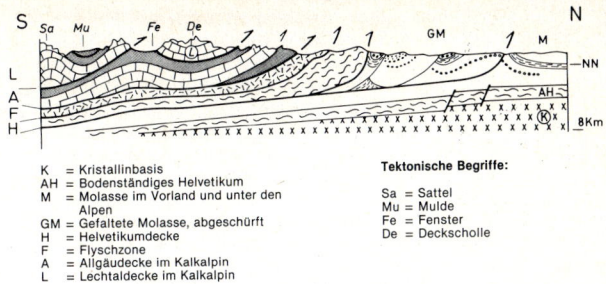

K = Kristallinbasis
AH = Bodenständiges Helvetikum
M = Molasse im Vorland und unter den Alpen
GM = Gefaltete Molasse, abgeschürft
H = Helvetikumdecke
F = Flyschzone
A = Allgäudecke im Kalkalpin
L = Lechtaldecke im Kalkalpin

Tektonische Begriffe:

Sa = Sattel
Mu = Mulde
Fe = Fenster
De = Deckscholle

## Abb. 1 Geologischer Schnitt durch den Nordrand der Alpen

Nach Scholz 1981, geändert.

Literatur:

Bögel, H. & Schmidt, K.: Kleine Geologie der Ostalpen. (Ott) Thun 1976.

Scholz, H. & Scholz, U.: Das Werden der Allgäuer Landschaft. (Verl. f. Heimatpflege) Kempten 1981.

Tertiär), treten im Meridian von München kaum in Erscheinung, hierzu gehören die Kögel im Murnauer Moos oder der Härtling des Schloßberges von Neubeuern im Inntal — im Allgäu hingegen sind sie landschaftsbestimmend (Grünten, Hoher Ifen). Die anschließende Flyschzone ist durch sanfte und meist bewaldete Berge aus kreidezeitlichen Sandsteinen und Mergeln gekennzeichnet (z. B. Blomberg, Hörnle bei Bad Kohlgrub). Erst dahinter folgt das eigentliche Kalkalpin. Es ist wiederum von unten nach oben in drei Deckensysteme unterteilt: Bajuvarikum, Tirolikum und Juvavikum. In Abb. 1 ist das im Westabschnitt der Kalkalpen wichtige Bajuvarikum mit seinen beiden Teildecken Allgäudecke und Lechtaldecke dargestellt.

Der in Abb. 1 dargestellte Deckenbau, über dessen Ausmaß man früher nur Vermutungen hegen konnte, ist in jüngster Zeit durch einige Tiefbohrungen bestätigt worden (z. B. 1979 in Vorderriß, Endteufe 6468 m).

Natürlich liegen alle diese Decken nicht als ungestörter Stapel vor, sondern sie sind in Falten gelegt, zerbrochen, in sich verschuppt, teilweise ausgequetscht oder zu einem Schollenteppich zerrissen. Einige immer wiederkehrende Begriffe der Tektonik sind in Abb. 1 mit aufgenommen: Von einem geologischen Sattel spricht man, wenn die Schichten zu einem Gewölbe nach oben verbogen sind; von einer Mulde, wenn sie schüsselförmig nach unten zusammengestaucht sind. Im inneren Kern

21

eines Sattels liegen immer ältere Schichten als auf seinen Flanken, bei einer Mulde sind im Kern die jüngeren Schichten. Das ist wichtig für das Erkennen solcher Strukturen im Gelände, weil man einen Muldenschluß in der Tiefe ja meist nicht direkt beobachten kann, es sei denn von der Seite her aus einem tiefen Taleinschnitt. Bei einem Sattel wiederum ist sehr oft der Gewölbeschluß schon abgetragen. Überhaupt schafft die Abtragung oft die gegensätzlichen Geländeformen aus diesen Strukturanlagen: Wenn bei einem geologischen Sattel die Schichten im Kern weicher sind als auf den Flanken, so werden sie leichter von der Verwitterung ausgeräumt; was strukturmäßig als Gewölbe angelegt ist, wird oberflächlich zu einer Senke. Umgekehrt kann bei einer geologischen Mulde der Kern ein hartes Gestein sein, das heute als erhabener Gipfelkamm herausmodelliert ist. Die geologischen Begriffe Sattel und Mulde dürfen also nicht mit Oberflächenbegriffen verwechselt werden. Ein durch Verwitterung entstandenes Loch in einer Decke, durch das man auf die darunter liegende Decke schauen kann, bezeichnet man als tektonisches „Fenster".

In den eigentlichen Kalkalpen bestimmen vorwiegend die Gesteine der Triaszeit (vor 225—195 Millionen Jahren) das Gepräge. In den geologisch jüngeren Vorzonen fehlen sie. Ein Schema der regionalen Verteilung der in Perm- und Triaszeit entstandenen Gesteine zeigt die Abb. 2. Als Unterlage sehen wir kristalline Schiefer, die schon in einer früheren Gebirgsbildung vor etwa 300 Millionen Jahren gefaltet und überprägt worden sind und die heute am Südrand der Kalkalpen als Grauwackenzone zutage treten (z. B. Kitzbühler Horn). Auch auf dieser Grauwackenzone lagen einst Gesteine der Nördlichen Kalkalpen, die längst der Abtragung zum Opfer gefallen sind. Ein Zeugenberg davon ist in der Triasinsel des Gaisbergs bei Kirchberg erhalten.

Vor etwa 285 Millionen Jahren begann die Ablagerung der kalkalpinen Gesteine, indem von Osten her zögernd ein Meer in das weitgehend abgetragene alte Schiefergebirge vordrang. Im Berchtesgadener Raum entstanden damals mächtige Salz- und Gipslager (Haselgebirge); weiter im Westen war das Meer noch nicht angekommen, dort wurde zur selben Zeit der rote Alpine Buntsandstein abgelagert. Erst in der Untertriaszeit war das ganze Gebiet von einem flachen Schelfmeer überflutet, das die verschiedenen Schichtglieder des Alpinen Muschelkalks hinterließ. In der mittleren Trias entstanden Riff- und Lagunensedimente auf ausgedehnten Karbonatplattformen in extrem flachen, tropisch warmen Meeren (Wettersteinkalk im Westen, Ramsaudolomit im Osten), in schmalen Kanälen zwischen den Riffkomplexen entstanden die mergeligen Partnachschichten. Der Meeresboden senkte sich langsam, so

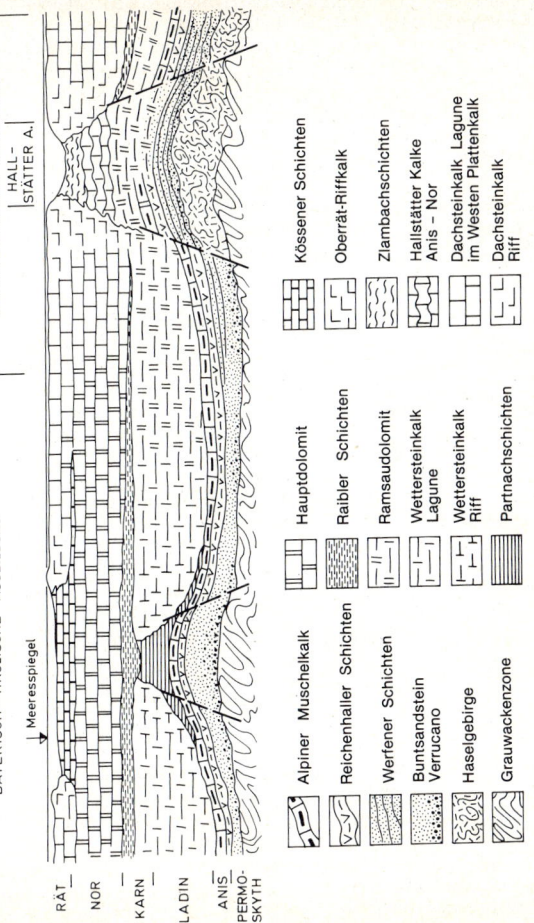

**Abb. 2  Ablagerungsschema der Perm- und Triasschichten der Nördlichen Kalkalpen**

Nach Bögel 1976, etwas geändert.

Legende:

- Alpiner Muschelkalk
- Reichenhaller Schichten
- Werfener Schichten
- Buntsandstein Verrucano
- Haselgebirge
- Grauwackenzone

- Hauptdolomit
- Raibler Schichten
- Ramsaudolomit
- Wettersteinkalk Lagune
- Wettersteinkalk Riff
- Partnachschichten

- Kössener Schichten
- Oberrät-Riffkalk
- Zlambachschichten
- Hallstätter Kalke Anis – Nor
- Dachsteinkalk Lagune im Westen Plattenkalk
- Dachsteinkalk Riff

BAYERISCH - TIROLISCHE AUSBILDUNG

BERCHTESGADENER AUSBILDUNG

HALLSTÄTTER A.

Meeresspiegel

RÄT
NOR
KARN
LADIN
ANIS
PERMO-SKYTH

daß die lichtbedürftigen Kalkbildner (Kalkalgen in den Lagunen, Korallen und Kalkschwämme in den Riffen) in ihrem Wachstum mit der Absenkung Schritt halten konnten und bis zu 2000 m dicke Karbonatgesteinspakete entstehen ließen. Eine vorübergehende Unterbrechung erfolgte durch die Einschüttung der sandig-mergeligen Raibler-Schichten, doch in der Obertrias ging die Karbonatsedimentation wieder weiter, wobei nun im heutigen Berchtesgadener Bereich die ausgedehnten Dachsteinkalk-Riffkomplexe wuchsen. Zwischen diese Riffe zwängten sich von Osten her Zungen mit Rotkalkbildung (Hallstätter Kalke), die aber nicht über den Berchtesgadener Bereich nach Westen hin vorgedrungen sind. Im westlichen bayerisch-tiroler Bereich entstand zur selben Zeit das riesige öde Wattenschlick-Areal des späteren Hauptdolomits. Eine leichte Eintiefung der extrem flachen Hauptdolomitlagune führte zur Bildung des Plattenkalks und schließlich zu einer Ausgestaltung in flache Becken (Kössener Schichten) und Riffzonen mit Oberrätkalk-Riffen.

Mit Beginn der Jurazeit setzen kräftigere Bodenunruhen ein (siehe Abb. 3). Längs von Verwerfungen sinken Gebiete ziemlich schnell ab, dazwischen bleiben Schwellenzonen mit nur geringer Absenkung stehen. Teilweise kommt es sogar zu Hebungen über den Meeresspiegel und zu vorübergehender Verkarstung auf der obertriadischen Karbonatplattform. In den Trögen mit kräftiger Absenkung entstehen tonige und kieselige, dunkelgraue Kalke und Mergel in dünnplattiger Absonderung (Allgäuschichten, im Allgäu bis 1000 m dick). Auf den Schwellen bilden sich zur selben Zeit nur einige Zehnermeter von bunten Jurakalken, die oft voll von Seeliliensstielgliedern sind (Hierlatzkalk im Lias, Vilser Kalk im Dogger). Im höheren Jura, an der Wende von Dogger zu Malm, ist das Meer in den Trögen 1000 bis 2000 m tief, es kommt zur Bildung des kieseligen Radiolarits, der zu einem erheblichen Teil aus den Kieselskeletten mikroskopisch kleiner Einzeller (Radiolarien) besteht. Nach oben hin geht der Radiolarit in die Aptychenschichten über, die aus dem Malm noch in die Unterkreidezeit hineinreichen und nun auch zunehmend die noch bestehenden Schwellenzonen überdecken. Ihren Namen haben die Schichten nach kleinen muschelartigen Fossilien (Aptychen), Verschlußdeckeln von Ammoniten.

In die Unterkreidezeit fällt die erste größere Gebirgsbildungsphase mit beginnender Deckenbildung im Kalkalpin. In der späteren Flyschzone fängt hingegen die Eintiefung und Sedimentation jetzt erst richtig an. Weitere hundert Millionen Jahre wird es dauern, bis die nördlichen Zonen dem Deckengebäude angeschweißt sind und im Jungtertiär endgültig das Meer aus dem Molassetrog weicht. Im Laufe dieser langen Zeit dringt das Meer auch immer wieder in das Kalkalpin selbst vor und la-

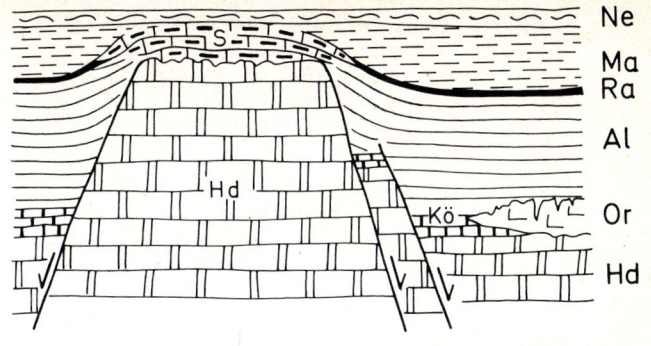

Hd = Hauptdolomit
Kö = Kössener Schichten
Or = Oberrätkalk
Al = Allgäuschichten
Ra = Radiolarit

Ma = Malm-Aptychenschichten
Ne = Neokom-Aptychenschichten,
Unterkreide
S = Bunte Schwellenkalke des
Jura

**Abb. 3   Sedimentation in der Jurazeit. Gliederung in Becken und Schwellen nach dem Zerbrechen der Hauptdolomitplattform aus der Obertrias.**

Stark überhöhter Ausschnitt ohne Maßstab. Nach Scholz 1981, etwas verändert.

gert Konglomerate, Sandsteine und Mergel auf die verstellten älteren Schichten ab, so zu Beginn der Oberkreide (Cenoman-Transgression), zu Ende der Oberkreide (Gosau-Transgression) und im Alttertiär. Doch sind die Schichten aus diesen jüngeren Meeresvorstößen bei weitem nicht so flächenhaft verbreitet wie die alten Triasablagerungen, sondern beschränkt auf lokale Vorkommen.

Nach dem Deckenbau erfolgte schrittweise die Heraushebung im Jungtertiär. Ganz wesentlich zur Oberflächenformung hat schließlich der jüngste Abschnitt der Erdgeschichte beigetragen, das Quartär, das erst vor 2 Millionen Jahren begann. Und zwar mit einer Klimaverschlechterung, die in sechs Kaltzeiten (Donau-, Biber-, Günz-, Mindel-, Riß- und Würm-Eiszeit), unterbrochen von wärmeren Zwischeneiszeiten, das heutige Landschaftsbild schuf.

## 2.2 Einzelheiten zur Geologie der Tannheimer Berge

In dieser Gruppe sind von der Lechtaldecke nördlich drei ost-west-verlaufende Klippenstreifen abgespalten, ehe mit der Gaichtspitze nach Süden hin das zusammenhängende Areal der Lechtaldecke beginnt. Zwischen den aus felsigen Triasgesteinen aufgebauten Klippenzügen ziehen schmale Streifenfenster der Allgäudecke durch, in denen die weicheren Jura- und Kreideschichten hochgepreßt sind. Geht man vom Weißensee am Alpennordrand nach Süden, so quert man folgende Abfolge von Klippen und Fenstern: Zunächst die Falkensteinklippe der Lechtaldecke, dann das Streifenfenster der Allgäudecke im Vilstal, anschließend den Kamm Einstein-Brentenjoch, dahinter das Füssener-Jöchl-Fenster, welches auch durch die Hundsarsch-Scharte zieht; als dritte und wichtigste Klippe folgt der Kamm Gimpel-Gehrenspitze, der im Süden wiederum durch einen Fensterstreifen im Tannheimer Tal flankiert wird, dem Fenster von Nesselwängle und Reutte. Auf den Jungschichten dieses Fensters schwimmen noch ein paar Schollen von Triasgesteinen der Lechtaldecke (z. B. Hahnenkamm-Gipfel), letzte Zeugen der einstigen Überwölbung dieser Zone durch die Lechtaldecke (Abb. 4). Es fällt auf, daß die Klippenstreifen der Lechtaldecke in Mulden der unterlagernden Allgäudecke liegen, stellenweise selbst einen Muldenbau zeigen (z. B. Reintalmulde) und daß die Fensterstreifen dagegen geologischen Sattelzonen entsprechen. Eine Schrägstellung der Faltenachsen, die nach Osten geneigt sind, bewirkt ein Ausheben der Klippen nach Westen hin, wodurch der Einstein und der Gimpel als jeweilige Eckpfeiler ihre beherrschend freie Lage über den umrahmenden Jungschichten erhalten. Andererseits tauchen die schmalen Fensterstreifen der Allgäudecke nach Osten hin ein und verschwinden jenseits des Lech unter den Triasgesteinen der Lechtaldecke der Ammergauer Alpen.

Als tektonische Komplizierung kommt nun in den Vilser Alpen hinzu, daß die Lechtaldecke nochmals in zwei übereinander liegende Teildecken untergliedert ist. Die obere Teildecke oder Lechtaldecke im engeren Sinne besitzt an ihrer Sohle die ältesten Gesteine des Gebietes: Muschelkalk, Partnachschichten und Wettersteinkalk. Die untere Teildecke oder Vilser Stirnschuppe der Lechtaldecke beginnt mit Hauptdolomit. Charakteristisch für ihren Schichtbestand sind Jurakalke in Schwellenfazies (Abb. 3), die oft sogar unter Ausfall von Kössener Schichten und Rätkalken direkt dem Hauptdolomit auflagern. Die bunten, fossilreichen Jurakalke des Dogger am Roten Stein bei Vils, die unter dem Namen „Vilser Kalk" in die alpengeologische Literatur eingegangen sind, gehören zur Vilser Stirnschuppe der Lechtaldecke.

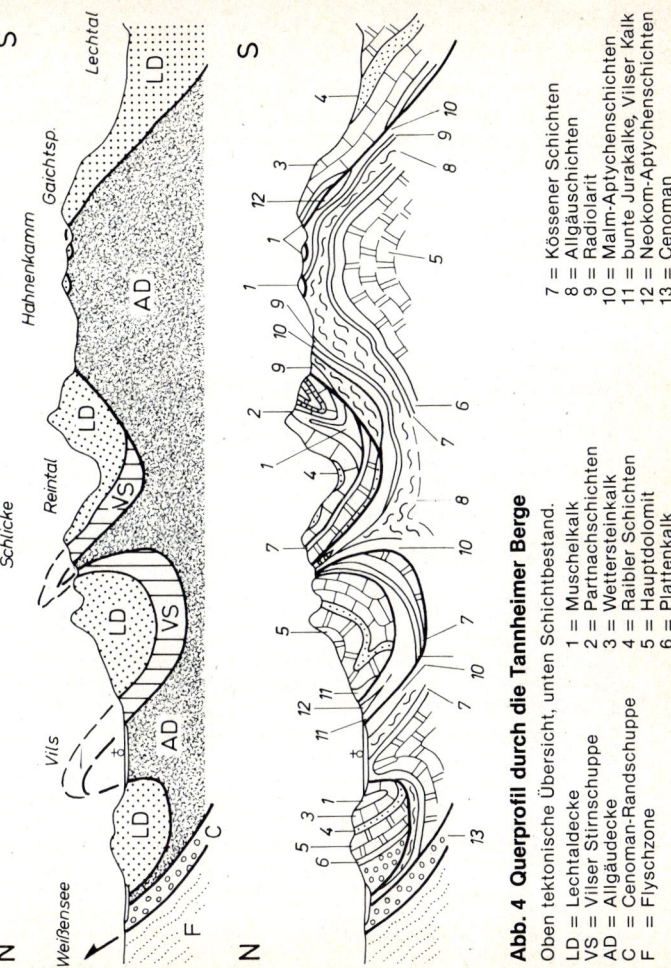

## Abb. 4 Querprofil durch die Tannheimer Berge

Oben tektonische Übersicht, unten Schichtbestand.

LD = Lechtaldecke
VS = Vilser Stirnschuppe
AD = Allgäudecke
C = Cenoman-Randschuppe
F = Flyschzone

1 = Muschelkalk
2 = Partnachschichten
3 = Wettersteinkalk
4 = Raibler Schichten
5 = Hauptdolomit
6 = Plattenkalk

7 = Kössener Schichten
8 = Allgäuschichten
9 = Radiolarit
10 = Malm-Aptychenschichten
11 = bunte Jurakalke, Vilser Kalk
12 = Neokom-Aptychenschichten
13 = Cenoman

27

Die wichtigeren Gipfel im Kamm nördlich des Füssener Jöchl bestehen aus Hauptdolomit, so der Einstein, der bekannte Aggenstein, dazu Brentenjoch, Roßberg und Vilser Kegel. Die Tannheimer Hauptkette hat als Gipfel- und Wandbildner den Wettersteinkalk, den Gimpel, Kellenspitze und Gehrenspitze aufbaut und in dem alle wichtigen Kletterrouten der Tannheimer Berge liegen. In den Südabstürzen der Hauptkette folgen unter dem Wettersteinkalk noch ältere Triasschichten, zunächst die mattenreichen, schwarzen Partnachschiefer (Gernjoch, Sabacher Joch), sodann der Alpine Muschelkalk, der den Gipfel der Schneidspitze bildet. An der Südwestecke der Hauptkette ist noch eine nach Süden überkippte Schuppe angegliedert, deren Wettersteinkalk die Südwestwand der Roten Flüh darstellt. Den Namen hat der Berg allerdings von den darunter durchstreichenden roten Juragesteinen, die schon zum unteren Deckenstockwerk der Allgäudecke gehören, das durch seine weichen Verwitterungsformen den landschaftlich reizvollen Gegensatz zu den hochragenden Wettersteinkalkmauern bildet. Die Hauptkette der Tannheimer Berge ist der Südflügel der Reintalmulde. Der Nordflügel ist nicht symmetrisch dazu: Der Wettersteinkalk an der Schlicke ist nur als dünne Auflage der Südflanke der Schlicke angepreßt, seine Unterlage sind nicht Partnachschichten und Muschelkalk, sondern Rätkalke und Hauptdolomit der Vilser Stirnschuppe (Abb. 4).

Neben dem schon erwähnten Vilser Kalk haben noch zwei andere Schichtglieder der Kalkalpen ihre Typlokalität in den Tannheimer Bergen: Die Schattwaldschichten, weinrote Mergel an der Trias/Jura-Grenze, und die Tannheimer Schichten, flyschartige Ablagerungen aus der höheren Unterkreide, die im Zementsteinbruch oberhalb Vils abgebaut werden.

Interessant ist auch ein Blick auf die jüngste, nacheiszeitliche Fluß- und Talgeschichte des Gebietes, die dazu geführt hat, daß die Vils heute einen merkwürdigen Kreisbogen um die Berggruppe beschreibt. Dabei besitzt sie ganz unterschiedliche Abschnitte im Talverlauf: zunächst im Oberlauf ein ausgereiftes, ausgeglichenes Tal (Tannheimer Talung), dann fast quer dazu verlaufend im Mittelabschnitt ein junges, unausgereiftes Talstück mit Klammstrecke und dem Vilstal, und schließlich ab der Pfrontener Pforte ein ihr viel zu breites Tal, in dem sie plötzlich wieder in Richtung Alpen läuft, um bei Weißhaus schließlich in den Lech zu münden. Den breiten Talboden des unteren Vilstales hat allerdings nicht die kleine Vils geschaffen, sondern der Urlech, der einst von Musau ab in nordwestlicher Richtung floß und bei Pfronten die Alpen verließ. Parallel dazu floß die obere Vils durch das Tannheimer Tal über die Furche von Unterjoch zur Wertach hinüber. Die heutige mittlere Vils war damals nur ein Seitenbach des Urlech, den er bei Pfronten-Ried aufnahm. Durch rückschreitende Eintiefung hat dieser Seitenbach dann das Tannheimer Tal bei Schattwald angezapft. Als schließlich der Lech den Durchbruch am Magnustritt durch den Falkensteinzug durchnagt hatte, hat er die Vils mit zu sich herübergezogen, so daß diese heute von Pfronten-Ried ab in seinem alten Bett, aber in umgekehrter Richtung fließt.

# 3. Allgemeines über die Tannheimer Berge

### 3.1 Der Charakter der Gruppe

Die Tannheimer Berge, in Walter Pauses „Extremen Fels" leicht überheblich als „feiner Klettergarten" bezeichnet, sind bis jetzt nur durch ihre Südwände im Bereich Rote Flüh, Hochwiesler und Gimpel in das Bewußtsein breiter Bergsteigerkreise getreten. Daß es aber außer Wänden mit Wandhöhen „bis maximal 250 Meter" (Walter Pause) auch noch solche mit 700 Meter gibt, ist wenigen Kletterern bekannt geworden. Es ist überhaupt so, daß die Nordseite der Tannheimer Berge überhaupt nichts mehr mit „einem feinen Klettergarten, der aussieht wie richtige Berge" zu tun hat. Karl Sohler, einstiger Seilgefährte von Martin Schließler, hat hierzu folgenden Ausspruch getan: „Wer die schwersten Führen im Reintal klettert (d. h. die Nordabstürze von Gimpel, Kellespitze und Gehrenspitze), der klettert auch anderswo die schwersten Kalkführen." Ich persönlich kann ihm da nur in vollem Umfang zustimmen, denn bis auf wenige Ausnahmen bin ich noch auf keine ernsteren Führen getroffen.

Jedoch sind diese Berge zwischen dem Engetal im Westen und dem Reuttener Talkessel im Osten nicht nur ein reines Klettergebiet. Auch der Wanderer, ob er nun belebte oder menschenleere (so etwas gibts hier auch!) Ziele aufsucht, findet am Formenreichtum bestimmt seinen Gefallen. Überhaupt meine ich, daß die Tannheimer Berge zu den reizvollsten Wandergebieten im nördlichen Alpenraum gehören. Immer wieder bieten sich wunderschöne Ausblicke ins seenreiche Alpenvorland oder beeindruckende Nahblicke auf die zum Teil bizarren Gipfel, Türme und Nadeln. Eine üppige Flora und Fauna (auch den Pfiff des Murmeltieres hört man hier zuweilen noch!) runden den positiven Gesamteindruck dann ab.

Nur an einigen Stellen dieser noch relativ intakten Landschaft beginnt eine an sich unsinnige Erschließung zu nagen. Während die Notwendig-

Rote Flüh  Gimpel

**Der westliche Teil der Hauptkette von Süden**
Aufnahmestandort: Krinnespitze, Aufnahmezeitpunkt: Mai. Die Südwände von Gimpel, Rote Flüh und Hochwiesler bieten fast das ganze
Jahr über Klettermöglichkeiten in festem Fels. An warmen Föhntagen
sind diese Wände im Winter schon nach ein bis zwei Tagen abgetrocknet.
Die leichte Erreichbarkeit aus dem Tannheimer Tal und die kurzen Wandhöhen lassen hier fast von einem „Klettergarten" sprechen.

Foto: W. Mayr

ochwiesler

Schäfer

Gimpelhaus

keit zum Bau einiger Forstweg-Autobahnen noch eingesehen werden kann, da sie einem vernünftigen Zweck dienen, können einige Erschließungsmaßnahmen im Bereich des Wintersportes (nach dem Motto: jedes Örtchen einen Lift!) nicht mehr kritiklos hingenommen werden. Im Bereich des Füssener Jöchles und des Breitenberges werden Baumaßnahmen unternommen oder geplant, die jeder naturverbundene Bergsteiger ablehnen wird. Der Erholungswert dieser Räume ist für den Bergurlauber jetzt nur mehr gering und wird bestimmt nicht größer, zumal Rekultivierungsmaßnahmen zur Gänze unterbleiben. Trotz dieser Wermutstropfen bieten die Tannheimer Berge aber noch viele lohnende Besuchsziele für all jene dar, die ihre Freizeit in den Bergen verbringen wollen. Ganz gleich ob Wanderer oder Superextremer.

## 3.2 Bevölkerung, Besiedlung, Sprache

Bedingt durch die hochtalähnliche Lage des Tannheimer Tales im Süden des Gebirgszuges, erfolgte die Besiedelung erst relativ spät. Ja, das Tannheimer Tal gehört sogar zu den am spätesten besiedelten Gegenden des Allgäus, bzw. Tirols. Die Besiedelung setzte erst im 14. Jahrhundert ein. Da jedoch der Haldensee das Tal in zwei damals unüberbrückbare Hälften trennte, wurde das Tal von zwei Seiten aus besiedelt. Noch heute weisen mundartliche Unterschiede auf diesen Umstand hin. Während man im Westen des Tales, in der Gegend um Tannheim, mehr einen vom allemannischen Sprachschatz geprägten Dialekt vernimmt, hört man im Osten des Tales einen unverkennbaren bayrisch-tirolerischen Einschlag in der Sprache. 1377 wird die erste Pfarrei in Tannheim errichtet. Bis 1818 blieb die kirchliche Herrschaft in Händen der Diözese Augsburg, kam dann zum Bistum Brixen und ab 1964 zum Bistum Innsbruck.

Die weltliche Herrschaft übten zunächst die Grafen von Montfort und der Herren von Heimenhofen. Diese verkauften ihren Streubesitz an Herzog Friederich von Tirol. Da das Tannheimer Tal aus finanziellen Gründen für den Salzhandel, ausgehend von Hall in Tirol, für die Grafschaft Tirol von großer Bedeutung war, trachteten die Tiroler danach auch den Besitz der Grafen von Montfort zu erlangen. 1485 ging das Tannheimer Tal durch Kauf gänzlich in die Hände Tirols über. Die heutige Grenze zu Bayern wurde im österreichisch-bayerischen Grenzregulierungsvertrag von 1844 endgültig festgelegt.

Erwähnenswert ist im übrigen, daß der Gaichtpaß (kommt von „gach" = steil) die älteste Verbindung Tirols zum Westen darstellte.

### Die Hauptkette von Norden

Aufnahmestandpunkt: Reintaljoch (R 34).

Die Nordabstürze von Gimpel, Kellespitze und Gehrenspitze stehen in den strengen Kontrast zu deren Südseiten: diese Wände bieten ausnahmslos ernste und lange Kletterfahrten. Der Reiz einer Wanderung durch das Reintal (im Vordergrund) liegt auch in dem nahen Gegenüber dieser schroffen Nordwände zu den sanften Südhängen des Schlicke-Massivs.

Foto: W. Mayr

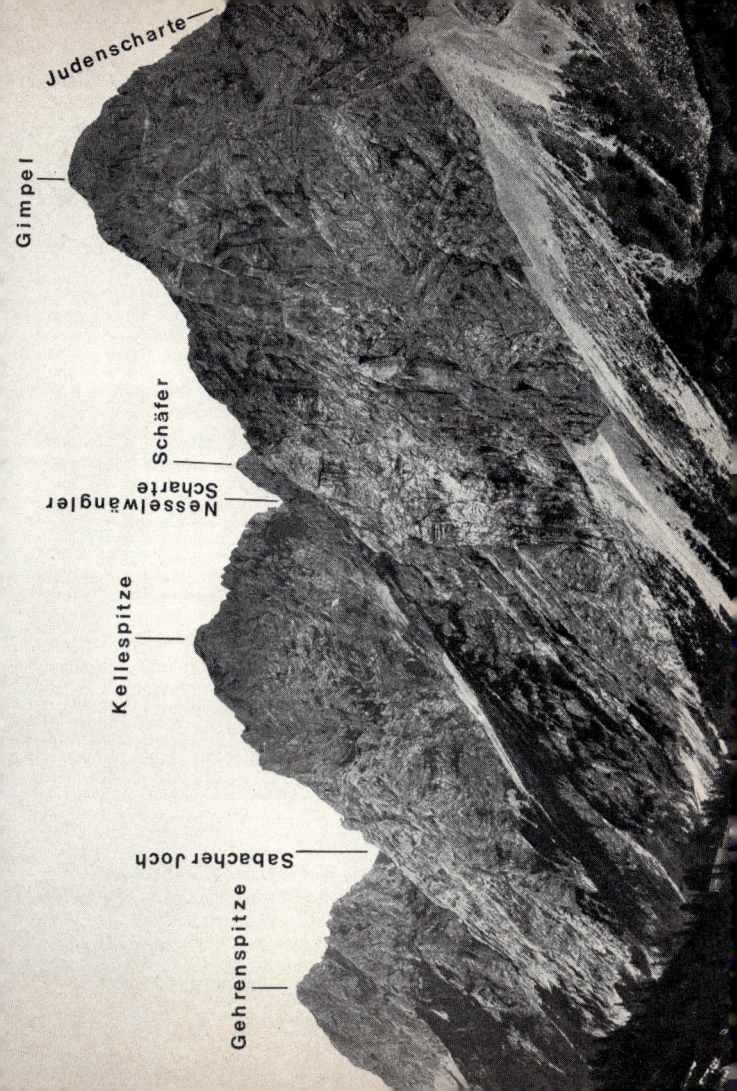

Judenscharte

Gimpel

Schäfer

Nesselwängler
Scharte

Kellespitze

Sabacher Joch

Gehrenspitze

Noch vor dem heute viel bekannteren Arlbergpaß erlangte der Gaichtpaß für den Salzhandel große Bedeutung. Die „Hallstraße", eine Salzhandelsstraße, wurde schon zu Beginn des 16. Jahrhunderts zur freien Reichsstraße erhoben.

Während das Tannheimer Tal von der Pest stark betroffen war, blieb es von Kriegen weitgehend verschont. Erst 1945, am Ende des Zweiten Weltkrieges, wurde die Brücke am Gaichtpaß von abrückenden deutschen Truppen gesprengt. Im Zuge dieser Kampfhandlungen ist damals auch die Ortschaft Grän fast völlig zerstört worden.

Doch die Bewohner des Tales verkrafteten auch dieses Schicksal und heute gehört das fremdenverkehrsmäßig hervorragend erschlossene Tannheimer Tal zu den reizvollsten und attraktivsten Hochtälern in Österreich und auch darüber hinaus.

### 3.3 Klima, beste Jahreszeit

Eine beste Jahreszeit gibt es für die Tannheimer Berge im Prinzip nicht. Denn die südseitigen Kletterführen an Roter Flüh, Gimpel, Hochwiesler oder Sebenkopf sind fast das ganze Jahr über in bestem Zustand. Und in den Tannheimern gibt es eine Reihe lohnender Skitouren, die auch den Winter als „günstige Jahreszeit" für den Besuch der Tannheimer Berge erscheinen lassen (siehe auch Punkt 6 — „Skitouren"). Für die nordseitigen Anstiege ist sicherlich der Hochsommer, für manche sogar erst der Herbst die beste Jahreszeit. Auch die Wanderungen sollten in dieser Zeitspanne von Juli bis Oktober unternommen werden. Gerade eine Wanderung durchs Reintal stellt im Herbst ein großartiges, von eindrucksvollen Kontrasten geprägtes Erlebnis dar! Die südseitigen Anstiege sollten im Hochsommer nicht unbedingt aufgesucht werden, denn dann sieht man vor lauter Schweiß den Fels nicht mehr. In jedem Fall kann man in den Tannheimer Bergen das ganze Jahr über etwas unternehmen ohne das Gefühl zu haben, momentan „fehl am Platze" zu sein!

**Klettern in den Südwänden über dem Tannheimer Tal im Winter**
Blick vom Südriß (R 131) auf einen Kletterer in der „Schusterführe" (R 129) der Hochwiesler-Südwand. Herrliche Ausgesetztheit, zumeist fester Fels und eine elegante Linienführung machen die Schusterführe zu einem Klettergenuß. Die Führen an der Südseite der Tannheimer sind nach Schlechtwetter wieder sehr schnell trocken und weisen selbst im Hochwinter meist kletterbaren Fels auf.                    Foto: M. Lutz

## 3.4 Bergführerbüros

Bergführer werden von den örtlichen Fremdenverkehrsämtern in Tannheim, Nesselwängle und Reutte vermittelt. In Reutte ist auch der Sitz der „Alpinschule Außerfern". Auskünfte hierzu bei Sport Paulweber Reutte mit der Telefonnummer 0 56 72 / 22 32.

## 3.5 Karten und Schrifttum

**Karten:**

Diesem Führer liegt eine mehrfarbige Karte 1 : 50 000 bei, die das gesamte Gebiet abdeckt.

Kompaß-Wanderkarte Nr. 4 „Füssen-Tannheimer Gruppe" 1 : 50 000. Karte „Füssen und Umgebung" vom Bayer. Landesvermessungsamt-München 1 : 50 000. Karte „Wanderkarte Tannheimer Tal" — Bergverlag Rother-München 1 : 50 000 (auch als Beilage im „Kleinen Führer durch das Tannheimer Tal". Siehe unter „Führer").

**Führer:** Heinz Groth: Kleiner Führer durch das Tannheimer Tal, 9. Auflage 1981, Bergverlag R. Rother GmbH München. Eine umfassende Darstellung aller Wanderungen, leichter Bergfahrten und Klettersteige im Bereich der Berge des Tannheimer Tales. Für den Tal- und Bergwanderer sehr zu empfehlen.

**Bergbücher:** R. Messner: Klettersteige Ostalpen — Verlag Athesia, Bozen. A. Thanner: Allgäuer Bergtouren — Fotoverlag Thanner, Nesselwang.

## 3.6 Information für die Tourenplanung

**Ausrüstung**

Neben dem üblichen Klettermaterial erfordern die meisten Touren keine besondere Ausrüstung. Lediglich ein 45-Meter-(Doppel)-Seil ist angebracht, besonders für Touren in der Nordseite. Für diese ist auch ein großes Klemmkeilsortiment sehr von Nutzen, während bei anderen Führen ein umfassendes Hakensortiment unerläßlich ist. Entsprechende Hinweise sind im Beschreibungskopf der jeweiligen Tour enthalten. „Hammerfreie" Begehungen sind vielleicht momentan „in", jedoch rate ich dringend davon ab. Denn unter einheimischen Kletterern sind (gottlob) Bestrebungen im Gange einige Führen wieder in ihren Urzustand zu versetzen. Diese überhaupt nicht verwerfliche Tatsache (siehe auch Kapitel 3.7. Bergsteigerische Erschließung) macht manchmal leider auch nicht vor Standplätzen halt, so daß diese zum Teil neu eingerichtet werden müssen. Desweiteren sollte man bedenken, daß in tech-

# Alpine Auskunft

Mündliche und schriftliche Auskunfts-
erteilung in alpinen Angelegenheiten
für Wanderer, Bergsteiger und
Skitouristen

## ➤ Deutscher Alpenverein

**Montag bis Freitag von 8.30 bis 12.30 Uhr**
**D-8000 München 22, Praterinsel 5**
**Telefon (089) 29 49 40**
[aus Österreich 06/089/29 49 40]
[aus Südtirol 00 49/89/29 49 40]

## ➤ Österreichischer Alpenverein

**Montag bis Freitag von 8.30 bis 12.00**
**und von 14.00 bis 18.00 Uhr**
**Alpenvereinshaus**
**A-6020 Innsbruck, Wilhelm-Greil-Str. 15**
**Telefon (0 52 22) 2 41 07**
[aus der BR Deutschland 00 43/52 22/2 41 07]
[aus Südtirol 00 43/52 22/2 41 07]

## ➤ Alpenverein Südtirol
## Sektion Bozen

**Montag bis Freitag von 9 bis 12**
**und von 15 bis 18 Uhr**
**im Landesverkehrsamt für Südtirol –**
**Auskunftsbüro**
**I-39100 Bozen, Waltherplatz 8**
**Telefon (04 71) 2 18 67**
[aus der BR Deutschland 00 39/471/2 18 67]
[aus Österreich 04/04 71/2 18 67]

nischen Touren immer wieder Haken ausbrechen, die es dann zu ersetzen gilt! Schlechtwetter-Schutzkleidung und Verbandszeug sollten im Rucksack ebenfalls nicht fehlen (ein Rucksack pro Seilschaft genügt ja meist vollends). Wer diese Empfehlungen in den Wind wirft, sollte bedenken, daß schon in der Gimpel Südwand an einem Tag vier (!) Menschen erfroren sind, und das mitten im Sommer! Noch einen weiteren Tip: Der Steinschlaghelm sollte unbedingt mit dabei sein. Nicht nur durch vorauskletternde Seilschaften droht oft große Steinschlaggefahr (auch in Moderouten!), sondern auch durch das Kletterseil selbst. Und es gibt in den Tannheimern keine Führe in der nicht einmal ein Steinchen fällt!

## Alpine Auskunftsstellen der Vereine

Für die Tourenplanung kann über die Telefon-Auskunftsstellen der deutschsprachigen Alpenvereine Information bezüglich der Hüttenbewirtschaftung, den Zustand von Wegen und Anlagen, insbesondere von Klettersteigen (für die Tannheimer jedoch von geringer Bedeutung), eingeholt werden. (Näheres siehe Seite 37).

## Wetterbericht

Eine genaue Wettervorhersage sendet der Bayerische Rundfunk mit seinem Wetterbericht für Bergsteiger täglich kurz nach 7, 12 und 18 Uhr. Dieser Lagebericht und die Vorhersage schließen auch den Raum um die Tannheimer Berge mit ein.

## 3.7 Bergsteigerische Erschließung

Die Ersteigung der Gipfel erfolgte zum Großteil durch einheimische Jäger und Hirten, die im Gegensatz zum damaligen Glauben die Stätten der Dämonen und Geister wagemutig aufsuchten. In dieser ersten Erschließungsphase dürften wohl nur der Kelleschrofen und der Babylonische Turm unbestiegen geblieben sein.

Die ersten touristischen Erschließer waren **Gümbel** und kurz darauf auch **Hermann von Barth,** der den Gimpel von NNO bestieg. Sie leite-

**Hermann Schertel in Aktion**
(Die Aufnahme stammt vom „Hauseck" am Geiselstein).
Stellvertretend für die Erschließergeneration der zwanziger und dreißiger Jahre soll dieses Bild verdeutlichen, mit welcher Ausrüstung damals bereits Routen geklettert wurden, die heute noch den V. und VI. Schwierigkeitsgrad aufweisen.                                    Foto: Archiv Lutz

ten auch die zweite Phase ein, die neben den Normalwegen nun auch nach schwierigeren Wegen suchte. Erwähnenswert ist noch **Königin Maria von Bayern,** die schon vor Hermann von Barth Kelle- und Gehrenspitze erstiegen hatte.

Die herausragenden Köpfe dieser zweiten Erschließerphase waren **Julius Bachschmid, Emanuel Christa, August Weixler** und **Josef Enzensperger.** Ihnen fielen neben der ersten Ersteigung des Kelleschrofen über den heute noch „Bachschmidkamin" genannten rechten Südostkamin (R 191) die erste Ersteigung des West- und Ostgrates der Kellespitze (R 177, 178) als auch der heute übliche Normalweg zum Gimpel (R 137) zu. Die herausragende Leistung jener Epoche war jedoch die erste Begehung des Gimpel Westgrates (R 142). Ohne Haken mitzuführen meisterten sie die Schlüsselstelle des Anstieges, einen kleinen überhängenden Abbruch mit einem Steigbaum. Soweit überliefert, verwendeten sie damals noch Nagelschuhe!

Kurz hernach tauchten zwei Namen auf, die man bis heute nicht vergessen hat. Und dies nicht zu Unrecht, denn die Brüder **Heinrich** und **Robert Haff** eröffneten eine große Zahl von neuen Anstiegen. Bedingt durch die Eröffnung der Alten Südwandführe (R 143) und der Nordwand (R 158) am Gimpel entwickelte sich dieser zum bevorzugten Kletterberg in jener Zeit. Der Ausstieg der Brüder Haff in der Gimpel Nordwand war für jene Zeit eine klettertechnische Sensation. Auch heute noch ist er wohl IV+, wenn nicht gar V—; und das im Jahre 1904! Auch ihre Südwandroute (R 143) am Gimpel sollte unter diesem Aspekt einmal begangen werden! Haken hatten beide, übrigens auch Erstbegeher der Wetterkante an der Zugspitze, nicht dabei. Der erste Weltkrieg brachte dann nur eine kurze Schöpferpause, denn nun tauchten auch erstmals Füssener Kletterer in den Tannheimer Bergen auf. So begingen **Konstantin Schnetz** und **Josef Keller** mit einem Felshaken die Neue Nordwandführe (R 159) am Gimpel. Hier wurde erstmals der sechste Grad in den Tannheimern geklettert. Zuweilen kletterten beide auch barfuß. Mit dem Zweitbegeher dieser Führe, **Max Niggl,** der ebenfalls aus Füssen war, versuchten sie sich kurz darauf am Südpfeiler

### In der Nordwand der Gehrenspitze

Der Kletterer überwindet gerade die Schlüsselstelle der Direkten-Nordwand-Führe (R 220). Diese 1921 von W. Maisel eröffnete Route ist bisher nur selten wiederholt worden, eine Begehung stellt wie alle anderen Nordwandrouten der Hauptkette hohe Ansprüche an den Kletterer. In solchen Routen freut man sich wirklich über jeden Haken – ein Zeichen, daß man auf der richtigen Fährte ist.                                      Foto: M. Lutz

(R 209) der Gehrenspitze. 30 Meter unter dem Ausstieg, bis hierher waren sie ohne Felshaken gekommen, stürzte Schnetz. Das Seil riß . . .
Drei Jahre später beging **Philipp Risch** aus Kempten den Pfeiler, mit wenigen Haken. Schon 1919 war der VI. Grad in den Tannheimern voll erreicht.

Nun ging es aber Schlag auf Schlag, denn auch einige Münchner Kletterer, vom AAVM entdeckten die Südseite der Tannheimer Berge. **Freiherr v. Schwerin, Otto Leixl, v. Siemens, Kadner** und **v. Overkamp** eröffneten neue, wirklich schwierige Führen an der Roten Flüh (R 112, Südwestwand; R 117, Direkte Südwand), am Gimpel, an der Kellespitze (R 181, Direkter Nordgrat), am Kelleschrofen (R 192, Südostkante) und am Babylonischem Turm (R 199, Südwestkante). Die Direkte Südwand (R 117) von Otto Leixl machte den VI. Grad auch an der Roten Flüh salonfähig. Und das lange vor Albert Kleemeier, dem die Einleitung des VI. Grades irrtümlicherweise oft zugeschrieben wird. Man muß es sich schon vor Augen halten, wie zum Beispiel die Direkte Südwand (R 117) an der Roten Flüh erstbegangen wurde. Der Doppelüberhang, bei dem wir vor einem Jahr dachten, daß wir ein interessantes Rotpunkt-Problem gelöst hätten, wurde früher mit einem Haken, der sich am Beginn des zweiten Wulstes befand, überklettert. Heute stecken sechs (!) Haken und zumeist hört man die Strickleitern klimpern, wenn ihn eine Seilschaft überwindet. Jedoch beschränkte sich die Erschließertätigkeit dieser Klettergruppe mit Ausnahme des Kellespitze-Nordgrates ausschließlich auf die Südseite.

An der Gehrenspitze erschien mit dem Namen **Maisel** ein Kletterer, der sich nur an diesem Berg profilierte. Das Glanzstück dieses Mannes ist zweifelsohne die Direkte Nordwand (R 220) an der Gehrenspitze. Diese Führe hat bis heute kaum 10 Wiederholungen und es befinden sich nur etwa 6 Haken in der Führe. Auch hier wurde zweifelsfrei der VI. Grad geklettert. Mit **Willy Merkl** aus Augsburg tauchte dann ein später berühmt gewordenes Gesicht in den Tannheimer Bergen auf. Er beging neue Führen an der Gimpel Nordwand, herausragend dabei die NO-Wand (R 163), und an der Gehrenspitze die Südostwand (R 210). Am Überhang am Ende der Einstiegsrinne kletterte auch er den nun schon bald selbstverständlich gewordenen VI. Grad.

Hauptstützpunkt in jener Zeit war die Otto-Mayr-Hütte im Reintal. Oft kamen sie noch spät in der Nacht naßgeschwitzt herauf, um gleich am Morgen mit wenigen Stunden Schlaf in eine Tour einzusteigen. Die Füssener Kletterer kamen zuweilen sogar zu Fuß ins Reintal. So auch **Karl Lang** und **Hans Schmitt.** Diese beiden kletterten nicht sehr lang, jedoch recht erfolgreich. Man muß sich die beiden schon vorstellen, wie sie barfuß und mit zwei bis drei Haken den Schrägen Riß (R 164), die NO-Kante (R 165) oder den Lang-Schmitt-Kamin (R 162) am Gimpel angingen. Das war im Jahre 1927 und die beiden hatten von der Sicherungstechnik wenig Ahnung. Doch **Karl Lang,** Maurer von Beruf, war ein Kraftmensch und war nicht weniger sein Partner. Übrigens liefen sie auch barfuß von der Judenscharte das Kar hinunter!

Ein anderer Füssener, **Hermann Schertel,** begann ebenfalls in dieser Zeit nach neuen Wegen zu suchen. So machte er mit vier Haken die Rote-Flüh-Südostwand (R 119) und mit sechs Haken die Gimpelturm-Westwand (R 150, heute steckt fast das Dreifache). Auch an der nach ihm benannten Schertelplatte (R 161) in der Gimpel-Nordwand hinterließ er nur zwei Haken! Hermann Schertel wiederholte auch den Battertriß (R 219) an der Gehrenspitze ebenso wie die anderen schweren Führen. Jahre später fand er bei einer Bergung in der Dachstein Südwand den Tod! Hermann Schertel war zu seiner Zeit einer der besten deutschen Kletterer, auch wenn sein Name nicht in aller Munde war wie etwa der von **Walter Stösser** aus Pforzheim. Dieser kam nur einmal in die Tannheimer und machte die erste Begehung des eindrucksvollen Risses in der Gehrenspitze-Nordwand (R 219). Wohl auch wegen seiner Schwierigkeit nannte er ihn „Battertriß". Man muß seinen Bericht in dem Buch „Der Bergsteiger Walter Stösser" lesen! Der Überhang, an dem sie einen Steigbaum machte, ist heute die einzige technische Stelle der Führe geblieben. Die heutigen Zwischenhaken (15 Stück auf 500 Meter Wandhöhe) sind nur zum geringsten Teil von den Erstbegehern, das sollte man nicht vergessen.

In aller Stille eröffnete Mitte der dreißiger Jahre der Pfrontener **Franz Haff,** mit den Gebrüdern Haff übrigens nicht verwandt, einige Neutouren, die bis heute nur wenig Wiederholer gesehen haben. Besonders die Führe an der Kellespitze (R 180) ist eine tolle Leistung. Der Überhang in der zweiten Seillänge ist auch heute noch eine der schwersten Kletterstellen. Die Verschneidung rechts davon ist ebenfalls von Haff und bis heute noch nicht wiederholt, denn ihr Verlauf ist nicht geklärt.

In den Enddreißigern sah man auch den Füssener **Martl Schweiger** auf der Suche nach Neutouren. Seine Neue Südwand (R 142) am Gimpel wies mit dem großen Überhang im oberen Wandteil eine der damals schwersten Kletterstellen im Umkreis auf. Jedoch kamen hier auch erstmals Trittschlingen zum Einsatz (aber nur drei bis vier Haken in der Seillänge!).

Jäh unterbrach der Zweite Weltkrieg jegliche Kletteraktivitäten, doch schon bald nach Kriegsende waren die ersten wieder unterwegs. Zum Teil mit Seilen aus Wehrmachtsbeständen, aber auch mit jahrelang eingemotteten Stricken. Wen wunderts, daß zunächst keine großen Neutouren gemacht wurden, stattdessen gab es mehrere tödliche Unfälle. Erst **Karl Sohler** fand wieder Neuland, das aber bis heute, zum Teil auch wegen mangelnder Informationen, unbeachtet blieb.

Aufsehen in den Tannheimer Bergen erregte damals die einzige Neutour von dem Lechbrucker Kletterer **Toni Ungelert.** Mit wenigen Haken machte er die düstere Nordostwand des Aggensteins (R 54) ersten Male. Lange Zeit blieb sie gefürchtet, auch bedingt durch Abstürze später wiederholender Seilschaften. Umso mehr muß man die spätere Winterbegehung durch **Leo Schuster** aus Nesselwängle als eine großartige Leistung ansehen, denn eine Hakentour läßt sich da schon weitaus risikoloser durchsteigen als eine Freikletterei. Dieser Leo Schuster war es dann auch, der zusammen mit dem Kemptener **Albert („Ali") Kleemeier** die letzte Erschließungsphase einleitete. So gelang diesen beiden die erste Begehung der Südverschneidung (R 116) an der Roten Flüh. Damals steckten im gelben Riß drei Haken. Die graue Verschneidung war ohne Haken erklettert worden und das hernach folgende Dachl war die Schlüsselstelle und wurde bisweilen auch frei überklettert. Auch die Westverschneidung (R 110) an der Roten Flüh beging Kleemeier als erster, wobei die weit überhängende Verschneidung vor dem Halteverbotsschild zum Teil mit alten Besenstielen gangbar gemacht wurde. Überhaupt war Kleemeier im Setzen von Normalhaken oder von Sonderanfertigungen ein Meister. Gebohrt hat er aber nicht, ebensowenig wie sein oftmaliger Partner Leo Schuster. Von den beiden stammen auch die Hochwiesler-Südwestwand (R 125), der Südpfeiler (R 128) und der momentan hakenarme Holzkeilriß am Schäfer (R 172). Aufsehen erregte damals die Führe von Leo Schuster am Hochwiesler (R 129). Schaffte er doch mit wenigen Normalhaken einen freien Durchstieg durch die so abschreckend steile Wand. Lange Zeit nur wenig wiederholt und gefürchtet, besonders zu jener Zeit als in den Tannheimern auch die alten Routen ebenfalls vernagelt wurden.

Während auf der Südseite eine Route nach der anderen im Stil der Zeit geklettert wurde, eröffneten die beiden jungen Füssener Kletterer **Reiner Loderer** und **Georg Ostler** am Gimpel die Direkte Nordwand (R 156). Bis zum Gimpelband schlugen sie 8 Haken, hernach wohl noch ein gutes Dutzend. Und das in einer 550 Meter hohen Wand bei anhaltend extremen Schwierigkeiten. Erste, zum Teil sehr prominente Wiederholer blitzten ab. Schon am Einstieg, am abschüssigen Wulst zumeist. Aber die Nordseite war nicht mehr gefragt, denn am Hochwiesler und an der Roten Flüh wurde eifrig genagelt. Noch allerdings mit konventionellen Tricks und teils rasanten Freikletterstellen, die heute alle unter Eisen begraben liegen! Die Erstbegehung des Südwestpfeilers (R 111) an der Roten Flüh war eine hakentechnische Glanzleistung von Hermann Loderer und **Hartl Waitl** aus Füssen. Doch nun rückten die Tannheimer immer mehr ins Blickfeld der Öffentlichkeit, auf der Südseite zumal. Bald wurden aus den vier Haken im direkten Südpfeilerausstieg am Hochwiesler (R 128) ganze 15! Und so erging es nach und nach allen Routen. Die Nagelei trieb ihre Spiele, auch die alten Führen wurden zu Eisenwegen umfunktioniert.

Die **Gebrüder Rudolph** aus Kempten kamen auf die Idee, über die glattesten Wandstücke eine Route zu erarbeiten. Der Bohrhaken wurde nun salonfähig, am Walterpfeiler (R 126), dem Allgäuer Käsweg (R 125 a), dem Rote Flüh-Riesendach (R 105 a) und auch in einigen anderen Führen wie dem Zentralpfeiler (R 118), der Geisenbergerführe (R 132) oder später dem Maringeleweg (R 133).

Dessen ungeachtet eröffnete der Pfrontener **Mathias Bertle** die Direkte Nordostwand am Aggenstein (R 55), die sowohl hakentechnisch als auch in der Freikletterei hohe Ansprüche stellte. Die wenigen Wiederholer, zumeist einheimische Kletterer, lernten in dieser Tour das Stürzen und bekamen wieder den nötigen Respekt, den sie vorher in den südseitigen Anstiegen verloren hatten. Mathias Bertle, von Beruf Schmied, stellte seine Haken selbst her. Besonders für die Aggensteintour schmiedete er einige „Überlange". Er entdeckte auch den Sebenkopf als Kletterberg, förderte die alten Freiklettertouren von Franz Haff wieder zu Tage und machte mit seinem Partner vom Aggenstein, **Philipp Albrecht** aus Altusried bei Kempten, auch noch die erste Begehung des NO-Pfeilers (R 218) an der Gehrenspitze. Und dies mit weniger Material als dort heute vorhanden ist.

An der Nordseite machte sich auch der Nesselwanger **Peter Heel,** zusammen mit dem Augsburger **Manfred Schreck** zu schaffen, die von ihnen eröffnete Gerade Nordwand (R 157) weist hauptsächlich hakentechnische Schwierigkeiten auf, Wiederholer sind der Meinung, daß viele Bohrhaken und Holzkeile überflüssig seien.

Das gelbe Dach in der Gimpel-Nordwand „vollendete" Heel ebenfalls in langer Arbeit. Übrigens wurden hier von Hermann Loderer und Hartl Waitl die ersten Bohrhaken in den Tannheimern gesetzt. Da sie jedoch nicht auch noch am Berg arbeiten wollten, seilten sie sich wieder ab.

Die Neutouren wurden nun arg spärlich und seit 1970 sind nur ein halbes Dutzend neue Führen eröffnet worden. Doch in den letzten Jahren erkannte eine kleine Gruppe von Kletterern, daß das Rotpunkt-Klettern auch in den Tannheimern interessant sein könnte. So fielen dem Kemptener **Reiner Retzlaff,** dem Pfrontener **Hartmut Münchenbach** und dem Buchinger **Marcus Lutz** eine Reihe von ersten Rotpunkt-Begehungen zu. Die herausragenden Probleme sind bisher die Direkte Südwand (R 83) am Sebenkopf und die Hochwiesler Südwestwand (R 125), die den VIII. Grad schon erreicht. Am Hochwiesler-Südriß (R 131) und Rote-Flüh-Zentralpfeiler (R 118) konnte durch Marcus Lutz bis auf wenige Meter alles frei erklettert werden, wobei am Zentralpfeiler die erste Seillänge umgangen und nur ein Bohrhaken in der fünften Länge noch verwendet wurde. Am Gimpel-Südpfeiler (R 140) sind Rotpunkt-Versuche gescheitert, weil dieser zu gefährlich erschien. Auch dem Freiklettern sind Grenzen gesetzt, doch unterdessen sind etwa 75% der schweren Routen in den Tannheimern auch schon Rotpunkt geklettert und es gibt noch Neuland.

Wie es auch noch richtiges Neuland gibt, daß sich finden läßt, wenn die Augen offen gehalten werden; die nächsten Auflagen werden es mit Sicherheit beweisen!

# 4. Bergrettung

## 4.1 Rettungswesen, Meldestellen für alpine Unfälle

Die bewirtschafteten Schutzhütten nehmen Unfallmeldungen entgegen, jedoch haben nicht alle eine Telefonverbindung ins Tal.

Wichtige Rufnummern sind:

### In der Bundesrepublik Deutschland:

| | |
|---|---|
| Bergwacht Pfronten | 0 83 63-222 oder |
| | 0 83 63-53 91 (Einsatzleiter) |
| Bergwacht Füssen | 0 83 62-2222 oder |
| | 0 83 62-18 90 (Einsatzleiter) |
| Ostlerhütte | 0 83 63-424 |
| Hochalphütte | 0 83 63-16 54 |

### In Österreich:

Bergrettung-Notruf für alle Talortschaften: 0 56 72-1 44
Gendarmerie-Notruf für alle Talortschaften: 0 56 72-1 33
Gimpelhaus 0 56 75-64 26

#### 4.2 Das „Alpine Notsignal"

Dieses Notsignal sollte jeder Bergsteiger im Kopf haben:

● Innerhalb einer Minute wird **sechsmal** in regelmäßigen Abständen, mit jeweils einer Minute Unterbrechung, ein hörbares (akustisches) Zeichen (Rufen, Pfeifen) oder ein sichtbares (optisches) Signal (Blinken mit Taschenlampe) abgegeben.

   Dies wird solange wiederholt, bis eine Antwort erfolgt.

● Die Rettungsmannschaft antwortet mit **dreimaliger** Zeichengebung in der Minute.

Die abgebildeten Alarmsignale im Gebirge (Seite 48) wurden international eingeführt.

Um einen schnellen Rettungseinsatz zu ermöglichen, müssen die Angaben kurz und genau sein.

Man präge sich das „5-W-Schema" ein:

● **WAS** ist geschehen? (Art des Unfalles, Anzahl der Verletzten)
● **WANN** war das Unglück?
● **WO** passierte der Unfall, wo ist der Verletzte? (Karte, Führer)
● **WER** ist verletzt, wer macht die Meldung? (Personalien)
● **WETTER** im Unfallgebiet? (Sichtweite)

#### 4.3 Hubschrauberbergung

Der Einsatz von Rettungshubschraubern ist von den Sichtverhältnissen abhängig.

#### Für eine Landung ist zu beachten:

● Hindernisse im Radius von 100 m dürfen nicht vorhanden sein.
● Es ist eine horizontale Fläche von etwa 30×30 m erforderlich. Mulden sind für eine Landung ungeeignet.
● Gegenstände, die durch den Luftwirbel des anfliegenden Hubschraubers umherfliegen können, sind vom Landeplatz zu entfernen.
● Der anfliegende Hubschrauber wird mit dem Rücken zum Wind von einer Person in „Yes-Stellung" eingewiesen.
● Dem gelandeten Hubschrauber darf man sich nur von vorne und erst auf Zeichen des Piloten nähern.

## INTERNATIONALE ALARMSIGNALE IM GEBIRGE
## SEGNALI INTERNAZIONALI D'ALLARME IN MONTAGNA
## SIGNAUX INTERNATIONAUX D'ALARME EN MONTAGNE
## SEÑALES INTERNACIONALES DE ALARMA EN MONTAÑA

JA
OUI
SI

Rote Rakete oder Feuer
Razzo rosso o luce rossa
Fusée ou feu rouge
Cohete de luz roja

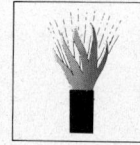

WIR BITTEN UM HILFE
OCCORRE SOCCORSO
NOUS DEMANDONS
DE L'AIDE
PEDIMOS AYUDA

Rotes quadratisches Tuch
Quadrato di tessuto rosso
Carré de tissu rouge
Cuadro de tejido rojo

NEIN
NON
NO

WIR BRAUCHEN NICHTS
NON ABBIAMO BISOGNO
DI NIENTE
NOUS N'AVONS BESOIN
DE RIEN
NO NECESITAMOS NADA

# 5. Zum Gebrauch des Führers

## 5.1 Allgemeines zur Routenbeschreibung

Dieser Führer ist nach den „Grundsätzen und Richtlinien für Alpenvereinsführer" sowie den „Richtlinien der UIAA für Schwierigkeitsbewertung und Routenbeschreibung" verfaßt. Daraus ergibt sich die Verpflichtung zu einer gewissenhaften Darstellung der Anstiegswege mit Routenbeschreibungen, die alle nach dem gleichen formalen Schema aufgebaut sind sowie, bzw. oder, mit technischen Routenskizzen.

Die Angaben über die klettertechnischen Schwierigkeiten werden in der Beschreibung sowohl auf das Klettern mit künstlichen Hilfsmitteln als auch auf das Freiklettern („Rotpunkt") bezogen. Bei den Skizzen wird allerdings auf die Wiedergabe einer Doppelbewertung verzichtet, diese ist nur im Beschreibungskopf des Textes aufgeführt. Näheres hierzu im Kapitel „Zur Schwierigkeitsbewertung" auf den Seiten 53 bis 63.

Die Grundsätze und Richtlinien für Alpenvereinsführer (AVF) waren jedoch selbstverständlich die Basis, auf der die Art und Weise der Beschreibungen fußt:

**Randzahlen:** Sämtliche Anstiege, Führen und Wege sind ebenso wie andere Beschreibungen (Talorte, Hütten) fortlaufend numeriert. Angaben oder Vermerke innerhalb der Texte beziehen sich daher immer auf eine Randzahl und nicht auf Seitenzahlen!

Der **Abstieg** von einem Gipfel erhält ebenfalls eine Randzahl. Da dieser in den Tannheimer Bergen zumeist über den Normalweg erfolgt, bezieht sich die Randzahl auf den Normalweg und wird nur mit dem Symbol „A" zusätzlich versehen. Lediglich die Abseilpiste am Hochwiesler hat eine eigene Randzahl erhalten. Dies liest sich dann so:
R 103  Normalweg
R 103 A  Abstieg auf dem Normalweg (R 103)
Ausgenommen von dieser detaillierten Anstiegsbeschreibung sind jedoch wenig begangene, bzw. leicht zu findende Normalwege weniger häufig besuchter Gipfel.

Die **Richtungsangaben** „rechts" oder „links" beziehen sich immer auf die Hauptbewegungsrichtung, also bei einer Kletterführe auf den Aufstieg, soweit nicht anders vermerkt. Bei Abstiegsbeschreibungen beziehen sich daher die Richtungsangaben dann auf den Abstieg (im Sinne des Abstieges).

**Varianten** erhalten hinter der Randzahl der Originalführe einen kleinen Buchstaben, beginnend bei a, z.B.:

- ● 84    Sebenkopf-Südostwand-Riesendach
- ● 84 a  Direkter Einstieg zur Dachführe

Zumeist sind auch diese mit einem knappen Beschreibungskopf versehen. Manchmal sind Varianten, besonders wenn diese für den Kletterer unbedeutend sind nur in der Skizze erfaßt (z.B. bei der Gimpel-Direkte-Nordwand, R 156).

**Tal-** und **Standortangaben** sind relativ knapp gehalten, da es nach Meinung des Verfassers nicht Ziel und Aufgabe eines Alpenvereinsführers sein sollte, dem Leser als allumfassendes Gebietswerk in allen Belangen (= Siedlungsgeschichte, genaue Erholungsmöglichkeiten, etc.) zu dienen. Hierfür gibt es gerade im Bereich der Tallandschaften um die Tannheimer Berge bändeweise Spezialliteratur (siehe hierzu Kapitel 3.5 „Karten und Schrifttum"). Die jeweils günstigsten Zugänge, Übergänge, etc. sind den Erfordernissen entsprechend gestaltet. Da sie zumeist ausreichend markiert sind, erübrigt sich eine „meterweise" Beschreibung in jedem Fall.

**Skitourenmöglichkeiten** sind nicht im Führertext erwähnt. Sie werden in einem speziellen Absatz (Kap. 6: „Die Tannheimer Berge im Winter") gesondert behandelt und haben keinen direkten Bezug zum übrigen Text.

**Gipfelanstiege** wurden allesamt mit einem der Bedeutung der Führe oder des Anstieges angemessenen **Beschreibungskopf** versehen. Hier finden sich alle erforderlichen Angaben wie Länge, Zeitaufwand (für durchschnittliche Seilschaft), Schwierigkeitsgrad, Begehungshäufigkeit, Vorhandensein von Sicherungsmitteln u.a.

Die Namen der **Erstbegeher** einer Route werden im Beschreibungskopf zusammenmit dem Begehungsdaten an den Beginn gesetzt. Fehlen diese Namen bzw. Daten, war es dem Autor nicht möglich, diese Information zu erhalten.

Die Angabe des **Schwierigkeitsgrades** erfolgt im Fettdruck, wobei diese die Angabe der schwierigsten Stelle der Route wiedergibt. Bewertet wird die klettertechnische Schwierigkeit sowohl bei „herkömmlicher" Kletterei (freie Kletterei mit eventueller A0- und A1-Hilfe) als auch bei absolut freier Kletterei („Rotpunkt"), deren Schwierigkeitsangabe in der Regel höher liegt, letztere erhält den Zusatz „frei".

Zum Beispiel bei R 116 (Rote Flüh-Südverschneidung): **VI/A0**, frei **VI +**. Die Freikletterbewertung ist immer nachgestellt.

Sind die klettertechnischen Schwierigkeiten einer Route überwiegend leichter als die Schlüsselstelle, wird dies dahinter vermerkt. Zum Beispiel bei R 116: VI / A 0, frei VI + ; aufgeteilt wie folgt: VI (kurze Stellen im „Gelben Riß") überwiegend V und V + . Nur im unteren Drittel und ganz oben leichter. Einige Stellen A 0 (auf etwa 40 m) oder frei VI + .

Einzelheiten zur Schwierigkeitsbewertung auf den Seiten 53 bis 63.

Nach dem Beschreibungskopf folgt bei längeren, unübersichtlichen und schwierigen Führen die „Übersicht", eine kurzgefaßte Beschreibung des Routenverlaufes, wobei auf markante Orientierungshilfen hingewiesen wird.

Um die Orientierung zu erleichtern, wurden alle bedeutenden Routen zusätzlich in einem Anstiegsbild eingezeichnet. Die „Übersicht" wird dadurch aber nicht überflüssig, da Wandfotos oft eine verzerrte Perspektive aufweisen (u. U. ungünstiger Aufnahmestandpunkt) und Einzelheiten daher nicht genau erkennen lassen.

Anschließend folgt der „Zugang", eine Kurzbeschreibung des günstigsten Zustieges vom nächsten Ausgangspunkt (Talort, Hütte) zum Einstieg, also dem Beginn der eigentlichen Führe. Bei Wandfluchten mit mehreren, dicht beieinander liegenden Routen wird der Zugang nicht bei jeder Randzahl wiederholt (z. B. bei Rote Flüh-Südwand, Hochwiesler- und Gimpel-Südwand). In diesen Fällen wird der günstigste Zustieg zu den Routen zu Beginn der Beschreibungen vorangestellt, z. B. bei R 106 (Rote Flüh-Südwand-Routen) mit „Zugang zu den Südwänden".

Die eigentliche Routenbeschreibung folgt unter „Führe". Bei einfacheren und leicht zu findenden Anstiegen sind längere Passagen oder mehrere Seillängen in einem Satz zusammengefaßt. Bei schwierigen Führen ist jede Seillänge mit einem eigenen Satz beschrieben, zusätzlich die Länge in Metern und die klettertechnische Schwierigkeit am Ende des Satzes in Klammern angeführt.

Ist der Schwierigkeitsgrad innerhalb einer Seillänge nicht annähernd gleich, so sind Schwierigkeitsteilangaben innerhalb des Satzes an der jeweilig beschriebenen Kletterstelle gemacht. Die beschriebenen Seillängen sind aus Gründen der Übersichtlichkeit der Reihenfolge nach numeriert.

Ergänzend zur Beschreibung, bzw. an deren Stelle steht die „Anstiegsskizze". Die Vorteile einer Skizze sind (die verwendeten Symbole sind auf Seite 56 erklärt): die Geländestruktur, die Schwierigkeiten, die Seillängen u. a. können auf einen Blick erfaßt werden, Interpretationsschwierigkeiten treten weniger häufig auf. Um die Skizze nicht mit Angaben zu überladen, was deren Lesbarkeit u. U. schmälern könnte, wurde bei der Schwierigkeitsbewertung nur die Angabe für die Freikletterbewegung gemacht. Einzelheiten hierzu auf Seite 59.

Die **Vollständigkeit** der Routenbeschreibungen wurde in diesem Führer immer zu erreichen versucht, unabhängig von der persönlichen Anschauung des Autors bezüglich der Schönheit und des Erlebnisgehaltes eines Anstieges. Auch teilweise gefährliche oder unbedeutende Anstiege wurden mit der gleichen Ausführlichkeit beschrieben, da es nach Meinung des Autors **keinen** verbindlichen Maßstab für die Beurteilung von Anstiegen gibt. Hier gilt: „Jedem das Seine!"

## 5.2 Abkürzungen

Die im Führer verwendeten Abkürzungen sind:

| | | |
|---|---|---|
| Abb. | = | Abbildung |
| AVF | = | Alpenvereinsführer |
| AV | = | Alpenverein |
| B | = | Betten |
| bez. | = | bezeichnet |
| bew. | = | bewirtschaftet |
| Bhf. | = | Bahnhof |
| DAV | = | Deutscher Alpenverein |
| dir. | = | direkt |
| Dir. | = | Direkte (z. B. Nordwand) |
| E | = | Einstieg |
| Gef. | = | Gefährte(n) |
| km | = | Kilometer |
| L | = | Lager |
| M | = | Matratzen |
| m | = | Meter |
| Min. | = | Minuten |
| ÖAV | = | Österreichischer Alpenverein |
| P. | = | Punkt (Höhenzahl in der Landkarte) |
| R | = | Randzahl |
| s. | = | siehe |
| S. | = | Seite |
| SL | = | Seillänge |
| ⚡ | = | Schlüsselstelle |
| Std. | = | Stunden |
| Tel. | = | Telefon |
| vgl. | = | vergleiche |
| zw. | = | zwischen |
| z. B. | = | zum Beispiel |

**Spezielle Abkürzungen:**

| | | |
|---|---|---|
| H | = | Haken |
| HK | = | Holzkeil(e) |
| BH | = | Bohrhaken |
| ZH | = | Zwischenhaken |
| SH | = | Standhaken |
| AH | = | Abseilhaken |
| N,O,W,S | = | Norden, Osten, Westen, Süden |
| NO, NW | = | Nordosten, Nordwesten |
| SW, SO | = | Südwesten, Südosten |
| nördl. | = | nördlich |
| östl., etc. | = | östlich, etc. |

## 5.3 UIAA-Symbole für Anstiegsskizzen

Siehe Skizze Seite 56.
Zusätzliches Symbol in diesem Führer:
SU = Sanduhr

## 5.4 Schwierigkeitsbewertung, Routenvergleichstabelle (freie + künstliche Kletterei).

Die UIAA fordert für die Schwierigkeitsbewertung eine eindeutige Trennung von freier und künstlicher Kletterei. Von freier Kletterei wird dann gesprochen, wenn Felspassagen ohne Zuhilfenahme von künstlichen Hilfsmitteln, die das Klettern erleichtern würden (z.B. Haken, Klemmkeile zum Festhalten), geklettert werden. Die Anzahl der nur zu Sicherungszwecken erforderlichen Haken bzw. Klemmkeile bleibt dabei unberücksichtigt.

Freikletterschwierigkeiten werden mit römischen Ziffern wiedergegeben. Sie gehen bei diesem Führer von I bis VIII. Ab dem III. Grad gibt es eine untere und obere Grenze (III— bzw. III+). Dies dient zur besseren Einstufung der Kletterführen. Selbstverständlich beruhen die im Führer angegebenen Bewertungen auf optimalen Verhältnissen (= warmer, trockener Fels). Es muß jedem Kletterer klar sein, daß er bei schlechten Verhältnissen (= Schnee, Eis, Nässe, Dreck) auf zum Teil wesentlich größere Schwierigkeiten als die angegebenen trifft!

Im einzelnen sind die Schwierigkeitsgrade wie folgt definiert:

**I** = Geringe Schwierigkeiten. Einfachste Form der Felsklettterei (kein leichtes Geh-Gelände!). Die Hände sind zur Unterstützung des Gleichgewichtes erforderlich. Anfänger müssen am Seil gesichert werden. Schwindelfreiheit bereits erforderlich.

**II** = Mäßige Schwierigkeiten. Hier beginnt die Kletterei, die Drei-Punkte-Haltung erforderlich macht.

**III** = Mittlere Schwierigkeiten. Zwischensicherungen an exponierten Stellen empfehlenswert. Senkrechte Stellen oder gutgriffige Überhänge verlangen bereits Kraftaufwand. Geübte und erfahrene Kletterer können Passagen dieser Schwierigkeit noch ohne Seilsicherung erklettern.

**IV** = Große Schwierigkeiten. Hier beginnt die Kletterei schärferer Richtung. Erhebliche Klettererfahrung notwendig. Längere Kletterstellen bedürfen meist mehrerer Zwischensicherungen. Auch geübte und erfahrene Kletterer bewältigen Passagen dieser Schwierigkeit gewöhnlich nicht mehr ohne Seilsicherung.

**V** = Sehr große Schwierigkeiten. Zunehmende Anzahl der Zwischensicherungen ist die Regel. Erhöhte Anforderungen an körperliche Voraussetzungen, Klettertechnik und Erfahrung. Lange hochalpine Routen im Schwierigkeitsgrad V zählen bereits zu den ganz großen Unternehmungen in den Alpen und außeralpinen Regionen.

**VI** = Überaus große Schwierigkeiten. Die Kletterei erfordert weit überdurchschnittliches Können und hervorragenden Trainingsstand. Große Ausgesetztheit, oft verbunden mit kleinen Standplätzen. Passagen dieser Schwierigkeit können in der Regel nur bei guten Bedingungen bezwungen werden. (Häufig kombiniert mit künstlicher Kletterei: A0 bis A4).

**VII** = Außergewöhnliche Schwierigkeiten. Ein durch gesteigertes Training und verbesserte Ausrüstung erreichter Schwierigkeitsgrad. Auch die besten Kletterer benötigen ein an die Gesteinsart angepaßtes Training, um Passagen dieser Schwierigkeit nahe der Sturzgrenze zu meistern. Neben akrobatischem Klettervermögen ist das Beherrschen ausgefeilter Sicherungstechnik unerläßlich.

**Im „Gelben Riß" der Südverschneidung (R 116) der Roten Flüh.**
Die Aufnahme stammt vom November 1981 und veranschaulicht deutlich, daß man auch noch sehr spät im Jahr in den Südwänden klettern kann.

Foto: M. Lutz

# UIAA-Symbole für Anstiegsskizzen

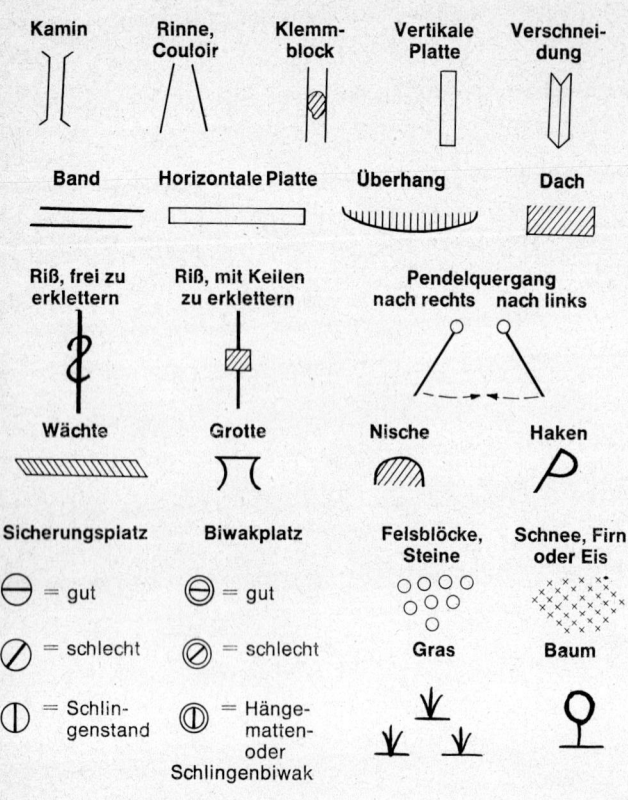

**Kamin**

**Rinne, Couloir**

**Klemmblock**

**Vertikale Platte**

**Verschneidung**

**Band**

**Horizontale Platte**

**Überhang**

**Dach**

**Riß, frei zu erklettern**

**Riß, mit Keilen zu erklettern**

**Pendelquergang**
nach rechts    nach links

**Wächte**

**Grotte**

**Nische**

**Haken**

**Sicherungsplatz**

⊖ = gut

⊘ = schlecht

⊕ = Schlingenstand

**Biwakplatz**

⊕ = gut

⊘ = schlecht

⊕ = Hängematten- oder Schlingenbiwak

**Felsblöcke, Steine**

**Gras**

**Schnee, Firn oder Eis**

**Baum**

**Sichtbare Route** – – – – –

**Verdeckte Route** · · · · · · · · ·

**Variante** –·–·–·–

56

Ab dem Schwierigkeitsgrad III gelten die Zwischenstufen „—" und „+" für die untere und die obere Grenze eines Schwierigkeitsgrades.

Oftmals sind Routen, die früher einmal frei geklettert und entsprechend bewertet wurden, auf Grund häufiger Begehungen „vernagelt", d. h. mit zusätzlichen Haken versehen worden. Diese erlauben durch ihre Zuhilfenahme ein technisches Klettern, was einer Abwertung der klettertechnischen Schwierigkeiten (im Sinne des Freikletterns) gleichkommt.

Können Kletterstellen solchermaßen gemeistert werden, muß dies natürlich in einer unterschiedlichen Bewertung ihren Niederschlag finden, einer Bewertung, die zum Ausdruck bringt, in welchem Maß Haken als Hilfsmittel Verwendung finden. allgemein gilt, daß eine Kletterei an aufeinanderfolgenden Haken leichter und ungefährlicher ist als das Bewältigen derselben Passage in freier Kletterei, bei der die vorhandenen Haken ausschließlich für Sicherungszwecke benützt werden. Demzufolge wird von **künstlicher Kletterei** dann gesprochen, wenn Haken oder Klemmkeile bewußt als Griff- und Trittersatz verwendet werden. Die Bewertung der Schwierigkeit künstlicher Kletterei erfolgt nach der fünfstufigen Skala von A0 bis A4 (A = artificiel).

## A0
Die einfachste Form künstlicher Kletterei. Haken oder andere Zwischensicherungen (Holz- oder Klemmkeile, Sanduhr- oder Zackenschlingen in vorwiegend freien Routen müssen als Griff oder Tritt benutzt werden, Trittleitern jedoch sind nicht erforderlich. Auch die Benutzung von Selbstzug, die Anwendung der Pendeltechnik und die des Seilzugquergangs zur Fortbewegung fällt unter künstliches Klettern A0.

## A1
Haken und andere technische Hilfsmittel sind relativ leicht anzubringen und die Passage verlangt relativ wenig Kraft, Ausdauer und Mut. Die Verwendung einer Trittleiter pro Seilpartner, die mehrfach eingehängt wird, ist ausreichend, eine zweite ist nicht erforderlich.

## A2 — A4
Größere Schwierigkeiten beim Hakensetzen und Anbringen anderer technischer Hilfsmittel (kompakter Fels, geschlossene Risse, brüchiger und kleinsplittriger Fels) und / oder größere körperliche Leistungen beim Überwinden der Kletterstelle (Überhang, Dach, großer Hakenabstand) und / oder große Ausgesetztheit, welche vom Kletterer immer größere Fähigkeiten verlangen. Zwei Trittleitern notwendig.

Da in den Tannheimer Bergen weitgehend riesige Überhänge und Dächer fehlen (Ausnahme R 105a, Rote Flüh-Nordwand, „Großes Dach"), erfolgte die Anwendung der Skala in der Regel nur bis A2. Da aber die UIAA nicht zwischen dem Anbringen künstlicher Fortbewegungshilfen (Haken, Holzkeile usw.) und dem reinen Klettern mit ihrer Hilfe unterscheidet, mußte die Einstufung — falls zutreffend — mit der Bemerkung „sollten Haken fehlen, kann das Anbringen dieser A3 sein" ergänzt werden. Die allermeisten Routen sind häufig begangen, demzufolge eingenagelt (nicht selten sogar übernagelt). Haken aber können immer wieder einmal fehlen (Sturz, Ausbruch, mutwilliges Entfernen) und das Anbringen neuer an gleicher Stelle kann problematisch werden.

In den meisten Führern sind sowohl Passagen mit freier Kletterei als auch solche mit künstlicher Kletterei anzutreffen. Die strikte Bewertungstrennung läßt es sinnvoll erscheinen, daß der Schwierigkeitsgrad des überwiegenden Teils einer Führe — freie oder künstliche Kletterei — zuerst genannt wird, also V/A0 bzw. A1/VI.

Zwei Beispiele:

● **116    Rote Flüh-Südverschneidung**
        **VI/A0**

Dies bedeutet: Überwiegend freie Kletterei, schwierigste Stelle im VI. Schwierigkeitsgrad, teilweise künstliche Kletterei im Schwierigkeitsgrad A0.

● **105a   Rote Flüh-Nordwand, „Großes Dach"**
        **A3/V+**

Dies bedeutet: Überwiegend künstliche Kletterei, im Schwierigkeitsgrad A3 (und leichter), teilweise freie Kletterei, schwierigste Stelle V+.

Diese den tatsächlichen Schwierigkeiten Rechnung tragende Art der Bewertung sollte exakt beachtet werden, um Fehleinschätzungen auszuschließen.

Werden die Schwierigkeitsangaben verschiedener Routen miteinander verglichen (sei es bei Routen in diesem Führer oder bei Routen in anderen Berggebieten), sollte berücksichtigt werden, daß die Anforderungen an den Kletterer bei gleichem Schwierigkeitsgrad sehr unterschiedlich sein können — die Anforderungen ergeben sich **auch** aus anderen Faktoren, wie: die Länge der Route, die Länge der anhaltenden Schwierigkeiten, die Lage und die Beschaffenheit des Felsens (süd- oder nordseitig, bzw. fest oder brüchig). Erst aus dem Zusammenwirken dieser Faktoren lassen sich Rückschlüsse auf die Gesamtanforderungen an den Begeher machen.

Die „VI" an einer Südwand von Rote Flüh oder Hochwiesler verlangt oft weniger als eine lange Tour im V. Grad an der Nordseite des Gimpels.

### Freikletter(„Rotpunkt")-Bewertung:

In diesem Führer wird versucht, der Freikletterbewegung Rechnung tragend, auch die Freikletterbewertung einheitlich zu gestalten. Alle Routen, die sowohl mit Hilfe der vorhandenen Haken (also künstlich meist A0 und A1) als auch frei („Rotpunkt") geklettert werden können, sind mit einer zusätzlichen Bewertung versehen. Letztere steht mit dem Zusatz „frei".

**Dieser Zusatz „frei" bei der Freikletterbewertung sagt also folgendes: alles frei, ohne Rasten an den Haken, d. h. im Rotpunkt-Stil.**

Zum Beispiel:

● **116  Rote Flüh-Südverschneidung**
   **VI / A0**, frei, **VI +**.

Dies bedeutet: kurze Passagen können sowohl künstlich (A0) als auch frei („Rotpunkt") geklettert werden — dann erhöhen sich die Freikletterschwierigkeiten allerdings auf VI + .

Ganz sicher wird diese Doppelbewertung mit dazu beitragen, das Freiklettern in den Alpen weiter zu entwickeln, denn „nur das Freiklettern erfordert maximales Können" und „nur das Freiklettern bietet optimales Erlebnis" (Zitate Sicherheitskreis im DAV).

Zum Schluß sei noch vermerkt, daß trotz aller Schwierigkeitsnormierung nach UIAA der Schwierigkeitsgrad einer Führe weder meß- noch absolut vergleichbar ist. Keine Schwierigkeitsbewertung ist deshalb frei von subjektivem Einfluß; dies gilt ganz besonders für die Freikletterbewertung. Bei einer u. U. abweichenden Beurteilung durch den Benützer dieses Führers sei bedacht, daß mit der Freikletterbewertung in diesem Führer einer Hochgebirgsgruppe Neuland betreten wurde. Erst eine vergleichende Beurteilung durch eine Vielzahl von Wiederholern im „Rotpunkt"-Stil wird eine objektive Mitte ergeben.

Da dem Autor fast alle (von den schweren in jedem Falle) Anstiege der Tannheimer Berge bekannt sind, dürfte die Vergleichbarkeit der Bewertung innerhalb dieses Führers sichergestellt sein.

**Routenvergleichstabelle:** Der Vergleich soll die Schwierigkeitsbewertung für **freie („Rotpunkt")** und **vorwiegend freie Kletterei**
verdeutlichen.

| | Tannheimer Berge | Wetterstein |
|---|---|---|
| I | Gehrenspitze-Normalweg (R 204), Rote Flüh-Überschreitung (R 103, 104) | Alpspitze — Schöngänge Dreitorspitze — Barthweg |
| II | Kellespitze-Normalweg (R 176) | Dreitorspitzen-Überschteitung Öfelekopf-Westgrat |
| III | Kellespitze-Ostgrat (R 178), Gimpel-Westgrat (eine stelle A1, R 138) | Schüsselkarspitze-Westgrat Musterstein-Westgrat |
| IV— | Kelleschrofen-Südkamin (R 193) | Dreitorspitze-Ostwand Musterstein — Hannemann |
| IV | Rote Flüh-Alte Südwand (R 115) | Waxenstein-Zwölferkante Scharnitzspitze — Leberleweg |
| IV+ | Gimpel-Südostkamine (R 146) | Oberreintalturm-Südwestkante Bayerländerturm-Ostwand |
| V— | Rote Flüh-Südwestkante (A1; R 113) | Scharnitzspitze — Hannemann (A0) Dreitorspitze — Eichhorngrat |
| V | Rote Flüh-Südostwand (A0; R 119) | Scharnitzspitze-Südwestkante (A0) Öfelekopf-Südwestkante |
| V+ | Gimpel-Neue Südwand (A1; R 142) | Schüsselkarspitze—Fiechtl/Herzog (A0) |
| VI— | Hochwiesler — Schuster (A0; R 129) | Schüsselkarturm — Schober (A0) Riffelkopf — Schober (A2) |
| VI | Gimpel-Schräger Riß (R 164) Aggenstein-Dir. Nordostwand (A3; R 155) | Schüsselkarspitze — Erdenkäufer Oberreintaldom — Gonda (A1) |
| VI+ | Gimpel-Dir. Nordwand (A0; R 156) | Schüsselkarspitze - Bayr. Traum Öfelekopf-Südwestpfeiler |
| VII— | Gimpel-Südostkante (R 144) Schäfer-Holzkeilriß (R 172) | Schüsselkarsp. - Morgenlandfahrt Schüsselkarsp.-Dir. Südwand |
| VII | Rote Flüh-Zentralpfeiler (R 118) Sebenkopf-Dir. Südwand (R 83) | Schüsselkarsp. - Hexentanz der Nerven |
| VII+ | Hochwiesler-Südriß (A0 auf 4 m; R 131) | |
| VIII— | Hochwiesler-Südwestwand (R 125) | |

| | Nördliche Kalkalpen | Dolomiten |
|---|---|---|
| I | Hintere Goinger Halt v. Ellm. Tor, Mittenwalder Höhenweg | Ciavazes – Pößnecker-Steig Paternkofel-Überschreitung |
| II | Watzmann-Überschreitung Bischofsmütze-Normalweg | Große Zinne-Normalweg Langkofel-Normalweg |
| III | Ellmauer Halt-Kopftörlgrat Watzmann-Ostwand (Berchtesgadener Weg) | Kleine Zinne-Normalweg Rosengartenspitze-Normalweg |
| IV— | Rofanspitze-Alte Ostwand Dachstein-Südwand (Pichl) | Vajolettürme — Delagokante Pordoispitze — Mariakante |
| IV | Roggalspitze-Nordkante Predigtstuhl-Nordkante | Ciavazes — Südwandrampe Kl. Zinne-Nordwand |
| IV+ | Bischofsmütze — Jahnweg (A0), Geiselstein-Südverschneidung | Ciavazes — Kl. Micheluzzi Crozzon di Brenta-Nordkante |
| V— | Christaturm-Südostkante (A0) Grundübelhorn-Südkante | Cima della Madonna – Schleierkante, Guglia di Brenta — Fehrmann (A0) |
| V | Fleischbank-Ostwand (Dülfer, A0), Geiselstein-Nordwand (Herzog) | Ciavazes – Abramkante (A1) Kleinste Zinne — Preußriß |
| V+ | Martinswand-Auckenthalerriß (A1), Hoher Göll — Kl. Trichter (A0) | Rosengartenspitze — Steger Ciavazes — Micheluzzi (A0) |
| VI— | Geiselstein-Dir. Ostwand (A0) Grundübelhorn-Südverschneidung | Erster Sellaturm — Schober (A1) Cima Scotoni — Lacedelli (A1) |
| VI | Laliderer — Schmid/Krebs Seekarlspitze — Y-Führe | Rotwand — Eisenstecken Marmolada — Hatschi-Bratschi |
| VI+ | Däumling-Ostkante Predigtstuhl-Nordostverschneidung | Ciavazes — Via Irma Marmolada — Schwalbenschwanz |
| VII— | Fleischbankpfeiler — Pumprisse | Heiligkreuzkofel — Gr. Mauer |
| VII | Geiselstein-Südpfeiler Krähe-Nordostpfeiler | Heiligkreuzkofel — Kl. Mauer |
| VII+ | Fleischbank-Ostwand (Rebitsch/ Spiegl) | Heiligkreuzkofel-Mittelpfeiler Tofana – Pilastroführe |
| VIII— | Fleischbank-Ostwand (Frustlos) | Cima Scotoni SW (2. SL) |

**Routenvergleichstabelle:** Bewertung von (vorwiegend) **künstlicher Kletterei**

|     | Tannheimer Berge | Wetterstein |
|-----|------------------|-------------|
| **A0** | Rote Flüh-Südverschneidung (VI, R 116), Gehrenspitze-Südpfeiler (V+, R 209) | Oberreintaldom—Schließler (VI—) Höllentorkopf — Pfanzelt (V+) |
| **A1** | Rote Flüh-Südostriß (V+, R 120) Rote Flüh-Südostverschneidung (VI—, R 121) | Schüsselkarspitze-Südostwand (V+), Scharnitzspitze-Dir. Südwand (V+) |
| **A2** | Gimpel-Nordwand (Heel; V+, R 157), Hochwiesler – Maringele (VI—, R 133) | Riffelkopf – Schober (VI—) Scharnitzspitze–Telfser Weg (VI—) |
| **A3** | Babylonischer Turm-Westwand (VI+, R 201), Aggenstein-Dir. Nordostwand (VI, R 55) | |

---

*Aus der Lehrschriftenreihe des Bergverlages*

Pit Schubert

## Die Anwendung des Seiles in Fels und Eis

Seilschaft – Seilknoten – Anseilen – Anwendung des Seiles zur Sicherung – Abseilen – Anwendung des Seiles als Kletterhilfe – Klemmknoten und Seilklemmen – Sicherung auf Gletschern – Sicherung auf gesicherten Klettersteigen.

Zahlreiche Fotos und Zeichnungen. 32. Auflage 1982.

Zu beziehen durch alle Buchhandlungen

## Bergverlag Rudolf Rother GmbH · München

| | Nördliche Kalkalpen | Dolomiten |
|---|---|---|
| A0 | Martinswand-Ostriß (VI—) Koppenkarstein-Dir. Südostpfeiler (VI—) | Erster Sellaturm — Tissi (V+) Kl. Zinne — Egger/Sauschegg (VI—) |
| A1 | Martinswand-Direkte (VI—) Säuling-Westpfeiler (VI—) | Rotwand — Hasse/Brandler (VI) Brenta Alta – Oggioni (VI—) |
| A2 | Geiselstein — Maagdach (V+) Kleiner Säuling-Westwand (VI—) | Gr. Zinne–Hasse/Brandler(VI—) Westl. Zinne — Scoiattolikante (V+) |
| A3 | Feuerhörndl-Nordpfeiler (VI—) Hochkönig-Dir. Südwand (VI) | Westl. Zinne — Franzosenführe (VI—), Torre Trieste — Dir. Südwestwand (VI) |

*Aus der Lehrschriftenreihe*
*des Österreichischen Alpenvereins*

Pit Schubert

## Alpine Felstechnik

Allgemeine Ausrüstung – Alpintechnische Ausrüstung – Gefahren im Fels – Seilknoten – Klemmknoten – Anseilmethoden – Anbringen von Sicherungs- und Fortbewegungsmitteln – Sicherungstheorie – Sicherungspraxis – Ökonomisch richtiges Verhalten im Fels – Spezielle Freiklettertechnik – Künstliche Klettertechnik – Fortbewegung der Seilschaft – Geologie und Klettertechnik – Gang an der Sturzgrenze – Der Sturz im Fels – Hilfsmaßnahmen beim freien Hängen – Schwierigkeitsbewertung im Fels – Routenbeschreibung und Anstiegsskizzen – Gefahren im Fels – Biwak – Rückzug – Rückzug mit Verletzten – Überleben im Fels – Alleingang im Fels – Erstbegehungen im Fels.
Zahlreiche Fotos und Zeichnungen. 3. Auflage 1982.

Zu beziehen durch alle Buchhandlungen

# Bergverlag Rudolf Rother GmbH · München

# 6. Die Tannheimer Berge im Winter

Bedingt durch die Lage der Tannheimer Berge am Alpennordrand, ihrer Höhe und relativ guten Erreichbarkeit, stellen sie auch im Winter ein attraktives Ziel sowohl für den Skitourengänger als auch für den Kletterer dar. Auf der Südseite sind nach oder während Föhnlagen auch im Januar oft relativ gute Verhältnisse anzutreffen. Daher ist es auch kaum verwunderlich, daß sehr viele Südanstiege an Roter Flüh, Gimpel und Hochwiesler schon Winterbegehungen „en masse" aufweisen! In der Nordseite sind jedoch bis auf ganz wenige Unternehmungen die meisten Routen im Winter noch nicht bezwungen worden. Zum Teil zählen einige Routen sogar zu ganz großen Winterproblemen! Neben widrigen Wandverhältnissen sind hier auch lange Zu- und Abstiege zu berücksichtigen.

Bedeutende Winterunternehmungen sind auf der Nordseite unter anderem:

1. Winterbegehungen der Geraden Nordwand am Gimpel und der Direkten am Aggenstein durch Georg Geisenberger und J. Heinl, bzw. Bernhard Günther, Heinl und die Gebrüder Vogler. Ebenso die Begehungen der Direkten Nordwand am Gimpel durch Hias Fenle und Edi Pihusch und der Aggenstein Nordostwand durch Leo Schuster mit Gefährten. Erwähnenswert ebenfalls die Gesamt-Winterüberschreitung der Tannheimer Berge von der Gehrenspitze zum Breitenberg durch Schorsch Ostler und Gefährten, sowie ein Winteralleingang durch die Alte Nordwand am Gimpel durch Egbert Lehner.

**Der Skitourengeher** findet in den Tannheimer Bergen zwar kein übergroßes Betätigungsfeld, doch warten so manche Schmankerln in versteckten Winkeln. Mechanische Aufstiegshilfen sind hier zuweilen recht vorteilhaft, besonders im Bereich Breitenberg-Aggenstein und im Umfeld des Füssener Jöchles. Im folgenden seien einige lohnende Möglichkeiten aufgezählt (was jedoch nicht heißen soll, daß der Experte nicht noch einige andere Touren ausfindig machen kann): Am Breitenberg wartet die sogenannte „Adratsbachabfahrt" über den Seekopf zum Zollamt Enge. Das „Taufat" auf der Nordseite des Breitenberges wird ebenfalls gefahren, doch sind hier gute Verhältnisse abzuwarten (schon mehrere Lawinentote!). Der benachbarte Aggenstein kann mit seiner Südflanke aufwarten, doch ist auch hier auf lawinensichere Verhältnisse zu achten! Der Normalweg über den „Langen Strich" (R 51) kann auch gefahren werden, jedoch nur bei allerbesten Verhältnissen und von guten Fahrern. Im Gebiet der Vilser Alp gibt es ebenfalls mehrere lohnende Skitouren: So empfehlen sich die südseitigen Abfahrten von Brentenjoch-Roßberg (R 63), und Sebenspitze (R 75), zum Vilser Jöchle und von dort über die Galtalp zur Vilser Alp zurück. Vom Füssener Jöchle oder dem Reintaljoch kann man in den Kessel unter der Schlicke abfahren, und, die Abbrüche des Schlagsteins umfahrend, zur Vilser Alp abfahren. Mit dem Schlickekar, ausgehend vom Karetjoch (Hundsarsch-Scharte) wartet ebenfalls eine schöne Abfahrt, die durch das Ranzental dann nach Vils leitet. Ausgehend vom südlich durch die Schlicke getrennten Reintal kann auch die Große Schlicke (R 86), und der Schartschrofen (R 98), mit Skiern erreicht und lohnend befahren werden. Auch das Sabach-und Gehrenjoch werden öfters befahren (ausgehend von der Musauer Alp). Das Hahlejoch (R 40), (Sulztaljoch) zu Füßen der Gehrenspitze ist noch eine eigenständige Skitour (ausgehend vom Frauensee), während im Gebiet des Hahnenkammes nur einige Gräben abseits der Piste unter Umständen befahren werden können. Abschließend sei gesagt, daß auch in den Tannheimer Bergen stark wechselnde Verhältnisse auftreten können, so daß bei der Planung und Durchführung die übliche Sorgfalt unbedingt geboten ist. Auch ist die Schneesicherheit im Frühjahr in den Höhen um 850—1100 Meter relativ gering, so daß hier besonders südseitig starke Ausaperung möglich ist.

Auch im Winter kann man also ruhig einmal bei den Tannheimern vorbeischauen um sie dann ganz anders zu erleben. Sei es an einem warmen Föhntag in den Südwänden als Steilwandler oder in den pulvrigen Karen der Nordseite als Tourengeher.

# II. Täler und Talorte
## Wanderungen im Talbereich

### 1. Talorte im deutschen Teil der Tannheimer Berge

Der wesentlich kleinere deutsche Teil der Tannheimer Berge weist nur zwei bedeutende Talortschaften auf, wobei dieses Prädikat für Füssen nur in beschränktem Maße zutrifft. Jedoch ist man von dort sehr schnell im Reintal oder auch an der Südseite der Tannheimer.

● 1                    **Füssen,** 808 m

Durch den Falkenstein-Salober-Kamm von den Tannheimern getrennte Kleinstadt am Lech. Vor allem durch seinen Eishockeyklub und das Kurbad Bad Faulenbach bekannt gewordenes Städtchen. Die Geschichte Füssens reicht weit zurück. So war Füssen schon zur Zeit der Römer ein Anlaufpunkt und an einer Handelsstraße gelegen. Heute zählt Füssen etwa 12 500 Einwohner und hat daher auch noch den Charakter eines relativ gemütlichen Kleinstädtchens nach außen hin bewahrt. Zahlreiche Möglichkeiten zur Zerstreuung im Sommer wie im Winter sind geboten. Nähere Informationen hierzu erteilt das örtliche Fremdenverkehrsamt in Füssen.

● 2                    **Pfronten,** 840—900 m

Direkt am Fuße des Breitenberges gelegene Dreizehn-Dörfer-Gemeinde, die heute etwa 7500 Einwohner zählt. Am westlichsten Ausgang des Vilstales gelegen und daher idealer Ausgangsort für die Nord- und Nordwestseite der Tannheimer Berge. Sowohl im Sommer wie im Winter ist Pfronten stark von Urlaubern frequentiert. Folglich ist das Freizeitangebot für den Erholungssuchenden entsprechend reichhaltig und stellt sicher alle Ansprüche zufrieden. Genaue Informationen im Fremdenverkehrsamt Pfronten erhältlich.

**Blick vom Branderschrofen (Ammergauer Berge) auf Füssen (R 1).**
Im Vordergrund die Tegelberg-Bergstation.                    Foto: W. Rauschel

# 2. Das Tannheimer Tal
## und das nordwestliche Außerfern

Im Süden der Tannheimer Berge erstreckt sich als natürliche Begrenzung das Tannheimer Tal. Dieses reizvolle Hochtal mit dem Hauptort Tannheim gab der Gebirgsgruppe auch ihren Namen. Die Talorte haben sich zum Fremdenverkehrsverband Tannheimer Tal zusammengeschlossen. Dieser Verband ist um die Urlauber stark bemüht und das ohnehin schon große Netz von Talwanderungen wird immer noch erweitert und verbessert. Auskünfte bei den örtlichen Fremdenverkehrsämtern oder vom Fremdenverkehrsverband Tannheimer Tal mit Sitz in Tannheim.

● 3          **Tannheim,** 1097 m (Kirche)

Hauptort des Tannheimer Tales, an dessen westlichem Ausgang gelegen. Eine Vielzahl von Wanderwegen im Talbereich und darüber hinaus warten auf den Besucher. Als Sehenswürdigkeiten seien einige Pfarrkirchen genannt.

● 4          **Grän,** 1134 m

Am Ausgang des Engetales (Landesgrenze) gelegenes, kleines Dorf. Talort des Füssener-Jöchle-Liftes mit Campingplatz. Anschluß an das Talwandernetz und Ausgangspunkt für Touren in die westliche Hälfte der Tannheimer Berge.

● 5          **Haller,** 1144 m **und Haldensee,** 1140 m

Beide Ortschaften liegen am Haldensee (1124 m) und weisen im Sommer neben Wanderungen auch Wassersport (Surfen, Segeln, etc.) als Freizeitbeschäftigungen auf.

● 6          **Nesselwängle,** 1147 m

Hauptort im Ostteil des Tannheimer Tales. Idealer Ausgangspunkt für alle Touren im Tannheimer Hauptkamm. Neben zahlreichen Wanderungen auch ein Trimmpfad möglich. Eigene Bergsteigerschule im Ort.

**Blick vom Gipfel des Schartschrofens (R 98) auf das Tannheimer Tal mit dem Haldensee**
         Foto: W. Rauschel

● 7                    **Weißenbach,** 887 m

Am Beginn des Gaichtpasses gelegene Ortschaft im Lechtal. Für Touren etwas ungünstig gelegen (lediglich Gaichtspitze, Hahnenkamm). Jedoch Möglichkeiten zu Talwanderungen.


● 8                      **Reutte,** 854 m

Schön im gleichnamigen Talkessel östlich der Tannheimer Gruppe gelegener Markt mit etwa 55 00 Einwohnern. Hauptort des Außerferns mit zahllosen Möglichkeiten zur Freizeitgestaltung zu allen Jahreszeiten. Im Ort befindet sich auch eine eigene Alpinschule (Alpinschule Außerfern) die ganzjährig Kurse durchführt. Die Ortschaften Wängle und Pflach-Musau sind ideale Ausgangsorte für Touren in der Osthälfte der Tannheimer Berge. Genaue Informationen über die auch hier zahlreichen Talwanderungen vom Fremdenverkehrsamt in Reutte.


● 9                      **Vils,** 828 m

Die kleinste Stadt Österreichs liegt im Vilstal im Norden der Tannheimer Berge und ist ein idealer Ausgangspunkt für Touren auf der Nordwestseite der Gruppe. Der etwa 1200 Einwohner zählende Ort lebt vom dort ansässigen Zementwerk und bietet nicht in diesem Maße Freizeitmöglichkeiten wie die reinen Fremdenverkehrsorte im Tannheimer Tal. Jedoch auch hier reizvolle Talwanderungen möglich!

Wie bei den Orten schon im einzelnen erwähnt, gibt es für den weniger ambitionierten Berggänger auch eine Fülle von Wanderungen im Talbereich. Diese sind meist auf örtlichen Prospekten genau festgehalten, so daß es nicht nötig ist, auch noch einmal im AVF auf sie einzugehen.


# III. Hütten und Hüttenanstiege

Die Tannheimer Berge sind, was das Hüttennetz betrifft, hervorragend erschlossen. Bis auf eine Ausnahme fügen sich diese Baulichkeiten auch in den Landschaftscharakter ein, so daß man in den Tannheimern nicht „die Hütten abbrennen und die Wege zerstören" braucht, um ihren noch relativ natürlichen Charakter zu bewahren.


● 10                    **Ostlerhütte,** 1838 m

Private Berghütte am Breitenberggipfel. Gemütliche Atmosphäre und eine herrliche Aussicht besonders in das nördlich sich ausbreitende

Alpenvorland. Die Hütte ist von Christi Himmelfahrt bis zum 2. November durchgehend geöffnet. Ebenso vom 20. Dezember bis 1. Woche nach Ostern. Zur Übernachtung stehen 48 Matratzenlager und 15 Betten bereit. Bewirtschafter: Manfred Fröis, 8962 Pfronten, Tel. 0 83 63 / 424.

● **11   Von Pfronten über die Hochalpe,** 2½—3 Std.

Zustieg wie R 47.

● **12                       Hochalphütte,** 1630 m

Privates Berggasthaus mit angegliederter Hütte. Bergstation der Breitenbergbahn mit Übernachtungsmöglichkeit.

● **13   Von Pfronten-Steinach,** 1½—2 Std.

Zustieg wie R 47.

● **14                       Pfrontener Hütte,** 1792 m

1923 von der DAV-Sektion Ludwigsburg erbaute Berghütte am Südostrücken des Aggensteins. Herrliche, freistehende Lage und weitreichende Aussicht auf die sich im Süden erstreckenden Allgäuer und Lechtaler Berge. 12 Betten und 65 Matratzenlager, dazu ein Winterraum mit 8 Lagern. Von Pfingsten bis 15. Oktober bewirtschaftet. Tel. (Tal) 0 56 75 / 66 85.

● **15   Von Grän aus dem Engetal,** 1½—2 Std. Foto Seite 91.

Vom Parkplatz Pfrontener Hütte (Hinweisschild) dem markierten Steig folgend anfangs noch wenig ansteigend, doch schon bald steil durch Bergwald hinauf. Zuletzt über steile Bergmatten in Serpentinen zur schon sichtbaren Hütte am SO-Rücken des Aggensteins.

● **16   Von Norden über den „Bösen Tritt",** 2—3 Std.
        Foto Seite 89, 91.

Von Pfronten-Steinach kurz vor der Grenze rechts einem Steig folgend, der bald in die schöne Reichenbachklamm leitet. Auf ihrer rechten Seite bald steil hinan durch schattigen Wald zu einer Station einer Holztransportbahn. Einer Waldschneise folgend erreicht der Weg dann eine kleine Grenzhütte am NO-Eck des Aggenstein-Ostgipfel (hierher auch in 45 Minuten von der Hochalpe einem Steig folgend). Den folgenden steilen Hang in steilen Serpentinen („Böser Tritt") zur nahen Pfrontener Hütte.

● **17**            **Vilser Alp,** 1226 m

Großzügig umgebaute Berghütte in etwas abgeschiedener, stiller Lage. Privat bewirtschaftet und recht gemütlich. Idealer Ausgangspunkt für Touren am Vilser Kegel, Sebenkopf, Schlicke und Roter Stein-Brentenjoch. Für die Übernachtung stehen 60 Betten bereit. Im Sommer während des Viehauftriebes durchgehend geöffnet, ansonsten immer am Wochenende.

● **18**    **Von Vils durch das Kühbachtal,** 1—1½ Std.

Kurz vor der Ortschaft Vils (von Pfronten kommend) vor dem Kühbach rechts einem Fahrweg folgend in Richtung Abraumhalde des Zementwerkes. Bald verläßt man diesen Fahrweg und folgt einem rechts abzweigenden weiteren Fahrweg, der dann zur Vilser Alp führt.

● **19**            **Musauer Alp,** 1267 m

Privates, herrlich gelegenes Berggasthaus mit gemütlichen Räumlichkeiten. Idealer Ausgangspunkt für Touren an der Gehrenspitze und Kellespitze. Für die Übernachtung stehen 28 Betten und 50 Matratzenlager bereit. Eigene Sennerei! — Geöffnet von Ostern bis 20. Oktober. Viehauftrieb im Juni, Abtrieb im September.

● **20**    **Durch das Reintal über die Achsel,** 2 Std.

Vom Gasthaus Reintal (rechts der Hauptstraße) über Wiesen zum Beginn des bald steil durch Bergwald führenden Steiges. Zuletzt durch ein Schartel auf einen Fahrweg, dem man in landschaftlich reizvoller Wanderung bis zur Musauer Alp folgt.

● **21**    **Vom Frauensee,** 3 Std.

Von Reutte über Lechaschau dem Fahrweg folgend zum landschaftlich herrlich gelegenen Frauensee. Ein Forstweg leitet dann wenig ansteigend (Hinweistafeln) um den Hahlenkopf herum und erreicht wenig unterhalb der Hütte den Fahrweg durchs Reintal. Über ihn dann zur Hütte.

● **22**    **Vom Campingplatz Roßschläg,** 2—2½ Std.

Direkt beim Campingplatz Roßschläg (Kiosk) beginnt der Fahrweg ins Reintal. Dieser wird immer verfolgt und man trifft so nach etwa einer Stunde Gehzeit mit dem Weg über die Achsel (R 20) zusammen. Weiter wie auf diesem.

### Aufstieg durch das Reintal

Dieses Hochtal darf wohl zu einem der schönsten in den Nördlichen Kalkalpen gerechnet werden.
                                          Foto: W. Mayr

Gimpel

Kellespitze

Kelleschrofen

● **23**        **Otto-Mayr-Hütte,** 1530 m

Zusammen mit der Füssener Hütte (61 Matratzenlager) und der Willy-Merkl-Gedächtnishütte (30 Lager) im oberen Reintal stehend. Erbaut wurde sie 1900 von der Sektion Augsburg und nach der Erweiterung 1909 weist sie nun 23 Betten, 34 Matratzenlager und 15 Notlager auf. Idealer Stützpunkt für Touren an Gimpel, Kellespitze und dem Schlicke-Kamm. Gemütliche Atmosphäre und herrliche Umgebung machen sie zu einem beliebten Ausflugsziel. Sie ist von Pfingsten bis Allerheiligen geöffnet. Dazu noch während der Weihnachts- und Osterferien (Bayern). Tel. 08 21 / 51 67 80, im Tal 0 83 62 / 64 85. Foto Seite 121.

● **24    Durch das Reintal,** 3 Std.

Wie bei R 20 oder R 22 zur Musauer Alp. Nun dem Fahrweg weiter folgend im landschaftlich gewaltigen Reintal hinan bis man zuletzt nach mehreren Kehren die Otto-Mayr-Hütte erreicht.

● **25    Von der Sessellift Bergstation-„Füssener-Jöchle",** 30 Min.
        Foto Seite 75.

Von der Bergstation des Sessselliftes zum Füssener Jöchle (hierher auch zu Fuß in etwa 2 Std. von Grän über die Skiabfahrt) rechts in wenigen Minuten zum Reintaljoch (Blick auf die Gimpel Nordwand). Nun in Serpentinen links ins Reintal und zur Otto-Mayr-Hütte hinab.

● **26**        **Gimpelhaus,** 1685 m

Privates, nach einem Brand 1973 wieder aufgebautes Berghotel. Während der Öffnungszeiten von Ostern bis Anfang November und vom 26. Dezember bis 6. Januar sehr stark frequentiert. Zur Übernachtung sind 50 Betten und 250 Lager vorhanden. Idealer Stützpunkt für Touren an Gimpel, Roter Flüh und Hochwiesler, schöne Aussicht nach Süden.

**Das Reintal mit der Musauer Alp (R 19) und der Otto-Mayr-Hütte (R 23)**
R 25    Zugang zur Otto-Mayr-Hütte von der Sessellift-Bergstation
        „Füssener Jöchle"
R 87    Normalweg über die Südflanke
R 181    Kellespitze-Nordgrat – Direkte Führe        Foto: W. Mayr

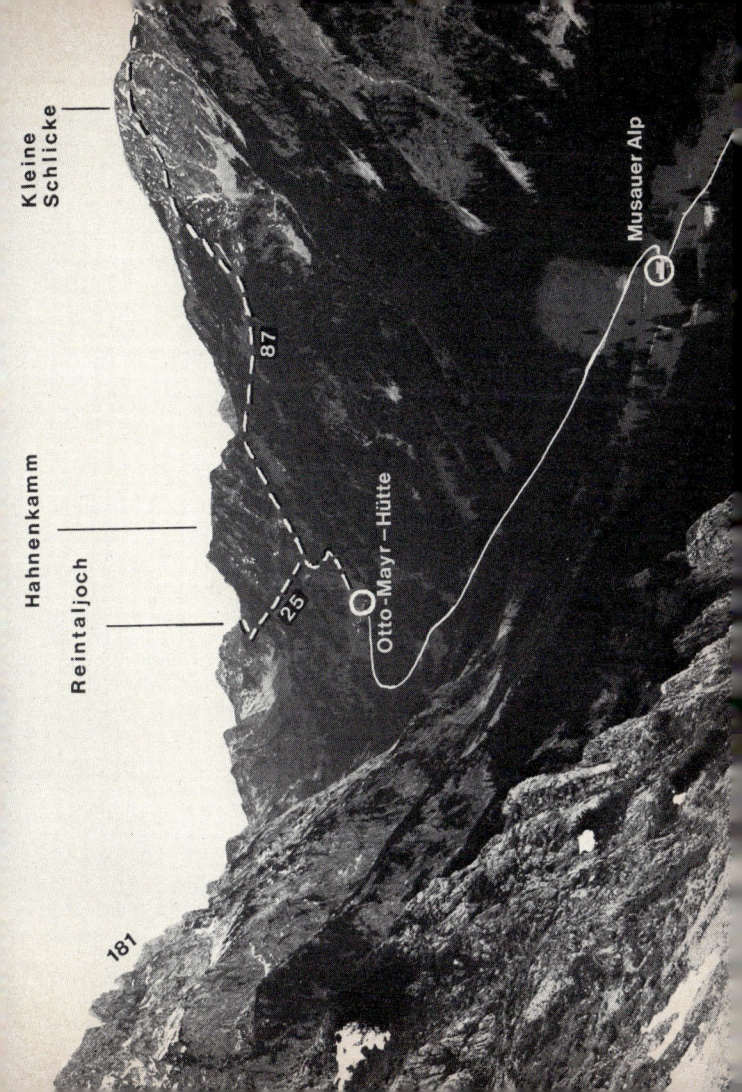

Kleine Schlicke

Hahnenkamm

Reintaljoch

87

25

Otto–Mayr–Hütte

Musauer Alp

181

● **27   Von Nesselwängle,** 1—1½ Std. Foto Seite 77, 81.

Vom Parkplatz am Hotel Berghof in Nesselwängle dem Steig folgend. Dieser wendet sich bald nach links und erreicht über steile Hänge einen mehrfach unterbrochenen Bergwald. In zunehmend steiler werdenden Serpentinen erreicht man dann bald das Gimpelhaus.

● **28**                       **Tannheimer Hütte,** 1713 m

1892 von der Sektion Allgäu-Kempten erbaut und mehrfach verbessert. Seit 1981 befindet sich kurz unterhalb der Hütte auch die erste biologische Kläranlage einer Berghütte. (Ein sehr mutiges Projekt der Sektion Kempten, in krassem Gegensatz zu den nahegelegenen Bauschutthalden des Gimpelhauses stehend!) Sehr gemütlicher Gastraum und herrliche Lage ohne den sonstigen südseitigen Trubel. Geöffnet von etwa Mitte Mai bis Mitte Oktober. 30 Matratzenlager, unbewirtschaftet, Getränkeausgabe, Suppen. Ideal gelegen für Touren in der Tannheimer Hauptkette! Tel. 0 56 75 / 64 26.

● **29   Von Nesselwängle,** 1—1½ Std. Foto Seite 81, 161.

Wie bei R 27 zum Gimpelhaus. Nun fast eben einem breiten Steig folgend zur schon sichtbaren Hütte.

● **30   Von Nesselwängle durch das Walzbachtal,** 1½—2 Std.
Foto Seite 77.

Vom Haus Alpin am Nordostende von Nesselwängle einem markierten Steig folgend über steile Bergwiesen (Sitzbankerln) zum Ansatz des Bergwaldes. Hier nicht nach rechts, sondern links steil durch den Bergwald hinan. So wird ein mehr oder weniger eben verlaufender Steig erreicht, den man dann nach links bis zur Hütte verfolgt.

**Nesselwängle (R 8) mit dem östlichen Teil der Hauptkette**
Unmittelbar hinter Nesselwängle steigt die Hauptkette der Tannheimer Berge an. Die Aufnahme wurde von der gegenüberliegenden Krinnespitze gemacht.
R 27  Anstieg zum Gimpelhaus
R 30  Anstieg zur Tannheimer Hütte durch das Walzbachtal
R 38  Übergang von Nesselwängle zur Musauer Alp          Foto: W. Mayr

sselwängler
warte

Kellespitze

Kelleschrofen

Babyl.
Turm

Sabachjoch

Gehrenspitze
Schneide

38

nnheimer
tte

30

27

P

● **31**  **Gehrenalm,** etwa 1600 m

Landschaftlich herrlich in einem kleinen Kessel an der Südostseite der Gehrenspitze gelegene Alm. Beschränkte Übernachtungsmöglichkeiten in uriger Alm. Während des Viehauftriebes bewirtschaftet (ca. Juni—September).

● **32**  **Von Wängle,** 2—2½ Std.

Am bergseitigen Ortsende von Wängle beginnt ein großzügig errichteter Forstweg, dem man ein gutes Stück folgt, bis rechts ein markierter Steig steil durch Bergwald hinaufleitet. Bald erreicht man so Bergmatten und zuletzt auch die herrlich gelegene Gehrenalm.

● **33**  **Von der Hahnenkammbahn-Bergstation,** 1 Std.

Von der Bergstation der Hahnenkammbahn auf zunächst fallendem, dann waagrecht verlaufendem Steig um die Ausläufer von Hahnenkamm und Dützel herum in den Kessel der Gehrenalm und bald zu ihr.

Die **Bergstationen des Füssener-Jöchle Liftes** und der **Hahnenkamm Kabinenseilbahn** bieten während der Betriebszeiten Essen und Getränke. Übernachtungen sind jedoch nicht möglich!

An der Südseite ist es möglich, Bergtouren ohne weiteres vom Tal aus zu unternehmen.

# IV. Übergänge und Höhenwege

Gerade für den Wanderer, aber auch für den Kletterer sind einige Übergänge von Bedeutung. Zum einen bei der Begehung eines Höhenweges (sie werden noch im einzelnen beschrieben) oder auf dem Weg zu einem Einstieg einer Kletterroute. Im übrigen zählen Übergänge von Hütte zu Hütte in den Tannheimer Bergen mit zu den lohnendsten Wanderzielen bei zumeist geringer Schwierigkeit in landschaftlich reizvoller Umgebung.

Abschließend sei erwähnt, daß alle hier beschriebenen Steige und Wege ausreichend markiert und beschildert sind, so daß keine Orientierungsprobleme auftreten dürften. Daher ist die Beschreibung der Übergänge-auch entsprechend knapp ausgefallen.

Im Anschluß an die folgenden Beschreibungen der Übergänge und Höhenwege werden drei Vorschläge für zusammenhängende Höhenwanderungen gemacht (R 42—R 44): diese setzen sich teilweise aus mehreren bereits unter R 34—R 41 beschriebenen Höhenwegen zusammen. Dem Leser wird durch die zusammenhängende Beschreibung das Nachvollziehen erleichtert, auch wenn sich dadurch manchmal Wiederholungen ergeben.

● 34 **Vilser Alp — Vilser Scharte (oder Reintaljoch) — Otto-Mayr-Hütte**
2½ Std. Landschaftlich schön, relativ einsam im ersten Teil.

Von der Vilser Alp links an den Abbrüchen des Schlagsteines (so nennt man die Felsabbrüche im Karboden links des Sebenkopfes) vorbei, gelangt man in den oberen Karboden. Bald leiten steile Serpentinen hinauf in die Vilser Scharte, die sich zwischen Schlicke und Hahnenkopf befindet. Jenseits geht es dann durch latschenüberzogene Berghänge hinunter zur Otto-Mayr-Hütte. Man kann auch aus dem oberen Karboden zum Reintaljoch (rechts des Hahnenkopfes) aufsteigen um von dort zur Otto-Mayr-Hütte zu gehen (wie bei R 25).

● 35 **Otto-Mayr-Hütte — Gelbe Scharte (Rote Flüh) — Gimpelhaus (Tannheimer Hütte)**
3—4 Std. Viel gemachte Bergtour, teilweise Kletterstellen (**I**)
Sehr aussichtsreich (siehe auch R 103 + 104).
Foto Seite 131.

Ausgehend von der Otto-Mayr-Hütte wendet man sich in Richtung Reintaljoch (Hinweistafel), verläßt diesen Weg jedoch nach einiger Zeit nach links und gelangt so unter die Ostabstürze des Schartschrofens.

Unter diesen hindurchquerend erreicht man zuletzt etwas mühsam über steile Serpentinen in einer Schotterhalde die Gelbe Scharte (zwischen Schartschrofen und Roter Flüh). Hier wendet man sich nach links und überschreitet die Rote Flüh wie bei R 103 und 104. Nach Erreichen der Judenscharte (zwischen Roter Flüh) steigt man über steile Schutthalden (Gimpelkar) hinab und erreicht bald nach der Umgehung des SO-Rückens des Hochwiesler das Gimpelhaus oder die Tannheimer Hütte.

● **36   Otto-Mayr-Hütte — Judenscharte — Gimpelhaus (Tannheimer Hütte)**

2½—3½ Std. Eindrucksvoller Übergang unmittelbar unter der Gimpel Nordwand. Bis zur Judenscharte teilweise Kletterstellen (I). Recht lohnend, jedoch durch voransteigende Bergsteiger manchmal etwas steinschlaggefährdet.
Foto Seite 81, 131, 161, 187, 217.

Wie bei R 35 unter die Ostabstürze des Schartschrofens. Nun unter diesen hindurch und nicht rechts hinauf, sondern links weiterquerend unter der Nordwand der Roten Flüh hindurch zu den ersten Felsen. (Hierher kann man auch gelangen indem man unter der Gimpel-Nordwand die steilen Schutthalden hinaufsteigt. Jedoch sehr mühsam!) Der erste Abbruch wird mittels großer Rechtsschleife umgangen (rote Markierung). Dann wieder in den Schluchtgrund zurück und an der rechten Schluchtseite in Kehren, teils kletternd weiter hinauf. Zuletzt etwas rechtshaltend zur schon sichtbaren Judenscharte. Von dort wie bei R 35 zum Gimpelhaus oder zur Tannheimer Hütte.

● **37   Gimpelhaus (Tannheimer Hütte) — Nesselwängler Scharte — Otto-Mayr-Hütte (Musauer Alp)**

3—4 Std. Sehr lohnender Übergang, kurze Kletterstelle (I).-Teilweise Drahtseilsicherungen.
Foto Seite 81, 266 / 267.

Vom Gimpelhaus (oder der Tannheimer Hütte) zunächst in den unteren Karboden des Gimpelkares. Hernach steil durch schottrige Halden bis

**Gimpelhaus (R 26) und Tannheimer Hütte (R 28), Luftbild**

R 27   Zustieg von Nesselwängle
R 29   Zustieg vom Gimpelhaus
R 36   Aufstieg vom Gimpelhaus zur Judenscharte
R 37   Zustieg zur Nesselwängler Scharte
R 124  Zustieg zum Ostgrat (Normalweg) des Hochwieslers und die Südwände des Hochwieslers und der Roten Flüh
R 177  Westgrat

Foto: Thorbecke

unter die Südabstürze des Kammes Gimpel-Schäfer. Hier rechts abzweigen und unter den Wänden entlangqueren bis man zuletzt in Kehren zur Nesselwängler Scharte aufsteigen kann. Jenseits zunächst in weiten Kehren hinab und kurz kletternd (Drahtseil) in den Karboden. Kurz vor dem Erreichen des Reintales etwas links in Latschen absteigend und somit einen Felsabbruch umgehend. Nach Überqueren eines Baches (Sabach) wird der Fahrweg erreicht und entweder links etwas ansteigend die Otto-Mayr-Hütte erreicht, oder rechtshaltend zur Musauer Alp abgestiegen.

● 38     **Nesselwängle — Sabachjoch — Musauer Alp**
         4—5 Std. Landschaftlich außerordentlich schöner Übergang, der relativ wenig begangen wird. Keine Kletterei erforderlich. Foto Seite 77.

Vom Nordostende Nesselwängles folgt man wie bei R 30 dem in Richtung Walzbach führenden Steig. Man wendet sich kurz vor Erreichen eines Bergwaldgürtels jedoch nicht nach links, sondern folgt dem Steig rechts aufwärts. So erreicht man dann nach der Querung einiger Gräben und über steile Bergmatten eine Mulde unterhalb des Sabachjoches und in Serpentinen kurz darauf rechtshaltend auch das Joch (zwischen Kelleschrofen und Schneide). Jenseits absteigend erreicht man dann bald die Böden der Sabach-Galtalp. Zuletzt wird in einer langen Serpentine durch steilen Bergwald der Boden des Reintales und die schon sichtbare Musauer Alp erreicht.

● 39     **Musauer Alp — Gehrenjoch — Gehrenalm**
         2½—3½ Std. Unschwierige, jedoch sehr reizvolle Wanderung mit hübschen Nahblicken auf die Gehrenspitze.

Von der Musauer Alp mittels Steg über den Sababach hinweg und wie bei R 38, jedoch in umgekehrter Richtung auf die Böden der Sabach-Galtalp. Diese werden an ihrem südöstlichen Ende verlassen. Hier folgt man dann dem markierten Steig in Richtung Gehrenjoch, das man linkshaltend auch bald erreicht. Jenseits zunächst steil hinab auf die Böden der schon sichtbaren Gehrenalm, die in zuletzt ebener Wanderung erreicht wird.

● 40     **Musauer Alp — Hahlejoch (Sulztaljoch) — Frauensee**
         3½—4½ Std. Wenig gemachter, jedoch landschaftlich einmalig schöne und aussichtsreiche Wanderung mit kontrastreichen Nah- und Fernblicken.

Ausgehend von der Musauer Alp überquert man wie bei R 39 den Sababach, um dann R 39 links zu verlassen und über Bergwiesen und durch einen Bergwaldgürtel einen Kessel unter der Nordwand der Gehrenspitze zu erreichen. (Hier kommt von rechts ein markierter Steig, der bei den Böden der Sabach-Galtalp auf R 39 und R 38 trifft). Der Kessel wird nach links ansteigend verlassen und man erreicht so in zuletzt steilen Serpentinen das wenig ausgeprägte Hahlejoch (auch Sulztaljoch genannt). Über sanft geneigte Weideböden steigt man dann ab, um an der Costa-Ries-Gedenkkapelle vorbeikommend die Hahlealp zu erreichen. Im Bergwald absteigend wird bald darauf an der Sulztalalp vorbei weiter abgestiegen. Kurz darauf erreicht man einen neu angelegten Forstweg, der den Weg mehrmals überkreuzt. Zuletzt folgt man am besten dem Forstweg und erreicht so den Frauensee.

● **41    Nesselwängle — Tiefjoch — Hahnenkammbahn- Bergstation**
3½—4½ Std. Völlig zu Unrecht wenig begangene Wanderung. Vor allem botanisch sehr interessant.

Wie bei R 30 beginnt man die Wanderung. Bevor sich jedoch R 38 links hinauf in die Böden unter dem Sabachjoch wendet (Hinweisschild), quert man wenig ansteigend rechtshaltend weiter und erreicht bald in fast waagrechter Querung die Schneetalalp (Tagesbetrieb). Weiter geht es immer rechts ansteigend zum Tiefjoch (zwischen Dützel und Hahnenkamm). Hier steigt man jenseits leicht ab um dann wieder etwas ansteigend den Alpenblumengarten in unmittelbarer Nähe der Hahnenkammbahn-Bergstation zu erreichen. In wenigen Minuten dann hinab zur Bergstation (steigt man zu Fuß ab, so ist mit etwa 1—1½ Std. zusätzlicher Gehzeit zu rechnen. Steig ist markiert).

**Höhenweg-Vorschläge**

Im folgenden seien nun noch drei Möglichkeiten für Höhenwege in den Tannheimern beschrieben. Um das lästige Nachschlagen gering zu halten sind diese zusammenhängend und mit wenig Hinweisen auf andere Randzahlen im Führer (z. B.: schon beschriebene Teilstücke) versehen.

Alle hier beschriebenen Höhenwege sind bis auf kurze, jedoch gut zu findende Teilstücke, ausreichend markiert und gut beschildert, so daß unter Zuhilfenahme einer Wanderkarte (siehe auch 3.5 „Karten und Schrifttum") keine Probleme auftreten dürften!

**Höhenweg-Vorschlag Nr. 1:**

● **42** **Breitenberg — Pfrontener Hütte — Füssener Jöchle — Gimpelhaus (Tannheimer Hütte) — Hahnenkammbahn-Bergstation**

Etwa 12—14 Std. ( = 2 Tage). Lange und je nach Laune auch recht anstrengende ( = gipfelreiche) Höhenwanderung, die in einzelnen Abschnitten auch Kletterei (I) verlangen kann. In jedem Falle lohnend. Rückfahrt von Reutte nach Pfronten mit dem Zug oder Bus möglich. Die Durchquerung kann auch an mehreren Stellen problemlos abgebrochen werden.

**Von Pfronten-Steinach** je nach Routenwahl in etwa 2 Std. über R 47 oder R 48 auf den Breitenberg. Sodann entweder über den Langen Strich (und eventuell den Gipfel des Aggensteines mitnehmend) oder über den „Bösen Tritt" (unter der Nordseite des Aggensteines hindurchquerend) zur Pfrontener Hütte. Von dieser quert man etwas absteigend in der Südflanke des Brentenjoches bis man die Böden der Sebenalp erreicht. Hier traversiert man um den Sebenspitzkamm herum und erreicht dann bald eine Einsattelung knapp rechts unterhalb des höchsten Punktes der Sefenspitze (kann problemlos „mitgenommen" werden). Jenseits erreicht man kurz darauf das Füssener Jöchle. (1. Möglichkeit zum Abbruch der Wanderung.) Nach Überschreiten des Reintaljoches kann entweder absteigend die Rote Flüh über den Weg zur Judenscharte (R 36) umgangen werden, oder aber man überschreitet Läuferspitze und Rote Flüh und gelangt so ebenfalls zur Judenscharte. Von dort erreicht man dann absteigend das Gimpelhaus oder die Tannheimer Hütte. Hier wird am besten genächtigt. (2. Möglichkeit zum Abbruch der Wanderung.) Der Weiterweg führt dann über einen nur wenig Höhenunterschied aufweisenden Steig, der bei der Tannheimer Hütte beginnt und über die Schneetalalp und das Tiefjoch die Hahnenkamm-Bergstation erreicht (der Hahnenkamm kann dabei ohne weiteres erstiegen werden). Von der Bergstation ist man dann noch etwa 1—1½ Std. unterwegs, bis man Wängle bei Reutte erreicht.

**Gehzeiten im einzelnen:** Breitenberg — Pfrontener Hütte (1 Std.; mit Aggenstein etwa 2 Std.) Pfrontener Hütte — Füssener Jöchle (2 Std.) Füssener Jöchle — Gimpelhaus (Tannheimer Hütte) (3—4 Std.; 4—5 Std. mit Roter Flüh und Schartschrofen) Gimpelhaus (Tannheimer Hütte) — Hahnenkammbahn-Bergstation (3—4 Std.).

**Höhenweg-Vorschlag Nr. 2:**

● **43** **Füssener Jöchle — Otto-Mayr-Hütte — Nesselwängler-Scharte — Sabachjoch —Gehrenjoch — Gehrenalm.**
6—8 Std. (Tagestour). Abschnittsweise etwas anstrengende, jedoch etwas abseits des Touristenstromes (besonders im zweiten Abschnitt) verlaufende Wanderung. Auch hier Gipfelbesteigungen möglich, ebenso wie auch ein Abbruch möglich ist.

**Von Grän** mit oder ohne (etwa 2 Std. Gehzeit) zum Füssener Jöchle und über das Reintaljoch zur Otto-Mayr-Hütte. Weiter absteigend dem Fahrweg ins Reintal folgend, bis man rechts über den Sababach den Weg zur Nesselwängler Scharte erreicht. Nach Erreichen derselben (vorbei an der Sohler-Gedenkplatte) wendet man sich nach links und quert auf schwach vorhandenen Steigspuren unter den Südabstürzen der Kellespitze hindurch und erreicht bald etwas absteigend am Südostrücken des Kelleschrofens das Sabachjoch. Hier entweder über die Schneide (I, 30 Minuten mehr Gehzeit) oder ihre Nordseite absteigend querend, zuletzt wieder ansteigend zum Gehrenjoch. Von dort in Kürze zur Gehrenalm und weiter hinab nach Wängle.

**Gehzeiten im einzelnen:** Füssener Jöchle — Otto-Mayr-Hütte (45 Min.), Otto-Mayr-Hütte — Nesselwängler Scharte (2 Std.), Nesselwängler Scharte — Gehrenalm (2 Std.) Gehrenalm — Wängle (1½ Std.). Abgebrochen werden kann an der Nesselwängler Scharte durch Abstieg zum Gimpelhaus und nach Nesselwängle (etwa 2 Std. Gehzeit).

**Höhenweg-Vorschlag Nr. 3:**

● **44** **Vilser Alp — Otto-Mayr-Hütte — Musauer Alp — Hahlejoch (Sulztaljoch) — Frauensee**
Etwa 7—8 Std. Was schon für den zweiten Höhenweg-Vorschlag gegolten hat, gilt erst recht für diesen, denn auf diesem Weg bewegt man sich fast durchgehend in wenig besuchtem Gebiet. Also etwas für Ruhesuchende!

**Von Vils** auf dem Fahrweg in etwa 1 Std. zur Vilser Alp. Hier linkshaltend an den Felsen des Schlagsteines vorbei zum Reintaljoch. Bald darauf erreicht man auch schon absteigend die Otto-Mayr-Hütte und weiter durch das Reintal hinausgehend die Musauer Alp (hier Abstieg nach Musau möglich). Den Sababach übersteigend gelangt man, unter der mächtigen Nordwand der Gehrenspitze ansteigend, zum Hahlejoch.

Hier steigt man über die Bergweiden der Hahle- und Sulztalalp ab und erreicht zuletzt durch Bergwald und eine Forststraße den Frauensee. Hier ist man, den Fahrweg absteigend, in etwa 30 Minuten in Lechaschau bei Reutte.

**Gehzeiten im einzelnen:** Vilser Alp — Musauer Alp (3 Std.), Musauer Alp — Frauensee (3 Std.).

*Aus der Lehrschriftenreihe*
*des Österreichischen Alpenvereins*

Pit Schubert

## Alpine Eistechnik

Herausgegeben vom Österreichischen Alpenverein
Allgemeine Ausrüstung – Alpintechnische Ausrüstung – Fahrt, Gefährten, Seilschaft – Eis und seine Gefahren – Knoten – Anseilen im Eis – Anbringen von Sicherungspunkten im Eis und Firn – Sicherungstheorie – Sicherungspraxis – Gehen und Sichern auf Gletschern – Spaltenbergung – Gehen und Sichern im Steileis – Biwak im Eis – Rückzug im Eis – Überleben im Eis – Alpines Notsignal – Schwierigkeitsbewertung im Eis. 272 Seiten. Zahlreiche Fotos und Zeichnungen. 12. Auflage 1981.

Zu beziehen durch alle Buchhandlungen

# Bergverlag Rudolf Rother GmbH · München

# V. Gipfel und Gipfelanstiege

## 1. Gipfel im Westkamm

● **46**              **Breitenberg,** 1838 m

Das klotzige Massiv des Breitenberges bildet den nördlichen Abschluß der Tannheimer Gruppe. Seit seiner Erschließung durch die Breitenbergbahn bedeutender Wintersportplatz. Im Sommer leiten zwei hübsche Wanderwege auf seinen höchsten Punkt. Sehr schöne Aussicht ins unmittelbar darunter befindliche Pfrontener Talbecken und beeindruckende Nahblicke auf die abschreckende Nordseite des Aggensteins.

● **47**    **Normalanstieg von Norden über die Hochalpe**
         Unschwierig. Kann durch Auffahrt mit der Bahn erheblich
         verkürzt werden.
         Zeit: Etwa 2½—3 Std. ab Pfronten Steinach.

**Anstieg:** Von der Talstation der Breitenbergbahn in Pfronten Steinach auf einem Feldweg zum eigentlichen Bergmassiv. Hier in zunehmend länger werdenden Serpentinen steil hinauf, zuletzt lange Linksquerung, bis zur Hochalpe. (Bergstation der Kabinenbahn; etwa 1½ Std. ab Pfronten Steinach). Nun rechts einem Steig unter dem Sessellift folgend zu einem Kamm. Auf diesem nach rechts hinauf zum Gipfelrücken über den man bald den höchsten Punkt (Kreuz) erreicht.

● **48**    **Aus dem Achtal (von der Fallmühle)**
         Unschwierig. Weniger begangen als R 47, doch landschaftlich sehr reizvoll. Am Vormittag angenehm schattig.
         Zeit: Etwa 2½ Std. ab Fallmühle.

**Anstieg:** Von der Fallmühle (Gasthof) über die Brücke der alten Achtalstraße hinweg und kurz hernach links durch Wald (die neue Straße querend) immer steiler bis zum langen Gratkamm, den der Breitenberg nach Westen entsendet. Dieser wird etwa in Höhe des Punktes P. 1561 betreten und in sehr aussichtsreicher Wanderung bis zum Gipfel verfolgt.

● **49**    **Von SW über die Jägerhütte („Adratsbachanstieg")**
         Unschwierig. Nicht markierter, jedoch natürlich vorgegebener Anstieg. Etwas für Einsamkeitsliebhaber; landschaftlich recht hübsch.
         Zeit: etwa 2½ Std. ab Achtalstraße.

**Anstieg:** Kurz nach der deutschen Grenzstation (in Richtung Österreich) folgt man in unmittelbarer Nähe der alten Grenzstation einem links hinaufführenden Wirtschaftsweg. Zum Schluß durch lichten Wald und über Alpböden (immer eindeutige Wegführung) zum Engerle (Verbindungsgrat zwischen Aggenstein und Breitenberg). Hier links am Grat zur Ostlerhütte (R 10) und zum Gipfel. Oder schon vor Erreichen des Engerle steil links hinauf direkt zum Gipfel (jedoch etwas mühsam!).

● **50**                    **Aggenstein,** 1987 m

Dieser, nach Nordosten mit sehr eindrucksvoller Wandflucht abfallende Bergstock, beherrscht die Westgruppe der Tannheimer Berge. Seine erste Ersteigung fällt vermutlich einheimischen Jägern zu. Aufgrund seiner umfassenden Rundsicht und durch die Errichtung der Breitenbergbahn ist der Aggenstein zu einem sehr beliebten Wanderziel geworden. Von Süden her bietet seine Ersteigung eine sehr lohnende Wanderung. Wenig bekannt, vielleicht wirklich nur unter einheimischen Kletterern, ist der Aggenstein als Kletterberg, mit einigen sehr hübschen Routen mittlerer Schwierigkeit. Durch die Nordostwand leitet eine der schwersten Führen im weiten Umkreis. Wichtig zu wissen ist, daß sich der Aggenstein geologisch ganz erheblich von den Hauptkletterbergen der Tannheimer Gruppe unterscheidet. Er ähnelt vom Charakter her vielmehr dem Allgäuer Hauptkamm, was jedoch seinen Reiz nicht mindert.

**Brentenjoch (R 63) und Aggenstein (R 50) vom Breitenberg.**
Im Hintergrund erkennt man die Zentralgruppe (Hauptkamm). Schon auf diesem Bild wirkt die Nordostwand des Aggensteines recht düster und man erahnt den ernsten Charakter der Anstiege durch diese für die Tannheimer so atypische Wand.

R 16     Zustieg zur Pfrontener Hütte über den „Bösen Tritt"
R 51     Normalweg über den „Langen Strich"
R 53     Alte Nordwand
R 54     Nordostwand
R 55     Direkte Nordostwand                    Foto: W. Mayr

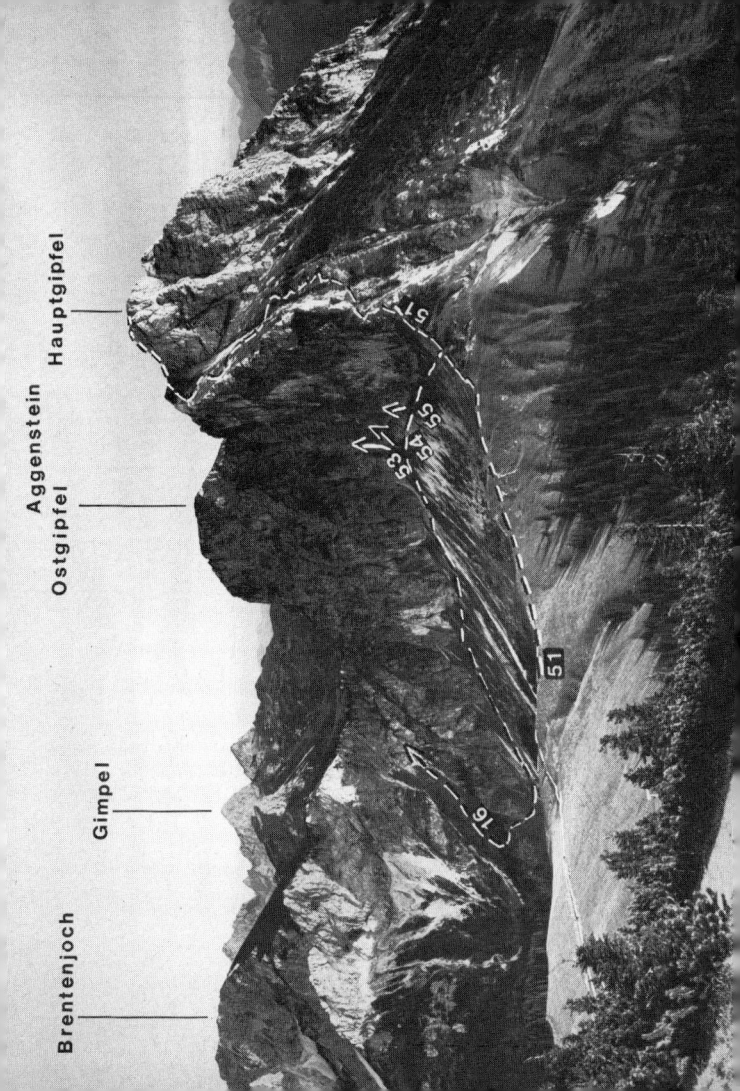

● 51    **Normalweg über den „Langen Strich"**
       I (kurze Stellen am Anfang und am Gipfelaufbau), überwiegend jedoch Gehgelände. Vielbegangener, und auch kürzester Anstieg; meist in Verbindung mit einer Auffahrt zur Hochalpe (Breitenbergbahn).
       Höhenunterschied vom E zum Gipfel: etwa 350 m. Zeit: 1 Std. Foto Seite 89, 91, 101.

**Anstieg:** Von der Hochalpe (R 47) dem Weg unter dem Sessellift folgend zur Bergstation desselben. Weiter auf dem Rücken links zum Fuß des Aggensteins (etwa 30 Min. ab Hochalpe). Nun rechts in steilen Serpentinen über kurze Felsabsätze (I) zum Beginn eines breiten, links hinaufleitenden Bandes („Langer Strich"). Dieses in Serpentinen hinauf zu seinem Ende am Gipfelaufbau (kleine Einsattelung). Rechts hinauf und über kurze Felsstufen auf den nahen Gipfel.

● 51 A   **Abstieg auf dem Normalweg (R 51)**
       I (kurze Einzelstellen), überwiegend jedoch Gehgelände.
       Etwa 30 Minuten bis zum Einstieg.

**Vom Gipfel** linkshaltend über kurze Felsstufen hinab (I), zuletzt links waagrecht zu einer Einsattelung. Nun links hinab und auf breitem Band in steilen Serpentinen hinab. Zuletzt etwas rechtshaltend über kurze Felspassagen (I) hinunter zum Fuß des Aggensteins.

**Hinweis:** Im Frühjahr, wenn noch Schneereste vorhanden sind, ist größte Vorsicht geboten (schon mehrere Unglücksfälle)!

● 52    **Von Süden**
       I (kurze Stellen am Gipfelaufbau), ansonsten Gehgelände.
       Landschaftlich lohnender Anstieg. Von der Pfrontener Hütte in 1 Std. Foto Seite 91.

**Anstieg:** Wie bei R 15 zur Pfrontener Hütte. Nun etwas links ansteigend den Südrücken des Ostgipfels querend, zuletzt mehr gerade in Serpentinen zur kleinen Einsattelung, wo auch R 51 heraufkommt. Wieder links zum Gipfelaufbau und über kurze Felsstufen zum nahen Gipfel (I).


**Die Pfrontener Hütte (R 14) am Aggenstein (Luftbild)**
R 15  Anstieg von Grän
R 16  Zustieg von Norden über den „Bösen Tritt"
R 51  Normalweg über den „Langen Strich"
R 52  Anstieg von Süden                         Foto: Thorbecke

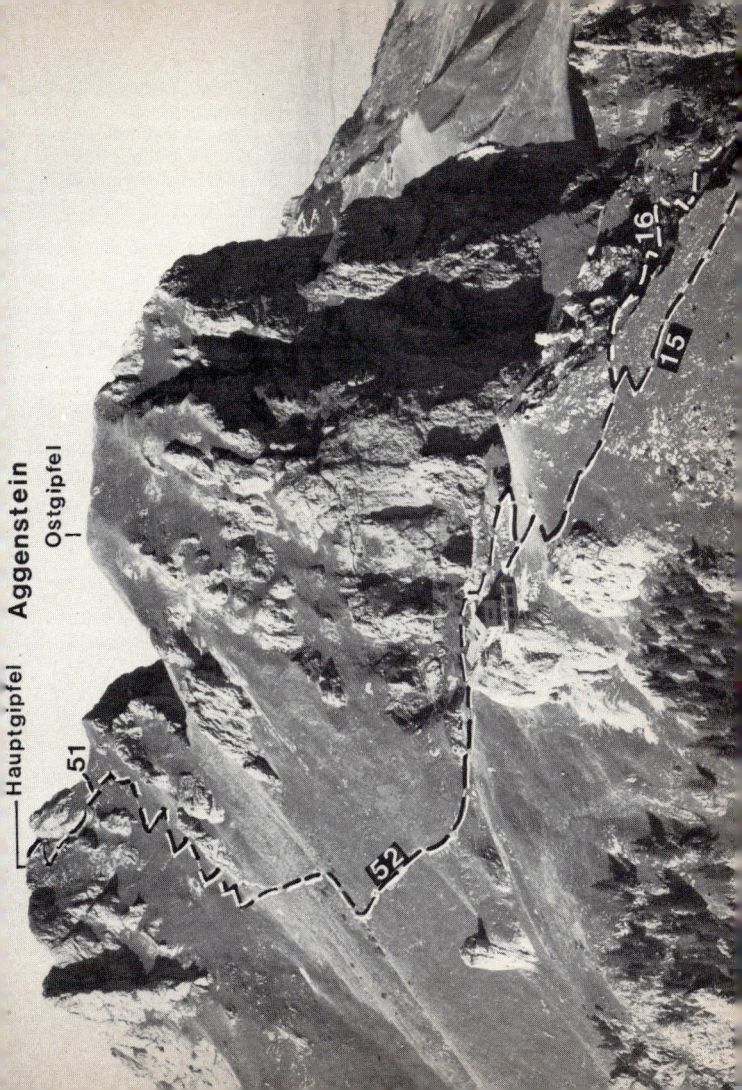

Aggenstein

Hauptgipfel — Ostgipfel

51

52

15

16

1

● 53    **Alte Nordwand**

H. Maisel, O. Hartmann, E. Hartmann, 1905.

**IV** (kurze Stellen im unteren Teil), stellenweise II und III. Oft I und längere Strecken steiles Gehgelände. Kaum mehr begangene Graskletterei, die sich links der eigentlichen Steilwand abwickelt. Wenig lohnend und bei Nässe äußerst ungenehm. Teilweise schlechte Sicherung. Wandhöhe: etwa 250 m. Kletterlänge etwa 300 m. Zeit: etwa 2 Std. Foto Seite 89, 99, 101.

**Zugang:** Wie bei R 51 zum Fuß des Aggensteins. Hier dann links ansteigend unter der Nordostwand hindurch zum E bei steilen Grasschrofenwandln rechts eines Überhanges, der den untersten Abschluß der eingangs erwähnten Schlucht bildet. (Von der Hochalpe 40 Min.).

**Führe:** Diese Wandln immer etwas linkshaltend zwei Seillängen hinauf (II, III, kurz IV). Dann links, etwas absteigend (III), in die Schlucht hinein. Aus dieser links heraus und in der Folge immer linkshaltend über steile Grashalden, die ab und an von kurzen Felspassagen unterbrochen werden (II) zum Grat, den man ein Stück links oberhalb der Scharte, bei der die Schlucht endet, erreicht.


● 54    **Nordostwand**

A. Ungelert, S. Maag, L. Kübler, 1946.

**VI,** aufgeteilt wie folgt: VI (zwei Stellen, bzw. V + / A0), längere Strecken IV +, V—, kurze Einzelstellen V und V +. Von Einheimischen öfters begangene, in ihrer Art interessante Graskletterei. Die schweren Stellen sind fest und kaum grasig, ansonsten stellenweise stark grasdurchsetzter Fels. Bei Nässe äußerst unangenehm, ja sogar gefährlich! Die meisten ZH und SH vorhanden.

Wandhöhe: 300 m. Kletterlänge etwa 340 m. Zeit: etwa 3—4 Std. Foto Seite 89, 99, 101, Skizze Seite 93.

**Hinweis:** Die Orientierung ist nicht ganz einfach. Spaß findet an dieser Kletterei nur jemand, der schon vorher grasige Wände geklettert ist. Jedoch auch nur dann, wenn die Wand in trockenem Zustand angegangen wird!

**Übersicht:** Die abschreckend wirkende Nordostwand des Aggenstein weist in Fallinie ihres höckerartigen höchsten Punktes eine von rechts nach links hinaufziehende Rampe auf. Diese wird von links her erreicht, bis zu ihrem Ende unter gelben Überhängen verfolgt und dann rechtshaltend mittels langer Querung ein schwach ausgeprägtes Ram-

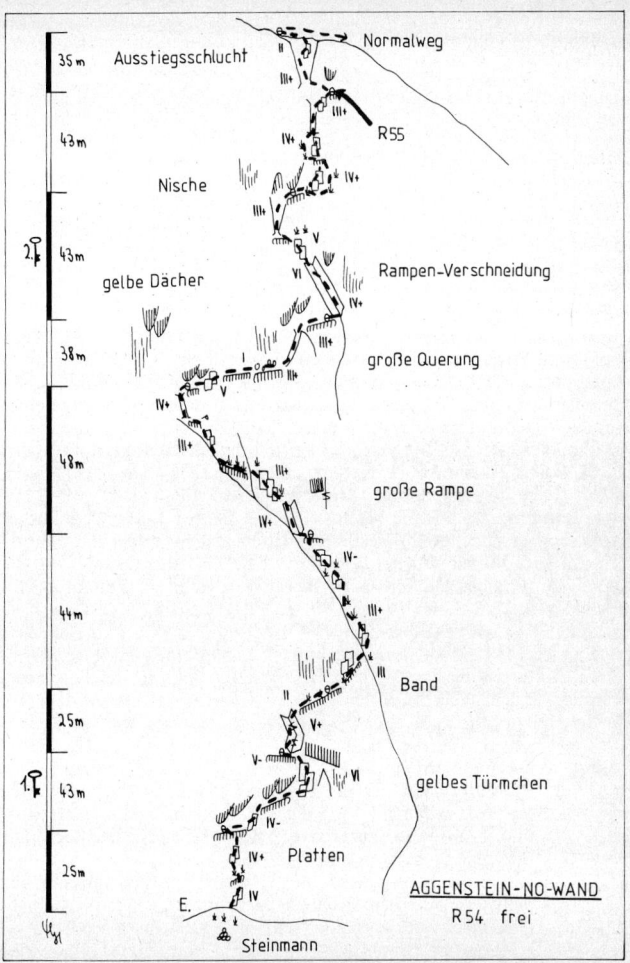

AGGENSTEIN-NO-WAND
R54 frei

pen und Rinnensystem erreicht. Dieses leitet zur markanten Ausstiegs-schlucht, die knapp rechts des Höckers den „Langen Strich" (R 51) erreicht.

**Zugang:** Wie bei der Alten Nordwand (R 53) zum E bei den Grasschro-fenwandln.

**Führe: 1. SL:** Bei Steinmann über plattige Grasschrofenwand ziemlich gerade hinauf auf ein überdachtes Grasband. Auf ihm nach links zu Stand (25 m, IV, IV+). **2. SL:** Das Band nach rechts, etwas ansteigend (IV—) unter Überhängen zu einer schwarzen Wandstelle neben einem gelben Türmchen. Die Wandstelle hinauf (VI, bzw. V+ / A0), zuletzt links (V—) zu Stand auf Leiste (43 m). **3. SL:** Durch kurze gebogene Verschneidung hinauf (V+) auf ein rechts ansteigendes Band (II) mit Graspolstern (25 m). **4. SL:** Das Band nach rechts (III) zu der breiten, nach links hinaufleitenden Rampe. Diese an ihrer linken Seite weiter (IV—) zu Absatz mit Geröll (44 m). **5. SL:** Kurz links in Verschnei-dung und durch sie (IV+) und über grasige Platten etwas linkshaltend zu einer schmalen Grasleiste. Diese nach links und ausgesetzt zu einer rinnenartigen Fortsetzung der Rampe. Diese hinauf (III+), zuletzt steil zu Stand bei Ring-H (48 m, Zwischenstand nach 40 Metern möglich). **6. SL:** Hier rechts um eine Plattenwand herum (V) und auf dem breiten Band (I) zu abgesprengtem Turm. An diesem hinauf (III+) und auf dem Band rechts zu Stand bei dessen Ende (38 m). **7. SL:** Ums Eck zu Rampen-Verschneidung und diese zunehmend schwieriger und schmä-ler werdend hinauf (zuletzt VI, bzw. V+ / A0), hernach über steile Wand linkshaltend zu kleiner, trichterartiger Rinne. Aus dieser zuletzt rechts heraus zu Stand (43 m). **8. SL:** Rechts auf Leiste in die freie Wand (IV+) und im Zick-Zack (V—) oder direkt (V+) über sie zum Beginn eines Kamins, der unter einem Klemmblock nach rechts zu Stand verlassen wird (43 m). **9. SL:** Wieder links in die Ausstiegs-schlucht und zunächst in ihrem Grunde (III+), dann über ihre rechte Wand (II) zu Stand am Grat (35 m).

● **55**    **Direkte Nordostwand**
P. Albrecht, M. Bertle, J. Trenkle, 1965.

**VI / A3,** aufgeteilt wie folgt: VI (mehrere Stellen), oft VI—und V, V+. Nur kurze Strecken IV, IV+. Nie leichter. Viele Stellen A0—A2, zwei Stellen A3.

Bisher nur wenig wiederholte, Fahrt, die sich durch große Schwierigkeiten, schlechte Haken und brüchigen Fels nicht zu Unrecht den Ruf einer sehr ernst zu nehmenden Tour erworben hat. Eine der schwersten Unternehmungen in den

Tannheimern. ZH und SH sind vorhanden. 50-m-Seil empfehlenswert.

Wandhöhe: 300 m. Kletterlänge etwa 310 m. 6—9 Std.

**Hinweis:** Im Zuge der wenigen Wiederholungen, die bisher erst einmal sturzfrei verliefen (E. Lehner, M. Lutz, 1980) sind einige Haken und Holzkeile heraus oder abgerissen worden. Das momentan (1980) vorhandene Material erscheint aber als ausreichend und die Bewertung bezieht sich auf den jetzigen Zustand. Es empfiehlt sich trotzdem einige Haken mitzuführen, da die Qualität der im Fels befindlichen z.T. sehr schlecht ist. Sollten welche ersetzt werden müssen, so kann das Anbringen neuer auch A3—A4 sein! Foto Seite 89, 99, 101, Skizze Seite 97.

**Zugang:** E bei einem nassen Riß, links von bogenförmig aufragenden Überhängen. Etwa 35 Min. ab Hochalpe.

**Führe: 1. SL:** Den Einstiegsüberhang hinauf (A3) und noch im Riß weiter bis man an Schuppe nach rechts (VI) zu gelbem Riß queren kann. Diesen weiter, dann über Rißüberhang (VI+) und etwas links zu einem Absatz. Gerade über Plattenwand hinauf, zuletzt rechtshaltend an etwas losen Blöcken vorbei zu Stand auf Grasleiste (44 m). **2. SL:** Rechts zu Rampe, die bald verschneidungsartig wieder etwas linkshaltend hinaufführt. Zuletzt links zu Stand auf Absatz (30 m, IV, dann VI—/A1). **3. SL:** Unter schwarzer Plattenwand etwas nach links hinauf (V—), dann über sie rechtshaltend (V) zu Absatz unter Riß. Diesen und die folgende Plattenwand in herrlicher Kletterei (VI—), zuletzt rechtshaltend zu Stand auf Band (40 m). **4. SL:** Auf dem Band nach rechts (II) und durch Riß und über gelbe Wand (VI) zu schmaler Rampe. Diese an schlechten Haken hinauf (A2/3) zu Schlingenstand (35 m). **5. SL:** Hier nun großer, teilweise ansteigender Linksquergang unter den Dachriegel (naß). Hier entweder schlechter Zwischenstand (43 m), oder links am Dach vorbei und zu Stand auf Rampen-Verschneidung (48 m, VI—/A1). **6. SL:** Auf Leiste nach rechts in die freie Wand und durch Riß (A2, dann VI) zu weiterem Rechtsquergang. Ein neuerlicher Riß leitet dann (A2) auf eine Rampe und zu Stand (36 m). **7. SL:** Auf der Rampe noch kurz nach links und dann rechtshaltend über steile Wand (VI—) zu einer plattigen Rampe. Diese hinauf (V), zuletzt linkshaltend zu Stand an Ringhaken (43 m). **8. SL:** Nun wie bei R 54 durch die Ausstiegsschlucht zu Stand am Grat (35 m, III+, II).

● 56    **Kleine Nordwand**
Erstbegeher unbekannt.
**III +** (längere Strecken), oft III, selten leichter.
Kurze, aber sehr nette Kletterei in kompakter Wand. Einige
SH und ZH vorhanden.
Wandhöhe: etwa 100 m. Kletterlänge etwa 115 m. Zeit: etwa
1½ Std. Foto Seite 99, 101.

**Übersicht:** Die Nordwand des Gipfelaufbaues erhebt sich über dem
„Langen Strich", der vom Normalweg benützt wird. Die Führe erreicht
die Wand über ein schmales Grasband und leitet dann zunächst gerade,
in der Folge aber immer schräg rechts zum Gipfel.

**Zugang:** Über den Normalweg (R 51) hinauf, bis man rechts zu einem
Grasband, das in die Wand hinausführt, queren kann. Etwa 1 Std. ab
Hochalpe.

**Führe: 1. SL:** Über seichten Riß gutgriffig die plattige Wand gerade
hinauf (III), zuletzt etwas linkshaltend zu Rampe. Auf dieser kurz nach
rechts (III +) zu Stand (35 m). **2. SL:** Auf der Rampe weiter, dann
über eine Unterbrechung rechts ansteigend (III) zu Stand unter Überhängen (30 m). **3. SL:** Unter diesen langer Rechtsquergang bis an die
Kante (III) und über einen Riß linkshaltend hinauf (III) zu Felszacken
an Grat (35 m). Den Grat weiter (II), zuletzt leichter werdend, über
kleine Scharte zum nahen Gipfel (35 m).

● 56 a  **Nordwand-„Stapfroute"**
M. Bertle, J. Trenkle, 1963.
**V + / A 1,** aufgeteilt wie folgt: V + / A 1 (einige Stellen), sonst
V, und IV + nur selten leichter.
Kurze Direktvariante zur Kleinen Nordwand. Nur von Ein-
heimischen begangen. Einige ZH und SH vorhanden.
Länge der Variante: etwa 60 m. Zeit: etwa 1½—2 Std. (ins-
gesamt). Foto Seite 99, 101.

**Führe:** Auf dem Einstiegsband der Kleinen Nordwand (R 56) weiter
nach rechts bis zu einer Kante. Um diese herum (II) zu Stand in einen
überdachten Winkel (30 m). Rechts einen Riß hinauf (V + / A 1) über
eine Wand rechtshaltend (IV +, V) zu Stand (35 m). Wieder links an
Riß hinauf bis zum Ende des langen Rechtsquerganges der 3. SL von
R 56 und über diese zum Gipfel.

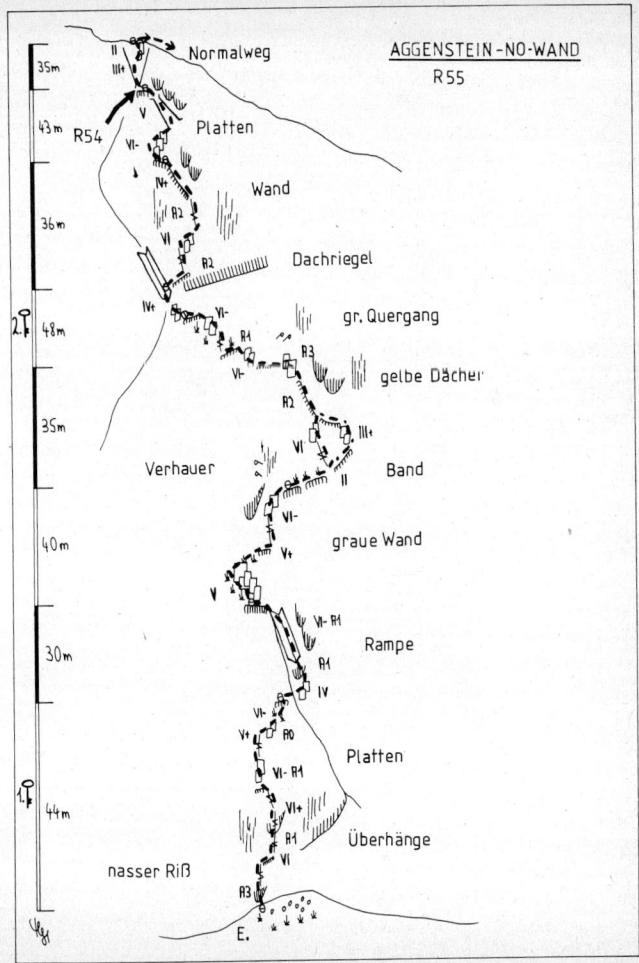

AGGENSTEIN-NO-WAND
R 55

Normalweg

Platten

R 54

Wand

Dachriegel

gr. Quergang

gelbe Dächer

Band

Verhauer

graue Wand

Rampe

Platten

Überhänge

nasser Riß

E.

35m
43m
36m
48m
35m
40m
30m
44m

Aggenstein – Hauptgipfel

Foto: W. Mayr

**Die Aggenstein-Nordostwand mit der Gipfelwand**

R 53 Alte Nordwand
R 54 Nordostwand

R 55 Direkte Nordostwand
R 56 Kleine Nordwand
R 56a „Stapf-Route"

● 57    **Nordwestkante (auch als Westgrat bezeichnet)**

Erstbegeher unbekannt.

IV (zwei Stellen), zumeist III, selten leichter.

Hübsche Kanten- und Gratkletterei in festem Fels. Einige Haken im Fels, dazu mehrere Stände an Felszacken.

Kantenhöhe: etwa 150 m. Kletterlänge etwa 165 m. Zeit: etwa 1½–2 Std. Foto Seite 101.

**Übersicht:** Die Nordwestkante, irrtümlich oft als Westgrat bezeichnet, stellt die rechte Begrenzung der Kleinen Nordwand (R 56) dar und beginnt am „Langen Strich". Sie wird mehr oder weniger direkt bis zu ihrem gratähnlichen Ende am Gipfel verfolgt.

**Zugang:** Über den „Langen Strich" (R 51) zum E direkt am Gratbeginn. Etwa 50 Minuten ab Hochalpe.

**Führe:** Über zunächst leichtere Felstürme immer am Grat hinauf. Es folgt eine steile gutgriffige Wandstelle (IV) die zu einer Verflachung der Kante leitet. Hier rechtshaltend über Grasschrofen zu Stand. Wenige Meter nach rechts auf einer Leiste hinausqueren und immer an der gratartigen Kante gerade empor (IV) zum letzten Aufschwung. Dieser führt links einer Rinne zu einem Gratkopf links des Hauptgipfels. Über den Grat und eine kleine Scharte zum nahen Gipfel.

● 58    **Südwestgrat**

Erstbegeher unbekannt.

IV— (kurze Einzelstellen), überwiegend III, stellenweise auch leichter.

Landschaftlich ansprechende Gratkletterei in gutem Fels. Nur ein Haken am Einstieg. Häufig Köpfel- und Zackenstände möglich.

Grathöhe: etwa 180 m. Kletterlänge etwa 300 m. Zeit: etwa 2 Std. Foto Seite 101.

**Übersicht:** Der Südwestgrat stellt den rechten Ausläufer des Gipfelaufbaues dar. Seinen Beginn erreicht man vom „Langen Strich". Der zunächst steilere Grat wird bis zu seinem Ende am Gipfel verfolgt.

**Aggenstein von Nordwesten**

R 51    Normalweg – Langer Strich

R 53, 54, 55  Zustieg zu den Nordwandführen

R 56    Kleine Nordwand

R 56a   „Stapf"-Route

R 57    Nordwestkante

R 58    Südwestgrat

                                       Foto: W. Mayr

Aggenstein

51

56a

56

57

58

3,54,55

51

**Zugang:** Vom „Langen Strich" (R 51) über Latschen unter der Nordwestkante hindurch nach rechts zu einer Schrofenrinne, nach deren Überquerung man den ersten Steilaufschwung direkt erreicht. Etwa 55 Min. ab Hochalpe.

**Führe:** Vom H am Einstieg immer am Grat 3 Seillängen hinauf (III, kurz IV—). Nun auf dem flacher werdenden Grat weiter, zuletzt über zunehmend grasiger werdenden Fels zu einer Scharte rechts des Hauptgipfels. Linkshaltend dann zum Hauptgipfel (letzter Abschnitt zumeist II, kurz auch I).

● **59    Südostgrat**
    Erstbegeher unbekannt.
    **III** (eine kurze Stelle), zumeist II.
    Kurze aber ansprechende Übungskletterei. Zumeist natürliche Sicherungsmöglichkeiten.
    Grathöhe: etwa 100 m. Kletterlänge etwa 110 m. Zeit: etwa 1 Std.

**Übersicht:** Die Südseite des Gipfelaufbaues weist eine markante Plattenwand auf. Diese wird von 2 Graten eingerahmt. Der erste, den man von der Pfrontener Hütte erreicht heißt Südostgrat, der folgende dann Südgrat oder Südkante. Die Führe leitet immer am ersten (rechten) Grat zum Gipfel.

**Zugang:** Von der Pfrontener Hütte auf R 52 bis zum Beginn der Serpentinen, dann nach links bis zum ersten Grat. Etwa 30 Min.

**Führe:** Über die beiden Gratzacken hinweg und am scharfen Grat direkt 2 Seillängen hinauf zum Südgipfel (II, eine Stelle III). Hinab in Scharte und nördlich zum Gipfel.

● **60    Südkante (Südgrat)**
    Erstbegeher unbekannt.
    **IV** (kurze Stellen), oft III, nur ganz oben leichter.
    Hübsche Übungskletterei in gutem Fels. Einige Haken vorhanden.
    Grathöhe: etwa 100 m. Kletterlänge etwa 110 m. Zeit: etwa 1 Std.
    **Hinweis:** Sämtliche Führen am Gipfelaufbau sind hervorragende Übungskletterei en zum Erlernen der Sicherungsarten im Fels (Klemmkeile, natürliche Mögl., etc.)! Zum Teil schon früh im Jahr gut begehbar.

**Übersicht:** Siehe R 59 (Südostgrat).

**Zugang:** Von der Pfrontener Hütte wie beim Südostgrat (R 51) hinauf, jedoch weiterer Quergang nach links; zuletzt über steile Schrofen ansteigend, bis man eine auffallende Querspalte im linken Grat erreicht. Etwa 40 Min. ab Pfrontener Hütte.

**Führe:** Vom Stand-H ansteigender Quergang über die die Querspalte begrenzende Platte. Hernach an der gegenüberliegenden Wand (IV, 2 H) in festem Fels gerade empor zu Köpfelstand unter einem weiteren Steilaufschwung (40 m, III, IV). Rechts steil ansteigend, dann immer an der Kante in schöner Kletterei hinauf bis zu ihrem Ende am Südgipfel (45 m, III, eine Stelle IV). Vom Südgipfel in die Scharte hinab und nördlich zum Gipfel.

● **61    Ostgipfel-Südostkante**
F. Haff und Gef. 1936.
V +, aufgeteilt wie folgt: V + (einige Stellen), oft IV +, V—. Selten leichter.
Nur wenig bekannte und bisher kaum wiederholte Graskletterei in teils gutem Fels. Nur in trockenem Zustand angehen! Kaum Haken vorhanden.
Kantenhöhe: etwa 100 m. Kletterlänge etwa 125 m. Zeit: etwa 2 Std.

**Übersicht:** Die Führe leitet durch die steile, stark grasdurchsetzte linke Kante des Ostgipfels. Man erreicht sie in wenigen Minuten von der Pfrontener Hütte über ein breites Grasband.

**Führe:** Keine näheren Angaben vorhanden.

● **62    Ostgipfel—Direkte Südostkante**
H. Münchenbach, S. Wanger, 1974.
VI— / A1, aufgeteilt wie folgt: VI— (kurze Einzelstellen), überwiegend IV mit kurzen Stellen V, V +. Teilweise auch leichter. Kurze Stellen A0 und A1. Bisher noch nicht wiederholte, ebenfalls recht grasige Kletterei in teils schlechtem Fels. Einige ZH im Fels. SH zum Teil.
Kantenhöhe: 320 m. Kletterlänge etwa 350 m. Zeit: etwa 4 Std.
**Hinweis:** Beide Führen sind weitaus grasiger als die Nordostwandführen, so daß sie wirklich nur in trockenem Zustand angegangen werden sollten. Laut Erstbegehern sind beide Routen gut zu finden, da diese Wandseite nur wenig logische Durchstiegsmöglichkeiten bietet. Im Prinzip jedoch nur versierten Graskletterern zu empfehlen. Die Mitnahme von einigen längeren Haken ist empfehlenswert!

**Übersicht:** Die Führe beginnt am untersten Fuß der Kante und kann von der Hochalpe, leicht absteigend, erreicht werden. Etwas rechts der hier wenig ausgeprägten Kante hinauf, dann durch Risse und Verschneidungen in ziemlich gerader Linie auf das breite Grasband, das den E von R 61 vermittelt. Über R 61 weiter auf den Ostgipfel.

**Führe:** Keine näheren Angaben vorhanden.

● 63             **Brentenjoch-Roßberg,** 2001 m

Dieser breite Bergstock fällt nach Nordwesten mit einer wild zerfurchten Flanke ab. Durch diese Flanke führt der recht interessante Nordpfeiler, auch „Roßberggrat" genannt, da er am Ostgipfel des Brentenjoch, dem Roßberg endet. Für Wanderer ist das Brentenjoch ein außerordentlich lohnendes Ziel, da er eindrucksvolle Nahblicke auf den Aggenstein und eine herrliche Rundsicht ins Alpenvorland gewährleistet. Erhöht wird der Reiz durch die leichte Erreichbarkeit des Gipfels bei relativ geringem Besuch. Im Winter bieten sich einige rasante Abfahrten für den Tourenfahrer an.

● 64     **Normalweg über den Westgrat**
           Unschwierig. Landschaftlich sehr reizvolle Wanderung.
           Zeit: etwa 1 Std.

**Anstieg:** Von der Pfrontener Hütte aus (R 15) auf den latschenbewachsenen Westkamm, der immer in Kammhöhe bleibend bis zum Hauptgipfel verfolgt wird. Trittspuren vorhanden.

● 65     **Über den Südrücken**
           Unschwierig, jedoch etwas mühsam. Stellenweise recht steile
           Grashalden.
           Zeit: etwa 1½ Std. ab Pfrontener Hütte.

**Anstieg:** Auf dem Höhenweg zum Füssener Jöchle (R 42) entlang, bis links oberhalb das Vilser Jöchle unschwierig erreicht werden kann. (Scharte zwischen Roßberg (links) und Sebenspitze (rechts). Nun aus der Scharte links über den steilen Grasrücken, zuletzt geröllig zum Kamm und etwas links zum höchsten Punkt.

● **66**     **Nordpfeiler-„Roßberggrat"**
Gebr. Haff, 1905.

**IV+** (eine Stelle), teilweise IV—. Zumeist II und III. Streckenweise auch leichter.

Nur unter Einheimischen bekannte Fahrt, die jedoch durch Umgehung einiger Stellen auch erheblich leichter gestaltet werden kann. Wenige ZH im Fels. Häufig natürliche Sicherungsmöglichkeiten an Zacken und Köpfeln. Einige Haken nützlich.

Wandhöhe: 500 m. Kletterlänge etwa 550 m. Zeit: 3 Std.
Foto Seite 105, 107.

**Übersicht:** In der wild von Gräben zerfurchten Nordwestflanke des Brentenjoches fallen in der linken Hälfte zwei Gräben auf, die von einem gratähnlichen Sporn getrennt werden (rechts ein weiterer, weniger tief hinabreichender Sporn). Dieser Sporn wird von links her erreicht und dann bis zu seinem Ende direkt am Roßberg-Gipfelkreuz verfolgt.

**Zugang:** Zunächst von Pfronten-Steinach (Bahnhof) auf dem Weg durch die Reichenbachklamm hinauf zur Talstation des Aggenstein-Skiliftes. Dann kurz links über den Bach und alten Markierungen folgend auf Waldlichtung unterhalb des Geröllkegels des Roßbergkares. Nun linkshaltend zum Grat. Etwa 1 Std.

**Führe:** In der rechten Rinne hinauf (I) bis nach etwa 100 Höhenmetern eine Linksquerung zu einem Vorsprung am Grat möglich ist (Achtung: der unterste Gratteil weist äußerst kleinsplittrigen und schmierigen Fels auf und ist nicht begehbar!). Am Grat zu einem Grasplatz oberhalb einiger Latschen (teilweise II; früher querte man von links her über Schrofen zum Grat, nachdem man vorher in der linken Rinne aufgestiegen war, II, teils rechts brüchig). Immer auf dem Grat bis zum ersten Steilaufschwung. Etwas abdrängend (IV+) möglichst gerade hinauf zu ebenem Gratstück über das der zweite Steilaufschwung erreicht wird. Entweder direkt über ausladenden Überhang (V+/A1 „Wolfgangs Bäuchle") oder links zu einer meist feuchten Verschneidung etwas absteigend hinüber, durch sie bis zu ihrem Ende an einem Gratzacken (III). Wieder leichter am Grat entlang zum dritten Steilaufschwung. Er wird wenig links der Kante durch eine Verschneidung überwunden (IV—). Rechts oberhalb lockere Schuppe! Hernach direkt an der schar-

**Brentenjoch von Nordwesten**
R 66   Nordpfeiler-„Roßberggrat" mit beiden Zustiegsmöglichkeiten
A = Abstieg zur Pfrontener Hütte über den Normalweg     Foto: W. Mayr

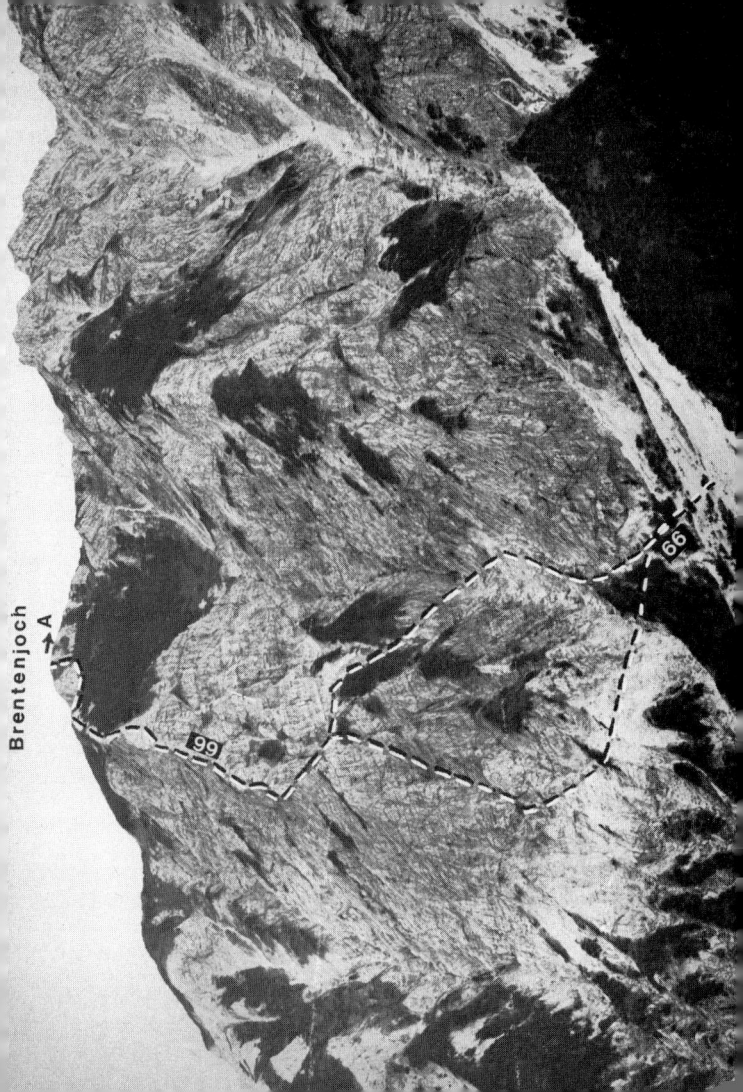

fen Kante des Grates zu einem Grasrücken, der (I) zu einer auffallenden, scheinbar glatten Platte führt. Über sie gerade hinweg (IV—) in schöner Kletterei zu Stand über ihrem Ende. Auf dem nun breiteren, latschenbewachsenen Rücken Steigspuren folgend zum Gipfel des Roßberges. Rechts am Grat (I) zum Hauptgipfel, dem Brentenjoch. Nun über den Normalweg zur Pfrontener Hütte und über den „Bösen Tritt" (R 16) zurück nach Pfronten.

**Hinweis:** Wird in den leichten Wegstrecken nicht seilfrei geklettert, kann sich die Begehungszeit erheblich verlängern, diese Teilstücke lassen sich auch nur schlecht absichern. Man kann auch kurz vor Erreichen des Brentenjoch-Gipfels bei einer Scharte nordseitig (rechts) in eine Geröllrinne absteigen und so zum Einstieg zurückgelangen. Etwas kürzer als der oben erwähnte Abstieg, aber Ortskenntnis erforderlich!

**● 67      Roter Stein, NW-Verschneidung**
G. Geisenberger, H. Reisach, 1972.
VI/A3, aufgeteilt wie folgt: VI (einzelne Stellen), oft VI— und V, kurz wohl auch leichter. Eine Stelle A3. (lt. Angaben der Erstbegeher).
Von den 40 ZH wurden nur 3 belassen. SH nur zum Teil im Fels. Überwiegend Freikletterei in graugelbem, wohl nicht immer festem Fels. Oft etwas feucht. Bisher keine Wiederholung bekanntgeworden!
Wandhöhe: 170 m. Kletterlänge etwa 200 m. Zeit: 6 Std.

**Übersicht:** Der Rote Stein ist ein aus dem Wald in der Nordostflanke des Roßberges aufragender, nach Norden mit eindrucksvoll steiler Wand abbrechender Felsbug. In der linken Wandhälfte befindet sich eine große gelbe Verschneidung durch die vermutlich der Anstieg führt.

**Führe:** Keine näheren Angaben vorhanden!

**● 68                        Sefenspitze,** 1949 m

Ragt direkt links vom Füssener Jöchle auf und ist in wenigen Minuten vom Höhenweg zur Pfrontner Hütte (R 42) erreichbar. Hübsche Nahblicke auf die Hauptkette.

**● 69      Über Südwestrücken**
I (kurze Stellen), zumeist jedoch Gehgelände.
Zeit: etwa 20 Min. ab Einsattelung.

**Anstieg:** Vom Füssener Jöchle auf dem Höhenweg zur Pfrontener Hütte (R 42) hinan, bis man eine kleine Einsattelung im Grat Sefenspitze-Seichenkopf (links) erreicht. Von hier auf Trittspuren nach rechts auf einen kleinen Vorgipfel, über diesen und den anschließenden Grat (kurz I) zum höchsten Punkt der Sefenspitze.

● **70**    **Übergang zur Sebenspitze**

II (kurze Stellen im Gipfelaufbau der Sebenspitze) ansonsten kurz I, zumeist jedoch Gehgelände.

Zeit: etwa 1 Std. ab Sefenspitze.

**Anstieg:** Wie R 77 jedoch in umgekehrter Richtung!

● **71**    **Seichenkopf,** 1879 m

Dieser kreuzgeschmückte Endpunkt des sogenannten „Lumberger Grates" ist wohl der „stillste" Gipfel in den Tannheimer Bergen, besonders für Einsamkeitsliebhaber empfehlenswert. In der Nordwestseite des Gipfelaufbaues finden sich bescheidene Klettermöglichkeiten in gutem Fels.

● **72**    **Normalweg über den „Lumberger Grat"**

I (kurze Stellen am Grat), zumeist jedoch Gehgelände.

Landschaftlich sehr reizvolle Gratwanderung. Stellenweise hübsche, leichte Kletterei.

Zeit: etwa 45 Min. ab Einsattelung.

**Anstieg:** Wie bei R 69 vom Füssener Jöchle zu der kleinen Einsattelung. Nun links auf dem zunächst breiteren Rücken in westlicher Richtung. Bald verengt sich der Rücken zu einem Grat, der meist am Kamm begangen wird. Kurze Felsstufen erhöhen den Reiz des zuletzt nordwärts verlaufenden Grates, dessen Endpunkt der Gipfel des Seichenkopfes ist.

● **73**    **Nordflanke**

I (kurze Stellen), zumeist jedoch steiles Gehgelände. Weniger lohnend.

Zeit: etwa 1½ Std. ab Füssener Jöchle.

**Anstieg:** Vom Höhenweg Pfrontener Hütte — Füssener Jöchle steigt man nach Überquerung der vorhin erwähnten Einsattelung noch kurze Zeit am markierten Weg weiter. Bald jedoch verläßt man ihn links absteigend und erreicht so die Böden der Seben-Alpe. Hier nun in Richtung Seichenkopf weiter und durch seine steile, teilweise mit Grasschrofen durchsetzte (I) Nordflanke beliebig zum kegelförmigen Gipfel.

● 74    **Nordwestseite**
Erstbegeher unbekannt.
**IV** (je nach Routenwahl einige Stellen), ansonsten III und II.
Teils auch etwas leichter. Hübsche Kletterei in gutem Fels,
Routenverlauf nicht zwingend vorgegeben. Keine Haken vorhanden, aber viele natürliche Sicherungsmöglichkeiten.

**Zugang:** Aus den Böden der Seben-Alpe (R 42).

**Führe:** Keine näheren Angaben vorhanden!

● 75    **Sebenspitze,** 1937 m

Die Sebenspitze ist der höchste Endpunkt des Kammes, der aus den Böden der Vilser Alp aufragt. Der östliche, gipfelähnliche Ausläufer der Sebenspitze ist der Sebenkopf (R 79), der weit mehr von Bedeutung ist als die Sebenspitze. Die Ersteigung der Sebenspitze kommt eigentlich nur im Zusammenhang mit dem „Abstieg" (R 85) in Frage. Oder als kleine Abwechslung im Zuge des Höhenweges von der Pfrontener Hütte zum Gimpelhaus (R 42).

● 76    **Nordwestflanke**
Unschwierig. Kaum Trittspuren vorhanden, jedoch leichte Orientierung.
Zeit: etwa 30 Min. (ab Vilser Jöchle).

**Anstieg:** Vom Weg Pfrontener Hütte — Füssener Jöchle (R 42) nach etwa 30 Minuten nach links hinauf zum Vilser Jöchle. Hier nun rechts über die teils latschenbewachsene Nordwestflanke der Sebenspitze hinauf. Zuletzt über steile Grashalden zum Gipfel.

● 77    **Übergang zur Sefenspitze**
**II** (kurze Stellen), streckenweise auch I. Zumeist jedoch Gehgelände. Recht hübsche Gratwanderung mit eindrucksvollen Nahblicken.
Zeit: etwa 1 Std. (ab Sebenspitze).

**Anstieg:** Vom Gipfel der Sebenspitze etwas links durch eine steile, etwas brüchige Rinne hinab (II) dann in der folgenden Steilflanke zunächst etwas rechts, dann wieder gerade durch weitere Rinne (I) hinab zum Ende der felsigen Flanke (rechts großer gelber Ausbruch). Nun am, oder neben dem grasigen Verbindungsgrat (Weidezäune) in eine Einsattelung. Weiter am Grat entlang, teilweise stark durch Latschen am Fortkommen gehindert, bis man den Nordostgrat der Sefenspitze in seinem obersten Teil erreicht. Über ihn und kurze Felsabsätze (I) zum höchsten Punkt.

● 78     **Übergang zum Sebenkopf**
         II (kurze Stellen), I (wenige Stellen), überwiegend Geh-
         gelände.
         Abschnittsweise recht starke Behinderung durch Latschen;
         als eigenständige Route ohne Bedeutung.
         Zeit: etwa 30 Min. bis zum Sebenkopf.

**Anstieg:** Vom höchsten Punkt der Sebenspitze über kurze Felsabsätze
zunächst nordöstlich hinab (I), dann linkshaltend über steile Wiesen zu
einem dichten Latschengürtel, der rechts umgangen wird. Dann über
den recht netten Grat (I, teilweise II) zum Sebenkopf.


● 79                           **Sebenkopf,** 1800 m

Bisher unbekannt gebliebener, nach Südosten mit ungemein steiler
Wand abfallender Gratausläufer der Sebenspitze. Die erste Ersteigung
des Sebenkopfes dürfte wohl im Zuge einer Begehung seines langen
Ostgrates erfolgt sein. Seine Süd-, bzw. Südostwand weist mehrere
recht schwierige Durchstiege auf. Als Bergwanderziel ist der Sebenkopf
jedoch nicht sehr lohnend, da er schwierig zugänglich ist und seine geringe Höhe nur beschränkte Rundsicht gestattet.

● 80     **Normalweg über Südrinne**
         II (mehrere Stellen), überwiegend I, teils auch Gehgelände.
         Meist im Abstieg begangener Zustieg aus dem Sebenkar
         zum Verbindungsgrat Sebenkopf-Sebenspitze.
         Höhenunterschied vom E zum Gipfel etwa 120 m. Zeit:
         etwa 1 Std. Foto Seite 114.

**Anstieg:** Von der Vilser Alp weglos durch das Sebenkar steil hinauf.
Unter der Südwand des Sebenkopfes hindurch und weiter bis zu einer
Rinne, in die das Geröll am weitesten hinaufreicht. Etwa 1½ Std. ab
Vilser Alp. Nun in der zunächst noch breiteren Rinne hinauf (I). Bald
verengt diese sich jedoch und wird erheblich steiler. Nun mehr an ihrer
rechten Seite (II) hinauf bis zum Grat. Am Grat zumeist direkt weiter
(I, eine Stelle II) und bald zum nahen Gipfel des Sebenkopfes.

● 80 A   **Abstieg auf dem Normalweg (R 80)**
         II (mehrere Stellen), überwiegend I, teils auch Gehgelände.
         Idealer und schnellster Abstieg vom Sebenkopf.
         Zeit: Vom Gipfel zum E in etwa 30 Min.
         Foto Seite 114/115.

**Vom Gipfel** auf dem Grat in Richtung Sebenspitze (südwestlich), bis
nach etwa 10 Minuten links eine zunächst sehr steile Rinne hinableitet.

Diese zunächst an ihrer linken Seite hinab (II), dann etwas flacher werdend weiter hinab (I) bis zum breiten Ende der Rinne bei einem kleinen Geröllstrom. Diesen hinab ins Kar.

● 81    **Ostgrat**
Erstbegeher unbekannt.
**III** (kurze Einzelstellen), überwiegend II, I. Oft auch Gehgelände.
Langer, stellenweise netter Grat, besonders im Bereich der Ostgrattürme. Etwas lockerer Fels, stellenweise mühsam; landschaftlich sehr reizvoll.
Gratlänge: etwa 450 m. Kletterlänge etwa 500 m. Zeit: 2—3 Std.

**Übersicht:** Der Ostgrat beginnt schon weit unten bei den Böden der Vilser Alp. Jedoch ist er dort latschenbewachsen und vorher bewaldet. Deshalb wird sein unterster Teil zumeist nicht begangen. Erst etwa nach dem ersten Grattdrittel erreicht man von links her über steile Grasschrofen den hier noch leichteren Grat. Die folgenden Grattürme werden dann überklettert oder links, zum Teil auch rechts umgangen. Über den steileren, jedoch weniger schwierig zu begehenden Schlußabschnitt gelangt man dann direkt zum Gipfelkreuz des Sebenkopfes.

**Zugang:** Von der Vilser Alp (R 17) weglos in Richtung Sebenkar. Nach etwa einer halben Stunde rechts hinauf in Richtung Grat (oberhalb der dicht zusammenstehenden Bäume. Eine steile, grasige Schrofenflanke leitet etwas brüchig zum hier noch breiteren Grat (II).

**Führe:** Am Grat meist direkt weiter (rechts dichter Latschenwuchs) bis zu den Grattürmen. Entweder über diese hinweg (etwas brüchig, keine H im Fels) oder zumeist in ihrer nördlichen Flanke um sie herum (teils III). Das steile Schlußstück wird dann mehr in seiner nördlichen (rechten) Flanke erklettert (II, I).

● 82    **Südverschneidung**
M. Bertle, G. Bram, 1962.
**VI—**, aufgeteilt wie folgt: VI— (eine kurze Stelle), V + (zwei kurze Stellen), öfters V, IV, nur selten leichter.
Kurze und bisher wenig begangene Kamin- und Rampenkletterei in überwiegend gutem Fels. Einige ZH im Fels. SH nur zum Teil.
Wandhöhe: etwa 150 m. Kletterlänge etwa 160 m. Zeit: 2 Std. Foto Seite 115.

**Zugang:** Von der Vilser Alp (R 17) durch das Sebenkar hinauf bis unter die Südwand. Über eine steilere Schrofenstufe zum E unter der eigentlichen Wand bei Absatz mit Stand-H (rechts oberhalb alter Schaufel-rest). Etwa 1 Std. ab Vilser Alp.

**Führe: 1. SL:** Durch kurze Rinne etwas rechtshaltend unter eine runde Felskante. Über kurze Wandstelle (V—) zu der großen, nach links hinaufführenden Plattenrampe, die in ihrem Winkel erklettert wird (V). Zuletzt heraus zu Stand auf Grasleiste bei Sanduhr (45 m). **2. SL:** Über glatte Platte gerade hinauf in überdachten, kleinen Felskessel. Rechts durch abdrängenden Rißkamin (V +) zu weiterem Blockkamin (IV +). Diesen linkshaltend bis zu gelben Blöcken. Hier nach rechts zu kurzer Rampe, die dann auf grasiger Kanzel endet (V—). Von dieser noch wenige Meter links weiter zu schlechtem Stand (45 m). **3. SL:** Kurz gerade, dann auf ansteigender Leiste rechts hinauf. Über die folgende Wand gerade hinauf (V +, 2 m VI—) und den folgenden rauhen Kamin weiter (IV +). Zuletzt rechts zu Stand auf kleinem Geröllplatz (40 m). **4. SL:** Durch kurzen Blockkamin zu geneigteren Felsen, die rechtshaltend bald zum Gipfelkreuz führen (30 m).

● **83**    **Direkte Südwand**
M. Bertle, G. Bram, 1963.

**V + / A 1,** frei **VII,** aufgeteilt wie folgt: V + (längere Strecken), oft V und IV. Nie leichter. Einige Stellen A 0 und A 1 oder frei VII (eine Stelle) und VII— (mehrere Stellen). In letzter Zeit mehrfach durchstiegene Führe, die recht abwechslungsreiche Wandkletterei bietet. Besonders interessant wenn freigeklettert.

ZH und SH sind vorhanden. Sollten Haken fehlen, so kann das Anbringen neuer (sofern nötig!) auch A 2 sein!

Die Führe ist das ganze Jahr über begehbar (im Winter Zustieg mit den Skiern vom Füssener Jöchle).

Wandhöhe: 150 m. Kletterlänge etwa 165 m.

Zeit: 2—3 Std.

Foto Seite 115, Skizze Seite 116.

**Übersicht:** Die Direkte Südwand wickelt sich nahezu in Gipfelfallinie ab. Zunächst erklettert man eine schwach rechts hinaufführende überhängende graue Wand. Gelben Überhängen links ausweichend folgt man dann einer grauen Verschneidung die dann zu einem Band leitet. Eine Rißreihe am rechten Ende führt dann zu einer kurzen gelben Wand und über einen letzten Überhanggürtel in die Gipfelfelsen. Etwas rechts vom Gipfel wird dann der Grat erreicht.

**Zugang:** Wie bei R 82 zum Wandfuß.

**Führe:** siehe Skizze!

**Sebenkopf-Südwand**

Foto: W. Mayr

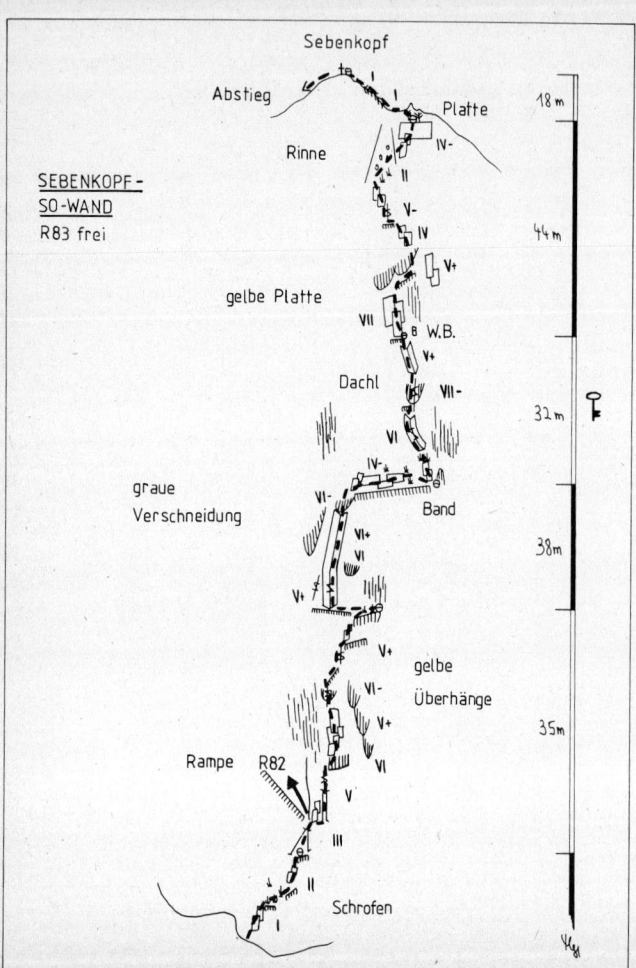

SEBENKOPF-
SO-WAND
R83 frei

Sebenkopf

Abstieg

Platte

Rinne

gelbe Platte

Dachl

graue
Verschneidung

Band

gelbe
Überhänge

Rampe  R82

Schrofen

18 m

44 m

32 m

38 m

35 m

116

● 84    **Südostwand-Riesendach**

Gebr. Herbein, F. Weber, 1971.

**V+ / A3,** aufgeteilt wie folgt: V+ (längere Strecken), oft V, erst oben leichter. Längere Strecken A1/2, kurz A3 (im großen Dach).

Bisher nicht bekannt gewordene, kurze, aber schwierige Haken- und Freikletterei. Vom großen Dach Rückzug sehr problematisch. Die meisten ZH im Fels, SH ebenfalls zum Großteil vorhanden. Im großen Dach fehlt ein BH (1981); sollten weitere Haken fehlen, so kann das Anbringen neuer auch A3—A4 sein.

Wandhöhe: 150 m. Kletterlänge etwa 160 m.

Zeit: 4—6 Std. Foto Seite 115.

**Übersicht:** Die nach Südosten geneigte Wand des Sebenkopfes weist im rechten Wandteil riesige Dächer auf. Die Führe erreicht diese von links kommend durch die gelbe Wand und überwindet sie in ihrer rechten Hälfte. Hernach erreicht sie mittels kurzem Quergang den Ostgrat und über diesen den Gipfel.

**Zugang:** E wie Direkte Südwand (R 83) und Südverschneidung (R 82).

**Führe: 1. SL:** Durch kurze Rinne hinauf (III), dann rechtshaltend über ausgesetzte Leiste um die Kante (IV) zu einer glatter werdenden Rampe. Auf ihr zu Stand (30 m). **2. SL:** Noch einmal rechts um ein Eck, über eine Platte (A1) und weiterer Rechtsquergang; über kleine Verschneidungen und durch kurze Risse in gelbem Fels gerade weiter zu Stand unter dem weit ausladenden Dach (42 m). **3. SL:** Mittels zum Teil sehr schlecht sitzender Bohrhaken über das große Dach (A2, zuletzt A3) zu Seilschlinge und mit dieser zu Stand darüber (20 m). **4. SL:** Nun etwa 8 Meter nach rechts zum Ostgrat (III+) und an diesem zu Stand (38 m). Weiter über ihn zum Gipfel (30 m, II).

● 84 a    **Direkter Einstieg zur Dachführe**

F. Haslach und Gef. anläßlich früherer Versuche an R 84.

**V / A2,** aufgeteilt wie folgt: V (kurze Stellen), überwiegend A2 und A1. Alle nötigen ZH sind im Fels. SH nur zum Teil. Sollten H fehlen, so kann das Anbringen neuer auch A3 sein! Von der Linie her und vom Charakter der Kletterei idealer Einstieg. Die gesamte Führe bietet im Prinzip interessante und anspruchsvolle Hakenkletterei.

Länge der Variante: 60 m. Zeit: 5—7 Std. für die gesamte Route. Foto Seite 115.

**Führe:** Über den Vorbau rechts der Direkten Südwand (R 83) an die Wand (II, 30 m). Über ein kleines Dach (V/A2, V—) in die darüberliegende Wand. In grauem Fels weiter (A1), kurz über Platte (V) und etwas linkshaltend über kleinen Bauch (A2) und kurz wieder frei (V) zu weiterem Überhang. Über diesen gerade (A1) hinauf auf die glatte Rampe der Originalführe (R 84). An ihr zu Stand (30 m). Weiter wie bei R 84.

● **85** **Übergang zur Sebenspitze**

**II** (kurze Stellen), selten I, zumeist jedoch Gehgelände. Zeitweise recht unangenehme Behinderung durch Latschen. Bergsteigerisch ohne Bedeutung. Als Abstieg nur dann empfehlenswert, wenn man vom Füssener Jöchle zu den Südwandführen gelangt ist. Dann muß lediglich noch das Sebenkar gequert werden.

Zeit bis zur Sebenspitze: etwa 45 Min.

**Anstieg:** Wie beim Normalweg (R 80) über den Grat in Richtung Sebenspitze (II, kurze Stellen, teilweise I). Wo er stärker bewachsen ist immer an der Schneide hinauf, zum Teil etwas mühsam. Bald einigen Gemswechseln folgend durch die Latschenzone im Nordosthang des Sebenspitzgipfels. Zuletzt wieder mehr links weiter über steile Wiesen. Kurze Felsabsätze (I) leiten dann zum Gipfel.

# 2. Gipfel im Nordostkamm

● **86**               **Große Schlicke,** 2060 m

Der Kamm von der Großen Schlicke über Karet (2035 m), Bugschrofen
(1975 m) bis zum Musauer Berg (1647 m) und als letzter Ausläufer die
Achsel (1148 m) stellt den mächtigsten Bergstock in den Tannheimer
Bergen dar. Für den Bergwanderer ist die Gr. Schlicke ein sehr lohnendes und leicht zu erreichendes Ziel. Die Aussicht auf die der Schlicke
südlich gegenüberliegenden Nordwände von Gimpel, Kellespitze und
Gehrenspitze ist ein eindrucksvoller Kontrast zu dem sich nördlich aus-
breitenden Alpenvorland mit den geschwungenen Molasse-Rücken und
den reizvollen Seen. Für den Kletterer ist dieser große Bergklotz ohne
jede Bedeutung, zumal die wenigen Klettereien außerordentlich brüchig
und gefährlich sind.

● **87**     **Normalweg über die Südflanke**
           Unschwierig. Hübsche und reizvolle Wanderung.
           Zeit: 1—1½ Std. ab Otto-Mayr-Hütte.
           Foto Seite 75, 121.

**Anstieg:** Von der Otto-Mayr-Hütte (R 23) folgt man etwas rechts haltend dem markierten Weg, der durch einen Latschengürtel und über
karge Wiesen zur Vilser Scharte zwischen Schlicke und dem links befindlichen Rücken des Hahnenkopfes, R 91 führt; (hierher gelangt man
auch von der Vilser Alp, R 34). Nun rechts in der Südostflanke der
Schlicke schwach ansteigend hinauf, zuletzt in Serpentinen zum Gipfelkreuz.

● **88**     **Südostflanke von der Musauer Alp**
           Unschwierig. Wesentlich weniger überlaufen als der Anstieg
           von der Otto-Mayr-Hütte, teilweise jedoch etwas mühsam.
           Zeit: etwa 2—2½ Std. ab Musauer Alp.

**Anstieg:** Gleich hinter der Musauer Alp beginnt der bezeichnete Steig,
der bald steil durch Wald und später durch Latschen (bei Sonnenschein
unangenehm heiß und mühsam) in Richtung Große Schlicke leitet. Zuletzt erreicht er in Kehren über eine freie Karstfläche den Normalanstieg (R 87) kurz vor dem Gipfel.

● **89**     **Nordwand**
           H. Haff, R. Haff, 1906.
           **III** (einzelne Stellen), oft II. Streckenweise auch leichter.
           Nicht mehr begangene und streckenweise sehr steinschlagge-
           fährdete und brüchige Kletterei.

Wandhöhe: etwa 350 m. Kletterlänge etwa 400 m. Zeit: etwa 2 Std.

**Übersicht:** Die wild zerklüftete Nordwand der Schlicke bietet mehrere Durchstiegsmöglichkeiten. Eine davon leitet rechts der steilen Abstürze des Karetschrofen zum Grat und leicht zum Gipfel.

**Führe:** Aus den Böden der Hundsarsch Alpe (von Vils etwa 1½ Std.) südlich (links) in Richtung auf die senkrechten Abstürze des Karetschrofens. Zuletzt steil und mühsam durch Schotter hinauf zum Wandfuß (etwa 45 Min.). Nun nach rechts über schottrige Platten zu einer Schluchtrinne, die sich nach oben hin erweitert (III, II). Schrofenabsätze und zuletzt schuttbedeckte, teilweise sandige Platten leiten dann zum Grat, der etwas links vom Gipfel erreicht wird. Nun über ihn in wenigen Minuten zum Gipfel.

● **90    Nordschulter, Nordwestflanke und der „Lange Grat" (Ostrücken vom Musauer Berg über Bug- und Karetschrofen zur Großen Schlicke)**
Wenig lohnende Anstiege, die auch nicht begangen werden. Besonders der unwegsame Ostrücken verlangt eine gute Orientierungsgabe und ist sehr mühsam.

● **91               Hahnenkopf, 1946 m**

Im Prinzip nur ein unbedeutender Rücken zwischen der Vilser Scharte im Norden und dem Reintaljöchl im Süden. Der höchste Punkt läßt sich von beiden Einsattelungen leicht erreichen.

● **92    Überschreitung**
II (etwa 10 m). Kann auch in Gegenrichtung durchgeführt werden. Stellenweise etwas mühsam, da Behinderung durch Latschen.
Zeit: etwa 1 Std.

**Anstieg:** Von der Vilser Scharte (R 34) über den rechts ansteigenden Rücken teilweise weglos hinauf unter den kurzen Gipfelaufbau, auf diesen in wenigen Minuten. Nun jenseits etwas linkshaltend hinab (wenige Meter II) dann kurz am waagrechten Grat entlang. Zuletzt links über Schutt und durch Latschen hinab, bis man den Weg vom Reintaljöchl zur Otto-Mayr-Hütte kurz unter dem Jöchl erreicht.

**Das obere Reintal mit Otto-Mayr-Hütte (R 23) und Gr. Schlicke (R 86)**
R 87    Normalweg über die Südflanke              Foto: W. Rauschel

Große Schlicke

Vilser Scharte

Otto-Mayr-Hütte

87

18

● 93 **Vilser Kegel,** 1844 m

Dieser kegelförmig erscheinende Berg (von NO und NW) stellt ein relativ selten besuchtes jedoch sehr reizvolles Wanderziel dar. Zumeist wird er von der Vilser Alp angegangen. Er entlohnt mit einem umfassenden Ausblick nach Norden ins Alpenvorland, während nach Süden nur beeindruckende Nahblicke auf die wilde, ursprünglich wirkende Nordflanke der Großen Schlicke möglich sind. Alle anderen Anstiege als der Normalweg von der Vilser Alp sind wenig lohnend, recht mühsam und brüchig und werden auch nicht mehr begangen.

● 94 **Normalweg vom Hundsarschjoch**
Unschwierige, hübsche und wenig gemachte Wanderung.
Zeit: etwa 2 Std. ab Vilser Alp.
Foto Seite 123.

**Anstieg:** Von der Vilser Alp (R 18) linkshaltend durch einen Graben auf markiertem Steig bergan. Durch einen Latschengürtel und zuletzt über schottrigen Untergrund auf das Hundsarschjoch (etwa 1¼ Std. ab Vilser Alp). Nun links in der Ostflanke des Vilser Kegel weiter durch Latschengassen, zuletzt links steil auf den Grat durch eine Rinne. Am Grat zum nahen Gipfel (etwa 45 Min. ab Hundsarschjoch).

● 95 **Ostwand, Nordwestgrat**
H. Haff 1904.
Keine lohnenden Aufstiege. Allein schon ihre Erreichbarkeit ist problematisch und sehr mühsam. Außerdem ist der Fels von schlechter Qualität.

● 96 **Wildböden (Luskopf),** 1796 m

Wild zerhackter Grat im Kamm, der vom Vilser Kegel südwärts gegen die Schlicke zieht. Nicht ganz leicht erreichbar und ohne besonderen Gipfelcharakter. Etwas für absolute Einsamkeitsliebhaber.

**Blick vom Füssener Jöchle zum Vilser Kegel, den Wildböden und der Großen Schlicke.**
In diesem Winkel der Tannheimer Berge findet man noch absolute und wohltuende Ruhe.
R 94 Normalweg                                                    Foto: W. Mayr

Große Schlicke

Kleine Schlicke

Hundsarschscharte

Vilser Kegel

Wildböden

H. arschjoch

94

zur Vilser Alm

● 97 **Nordgrat vom Hundsarschjoch**
Erstbegeher unbekannt.
**III** (kurze Einzelstellen), bisweilen auch II und I. Strecken-
weise auch unschwieriges Gehgelände. Keine Wegspur vor-
handen, teilweise erhebliche Behinderung durch Latschen.
Zeit: etwa 1 Std. ab Hundsarschjoch.

**Anstieg:** Vom Hundsarschjoch rechtshaltend über latschenbewachsenen Rücken zu den ersten Felsen. Diese werden umgangen, teilweise
überklettert (III) und so, immer in Gratnähe bleibend, der höchste
Punkt im Kamm der Wildböden erreicht. Der Fels ist nicht von bester
Qualität!

# 3. Gipfel im Hauptkamm

● **98**    **Schartschrofen**, 1973 m — **Läuferspitze**, 1956 m

Diese beiden Gipfel bilden zusammen mit dem in der Mitte aufragenden Haller Schrofen, 1934 m die westliche Fortsetzung des Hauptkammes bis zum Füssener Jöchle. Sie sind nur interessant im Zuge einer Überschreitung weiter zur Roten Flüh. Diese stellt eine der lohnendsten Wanderziele der gehobenen Klasse in den Tannheimer Bergen dar. Die anderen Anstiege, insbesondere auf den Schartschrofen stellen wenig lohnende und selten begangene Klettereien dar.

● **99**    **Überschreitung Läuferspitze — Haller Schrofen — Schartschrofen („Friedberger Steig")**
Erstbegeher unbekannt.
**II** (kurze Einzelstellen), streckenweise auch I, zumeist jedoch Gehgelände. Zuletzt versicherter Klettersteig („Friedberger Steig", erbaut 1974).
Gratlänge etwa 1 km. Zeit: etwa 2 Std.
**Hinweis:** Der Klettersteig wirkt etwas „überversichert". Zudem ist durch Voraussteigende immer eine gewisse Steinschlaggefahr in der teilweise brüchigen SO-Seite gegeben. Die beschriebene Überschreitung kann natürlich auch in der Gegenrichtung durchgeführt werden.

**Übersicht:** Rechts des Füssener Jöchles (R 25) beginnt der Anstieg zur Läuferspitze. Diese wird überschritten und der Haller-Schrofen rechts umgangen (oder überstiegen). Die Überschreitung des Schartschrofens schließt sich an; zuletzt Abstieg über den Friedberger Klettersteig hinab in die Gelbe Scharte (R 35).

**Zugang zum Füssener Jöchle:** Siehe R 25.

**Anstieg:** Vom Füssener Jöchle unschwierig etwas rechtshaltend über teilweise latschenbewachsenen Rücken zum kurzen Gipfelaufbau der Läuferspitze. Diesen an seiner leichtesten Stelle hinauf (I) zum Gipfelkreuz (etwa 30 Min. ab Füssener Jöchle). Über kurze Felsabsätze steigt man dann südöstlich hinab (II) und bei kleinem Schartel an der rechten Seite eines Aufschwunges vorbei zum leichten Kamm, der zum Haller-Schrofen leitet. Dieser wird dann zumeist umgangen (rechts) oder direkt unschwierig überstiegen. So gelangt man in eine Einsattelung aus der der Schlußanstieg zum Schartschrofen beginnt. Über seinen Nordwestkamm zum Gipfel (etwa 45 Min. ab Läuferspitze). Nun über den Grat, oder knapp links von ihm südöstlich hinab über den durchgehend drahtseilversicherten Friedberger Klettersteig (I) in die Gelbe Scharte.

Zumeist wird hier dann noch die Rote Flüh überschritten (R 104, R 103 A) und nach Nesselwängle abgestiegen.

● **100    Schartschrofen-Ostwand**
Gebr. Haff, 1906.
**III** (einzelne Stellen), zumeist jedoch II, teilweise auch I.
Kaum begangene und wenig lohnende, streckenweise brüchige, steinschlaggefährdete Grasschrofenkletterei. Zumeist natürliche Sicherungsmöglichkeiten (Zacken und Latschen) vorhanden.
Wandhöhe: etwa 150 m. Kletterlänge etwa 200 m. Zeit: etwa 2 Std.

**Übersicht:** Die Ostwand des Schartschrofens ist stark zergliedert und weist in Gipfelfallinie eine Einbuchtung auf. Dort befindet sich der Einstieg der Führe, die dann immer etwas linkshaltend den Südostgrat anstrebt und rechts von ihm den Gipfel erreicht.

**Zugang:** Von der Otto-Mayr-Hütte über das weite Kar, oder besser über den Weg zum Reintaljöchl (R 35) zum Wandfuß (der Weg wird dazu in halber Höhe nach links verlassen). Etwa 45 Min. ab Hütte.

**Führe:** Durch eine rinnenartige Verschneidung etwa 50 Meter leicht linkshaltend hinauf (II, III). Hernach über teils sandige, grasdurchsetzte Platten weiter, zuletzt Linksquerung unter gelben Überhängen. Parallel zum Südostgrat dann zum Gipfel (III). Wenig lohnend, fast durchwegs brüchig!

● **101              Gilmenkopf,** 1940 m

Im Prinzip nur ein „Gratausläuferzacken", der sich oberhalb der Gelben Scharte (R 35) im Grat der Roten Flüh erhebt. Allerdings bei weitem nicht ein so lohnendes Ausweichziel wie lange Zeit über behauptet wurde. Heute wird auch nicht mehr an den kurzen Anstiegen des Gilmenkopfes geklettert, da auch eine Alte Südwand des Hochwiesler (R 127) locker als Nachmittagstour gemacht werden kann. Im Prinzip sind die Führen auch gar nicht so lohnend, da sie zum Teil doch etwas brüchigen Fels aufweisen.

● **101 a   Südwand-„Schlupfkamin"**
F. Moosauer, 1906.
**III** (überwiegend), kürzere Strecken II und I. Hübsche Kaminkletterei.
Höhe: etwa 50 m. Zeit: etwa 30 Min.

**Führe:** Einstieg bei Scharte auf der rechten (SO-Seite). Hierher in

126

Kürze von der Gelben Scharte (R 35). Über eine Wandstelle unterhalb der Scharte hinweg (III) und auf Band nach links zu Stand unter dem Kamin. Durch ihn hinauf (III) und zum Grat und etwas links zum höchsten Punkt.

● **101 b   Nordwestgrat**
F. Bopp, E. Frey, 1908.
IV (eine Stelle), überwiegend III, II. Kurz auch leichter.
Höhe: etwa 60 m. Zeit: etwa 30 Min.

**Führe:** Von der Gelben Scharte zum zunächst flacheren Grat. Anfangs links des Grates hinauf (II), dann auf den Grat über eine längere Wandstelle (IV) und zuletzt am kantenähnlichen Grat (III) zum Gipfel des Gilmenkopfes.

● **101 c   Südostgrat**
W. Blenk, J. Bachschmid, 1907.
III+ (eine Stelle), kurz auch III. Am Schluß auch leichter. Guter Fels.
Höhe: etwa 40 m. Zeit: etwa 25 Min.

**Führe:** Am rechten Rand des Gilmenkopfes, in der SO-Seite befindet sich eine Scharte (siehe auch R 101 a). Aus dieser über ein Köpfel (III) zum Grat und an ihm über kleinen Wulst (III +). Weiter am hübsch zu kletternden Grat, zuletzt leichter zum höchsten Punkt des Gilmenkopfes.

● **101 d   Nordwand**
R. Haff, T. Deimer, 1905.
III (mehrere Stellen), oft II und I. Zwar der längste Anstieg, jedoch brüchig, grasig und wenig lohnend.
Höhe: etwa 100 m. Zeit: etwa 1 Std.
Foto Seite 131.

**Führe:** Die Route leitet im linken Teil der Nordwand (NO-Seite) auf den SO-Grat. Der Verlauf ist jedoch nicht zwingend vorgezeichnet.

● **102**                              **Rote Flüh,** 2111 m

Erste Ersteigung vermutlich durch Einheimische, da der Gipfel doch eine relativ leichte Erreichbarkeit auf seinem Normalweg aufweist. Die Rote Flüh stellt wohl den am meisten besuchten Gipfel der Tannheimer Berge dar. So zählt die Überschreitung des Gipfels zu einem sehr beliebten Ziel von bergerfahrenen Wanderern und bietet herrliche Ausblicke ins Tannheimer Tal und ins Alpenvorland mit der Ostallgäuer Seenplatte. Die Rote Flüh galt schon immer als Kletterberg ersten Ranges und an Wochenenden herrscht in den Südwandführen reger Betrieb. Daher sollte jeder Kletterer, wenn es auch noch so heiß sein mag an manchen Sommertagen, einen Helm tragen, weil in manchen Führen eine akute Steinschlaggefahr herrscht! Die Südwandführen sind fast das ganze Jahr über kletterbar, so daß auch im Winter und Frühjahr Kletterer anzutreffen sind. Beim Abstieg ist jedoch Vorsicht geboten, denn dieser weist zumeist winterliche Verhältnisse bis weit ins Frühjahr hinein auf!

● **103    Normalweg**
    **I,** zumeist jedoch unschwieriges Gehgelände. Kurz oberhalb
    der Judenscharte ist ein Felsaufschwung durch Drahtseile
    und künstliche Tritte entschärft worden.
    Höhenunterschied vom E zum Gipfel etwa 150 m. Zeit
    30 Min. Foto Seite 129, 161, 187.

**Anstieg:** Vom Gimpelhaus wie bei R 36 zur Judenscharte zwischen Gimpel und Roter Flüh. Hier auf deutlichen Trittspuren linkshaltend zu einer drahtseilgesicherten Felsstufe (künstliche Tritte), dann über eine oft schmierige Rinne zum nahen Gipfel der Roten Flüh.

● **103 A   Abstieg auf dem Normalweg (R 103)**
    **I,** zumeist Gehgelände, eine Stelle mit Drahtseilen gesichert.
    Vom Gipfel zur Judenscharte in etwa 15 Minuten.

Vom Gipfel den Trittspuren folgend in Richtung Gimpel eine Rinne hinunter, zuletzt über eine Felsstufe (Drahtseile) zur nahen Judenscharte.

**Hinweis:** Eine weitere Abstiegsmöglichkeit für Begeher der Südwandroute (besonders im zeitigen Frühjahr, im Spätherbst und im Winter) ergibt sich durch die Abseilpiste am Hochwiesler (R 135 A). Siehe hierzu R 122.

**Im Normalanstieg zur Roten Flüh (R 103)**
Das Bild zeigt das erste, seilgesicherte Wegstück oberhalb der Judenscharte. Die nach Süden exponierte Lage des Gipfels mit ihrer senkrecht abbrechenden Südwand und der leichten Ersteigbarkeit über den Normalweg auf ihrer Nordseite macht die Rote Flüh zu einem begehrten Ziel für den Kletterer und Bergwanderer.                          Foto: W. Rauschel

● **104** **Aus der gelben Scharte**
J. Bachschmid, A. Weixler, 1895.
I, überwiegend jedoch Gehgelände. Kurze Stellen mit Eisenklammern und Drahtseilen gesichert. Wird zumeist im Zuge einer Überschreitung der Roten Flüh im Aufstieg benützt. Zeit: 1 Std.

**Anstieg:** Von der Gelben Scharte (R 35) über Grasbänder unter der Südseite des Gilmenkopfes vorbei und links auf den Grat hinauf. Weiter den Markierungen folgend wieder in die Südwestseite zurück. Eine kurze Wandstelle wird an Eisenklammern überwunden. In der Folge in Serpentinen (zuletzt Drahtseile) zum Gipfel der Roten Flüh.

● **105** **Nordwand**
Christ, Preß, Anhegger, Fr. Moosauer, 1904.
III (kurze Stellen), überwiegend jedoch II und leichter. Teils auch Gehgelände. Zumeist grasiger, brüchiger Fels und daher kaum begangen. Keine zwingende Routenführung, wenig lohnend.
Wandhöhe: 300 m. Kletterstrecke etwa 400 m. Zeit: 2 Std. Foto Seite 131.

**Übersicht:** Die Führe verläuft im linken Wandteil der Nordwand und hat ihren Einstieg bei Beginn der Linksquerung des Judenscharte-Stciges (R 36).

**Zugang:** Vom Reintal über den Judenscharten-Steig soweit hinauf, bis man in geneigterem Gelände je nach Gutdünken in die Nordwand einsteigen kann.

**Führe:** Beliebig, je nach Kletterkönnen mehr oder weniger direkt über kurze Wandstellen (III) immer leicht rechtshaltend zum Gipfel der Roten Flüh.

● **105 a** **Nordwand-„Großes Dach"**
Gebr. Rudolph, 1969.
A3/V+, A0 aufgeteilt wie folgt: eine Stelle V+, überwiegend jedoch V und leichter. Im großen Dach A1/A3/A2 und Ae, hernach noch kurz V+/A0. Wandhöhe: 350 m. Zeit: 3—5 Std. Foto Seite 131.

**Rote Flüh, Nordwand**

| | | | |
|---|---|---|---|
| R 35 | Weg zur Gelben Scharte | R 105 | Alte Nordwand |
| R 36 | Weg zur Judenscharte | R 105 a | Nordwand-„Großes Dach" |
| R 101 d | Gilmenkopf-Nordwand | | Foto: W. Mayr |

**Übersicht:** Die Führe erreicht von links her das große Dach, überwindet es direkt (etwa 15 m Ausladung!) und verfolgt danach die sich bald zurücklegende Kante im rechten Teil der Nordseite bis zum Grat.

**Zugang:** Vom Reintal dem Judenscharte-Steig folgend bis er in die Felsen übergeht. Kurz davor unter der Wand hindurch, etwas absteigend um eine Rippe herum in eine Rinne, die zunehmend steiler wird. 45 Min. ab Otto-Mayr-Hütte.

**Führe:** Die Rinne zunächst noch leichter (II, III), dann bald schwieriger über Wand (IV +) bis unter den Dachwinkel (schlechter Stand). Über das weit ausladende, oft nasse Dach (A 3 / A 2) an teils schlechten Bohrhaken an die Kante und anstrengend (Seilreibung!) noch einige Meter (A 1, A 0) zu Schlingenstand (30 m). Nun eine halbe Seillänge gerade weiter (V/A 0). Daraufhin im Zick-Zack nochmals etwa 20 Meter hinauf in geneigteres Gelände (20 m, V +). Nun immer an der Kante in teils sehr lockerem Fels zum Grat und zum Gipfel (III, dann II und I).

● **106**                    **Südwand-Routen**

Die Südseite gliedert sich in drei Wandteile auf. Der linke, nach SW gerichtete Wandteil, die zentrale „Wandhälfte" und den rechten, nach SO offenen Wandteil an den übergangslos die gelbe Hochwiesler SW-Seite anschließt. Besonderer Beliebtheit erfreuen sich die Führen im zentralen Wandteil: Südverschneidung (R 116), Direkte (R 117) und die Südostwand (R 119). Die Alte Südwand (R 115) wird ebenfalls noch sehr oft begangen, obwohl sie im Vergleich mit der links von ihr hinaufleitenden SW-Wand eindeutig den Kürzeren zieht. Wenig gemacht werden hingegen die Führen an den Wandrändern, zum einen wohl wegen des schlechteren Gesteins aber auch wegen ihrer relativen Kürze im Vergleich zu den Routen im zentralen Wandteil. Die meisten Führen sind gut genagelt, oder auch übernagelt und in mancher Route findet sich schon eine Kletterstelle, die wegen ihrer Abgeschmiertheit zunehmend schwieriger wird. Neben einem kleinen Hakensortiment ist die Mitnahme einiger Klemmkeile sehr zu empfehlen.

### Zugang zu den Südwänden

Vom Gimpelhaus über ein Steiglein, das unschwierig unter der Südseite des Hochwieslers zu den Südwandeinstiegen der Routen an der Roten Flüh leitet. Zeit: 40—60 Min., je nach E.

● **107 Westwand, „Winklerschlucht"**
Erstbegeher unbekannt.
**II** (einzelne Stellen), überwiegend leichter. Meist sehr brüchiger Fels, daher als eigenständige Führe ohne Bedeutung. Sehr große Steinschlaggefahr (auch Selbstauslösung!).
Wandhöhe: 120 m. Zeit: etwa 1 Std. ab E.

**Übersicht:** Im äußersten linken Wandteil der Roten Flüh Südseite zieht eine mäßig geneigte Schlucht zum Grat, der rechts des Gilmenkopfes erreicht wird.

**Zugang:** Unter der Südwand der Roten Flüh hindurch bis zu einem brüchigen Pfeiler, der die schuttgefüllte Schlucht links begrenzt.

**Führe:** Die sehr brüchige Schlucht eher an ihrer rechten Seite hinauf, zuletzt rechtshaltend zum Grat. Über diesen wie bei R 104 zum Gipfel.

● **108 Westwand, „Hörmannführe"**
Hannes Hörmann, 1927.
**IV +** (kurze Stellen), überwiegend jedoch III und leichter. Einige Haken vorhanden, jedoch keine SH. Nicht ganz ungefährliche Kletterei in splittrigem Fels, wenig begangen. Wandkletterei überwiegt.
Wandhöhe: etwa 200 m. Kletterlänge etwa 230 m.
Zeit: 2—3 Std.
Foto Seite 137, 138.

**Übersicht:** Im linken Wandteil befindet sich ein riesiger Torbogen, der nach Südosten offen ist. Knapp links von dessen Fallinie befindet sich der Einstieg. In der Folge leitet die Führe in einer Linksschleife zu diesem Torbogen, um rechts von ihm den Ausstieg am Grat zu erreichen.

**Führe: 1.—3. SL:** Vom E über Felsstufen kurz gerade, dann in Linksschleife zu Geröllplatz. Rechtshaltend über weiteren Absatz zu Rinne, die nach links hinauf bis zu tiefer Gufel verfolgt wird (120 m, III, III +). **4. SL:** Nun noch einige Meter links die Kaminreihe hinauf bis zu Kanzel (hier zweigt R 108a ab) und rechts in die Wand leicht fallend auf Geröllband (Stand, IV). **5. SL:** Rechtshaltend über Plattenwand (IV +) hinweg und an etwas labilem, überhängendem Block weiter nach rechts zu Stand. **6. SL:** Nun in Schleife zum Beginn geneigterer Felsen, die bis unter die große, torbogenähnliche Felsbildung leiten (schlechter Stand). **7. SL:** Rechts durch Kamin weiter bis man flaches Gelände erreicht (IV +). Beliebig nun rechtshaltend hinauf zum Normalweg (II) von der Gelben Scharte.

● **108 a Direkter Ausstieg zur Hörmannführe**
W. Mayr, A. Schmitt, 1981.
IV+ (2 kurze Stellen), überwiegend IV und III. Bildet im
Prinzip eine logische Fortsetzung zur Hörmannführe. Keine
H vorhanden!
Länge: etwa 60 m. Zeit: 2 Std. (für die gesamte Führe!).
Foto Seite 137, 138.

**Führe:** Von der tiefen Gufel der Hörmannführe links auf die erwähnte
Kanzel (25 m, IV—). Nun nicht nach rechts sondern immer im Kamin
hinauf, über kleine Überhänge spreizend bis zum Grat, der von links
heraufzieht (60 m, IV, IV+). Nun über schuttiges Gelände zum Weg
von der Gelben Scharte (I, II).

● **109 Westwand, „Glasperlenweg"**
R. Loderer und Gef. 1959.
VI—/A0 bzw. VI+; frei VI+, aufgeteilt wie folgt: 2 Seil-
längen VI—/A0 sonst überwiegend IV und leichter.
Sämtliche ZH vorhanden, jedoch keine SH! Unbekannte,
aber sehr alpine Wandkletterei (2. Beg. erst 1981!) in nicht
ganz zuverlässigem Fels.
Wandhöhe: 200 m. Kletterlänge etwa 220 m. Zeit: 3 Std.
Foto Seite 137, 138.

**Übersicht:** Die Führe leitet linkshaltend hinauf bis in Fallinie des großen Torbogens. Mit einem Rechtsquergang erreicht sie ein Felstor und
in der Folge in ziemlich gerader Linie geneigteres Gelände. Über Platten rechts des Torbogens geht es dann rechtshaltend zum Weg von der
Gelben Scharte.

**Führe:** Einstieg wie bei R 108 (Hörmannführe). In die tiefe Gufel wie
bei R 108 (Stand). Nun rechts abschüssiger Plattenquergang (V, V+)
zu nach links ziehendem Riß. Diesen bis in kleine Wanne (A0, frei
VI+). Rechts über Wandstelle (V+) zu grasiger Wand. Diese rechtshaltend zu Band, das unter dem Felstor hindurchleitet und zu Stand in
Winkel (43 m, VI—/A0, frei VI+). Kurz rechts an die Kante und sehr
ausgesetzt knapp links von ihr, zuletzt wieder an ihr hinauf. Nach Erreichen eines Bandes links zu schlechtem Stand (35 m, VI—/A0, frei
VI+). Rechtshaltend über geneigtere Platten eine Seillänge zu Stand
(43 m IV—). Beliebig noch zwei Seillängen über Platten und kleine Kamine hinauf bis zu Wiese (90 m, II—IV, je nach Route). Leicht über
R 104 zum Gipfel.

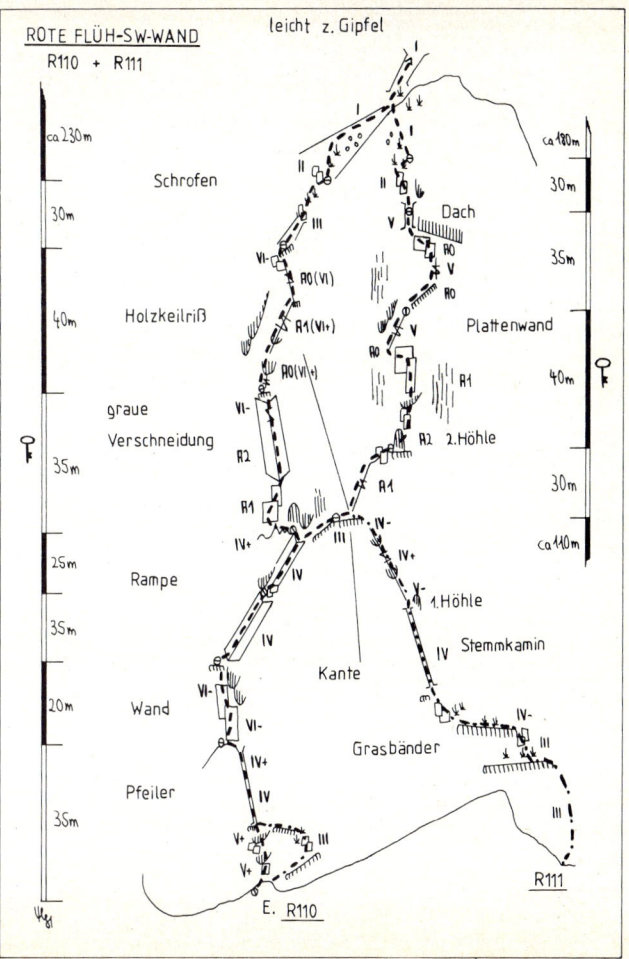

ROTE FLÜH-SW-WAND
R110 + R111

leicht z. Gipfel

135

● **110**   **Westverschneidung**
A. Kleemeier, M. Nieberle, 1955.
**VI—/A2;** aufgeteilt wie folgt: VI— (kurze Stellen) überwiegend jedoch V und IV, erst am Schluß leichter. Zwei Seillängen A2 und A1.
Früher öfters, heute kaum begangene Riß- und Verschneidungskletterei in meist festem Fels. Durchaus lohnend. Teils sehr schlechte ZH und morsche HK! Für den Holzkeilriß empfehlen sich zur soliden Absicherung einige Stopper und Hexentrics mittlerer Größe! Sollten in der grauen Verschneidung Haken fehlen, so kann das Anbringen neuer H durchaus A3 sein!
Wandhöhe: 200 m. Kletterlänge etwa 220 m. Zeit: 3—4 Std. Foto Seite 137, 138, Skizze Seite 135.

**Übersicht:** Die Führe nimmt ihren Anfang knapp rechts eines kleinen Pfeilerchens, direkt in Fallinie einer auffallenden grauen Verschneidung. Vom Kopf des Pfeilers überwindet sie eine Wandstelle um dann rechtshaltend eine Rampen-Verschneidung zu verfolgen. Diese wird dann kurz vor ihrem Ende verlassen und linkshaltend über einen gelben Wulst die eingangs erwähnte graue Verschneidung erreicht. Diese und der folgende Riß bilden den weiteren Anstieg bis in geneigteres Gelände. In diesem wird dann rechtshaltend R 104 erreicht.

**Führe:** Siehe Skizze!

● **111**   **Südwestpfeiler, „Lodererpfeiler"**
H. Loderer, L. Waitl, 1960.
**V/A2,** aufgeteilt wie folgt: V (längere Stellen), selten leichter. Längere Strecken A0—A2.
Sehr ausgesetzte, lohnende (Haken-)Kletterei in gutem Fels. ZH (teils zu viele!) vorhanden. Sollten Haken fehlen, so kann das Anbringen neuer durchaus A3 sein.
Kombination mit R 114 möglich und lohnend!
Wandhöhe: 200 m. Kletterlänge etwa 240 m. Zeit: 3—5 Std. Foto Seite 137, 138, Skizze Seite 135.

**Übersicht:** Die SW-Seite der Roten Flüh weist einen glatten, geschlossen wirkenden Wandstreifen auf. In dessen Fallinie befindet sich ein Pfeiler der auf einem Grasband (kl. Tanne) fußt. Dieses Band wird von rechts her erreicht. Durch den Kamin auf den Pfeiler und in der Folge durch die geschlossene Wand fast gerade hinauf unter kleines Dachl, das über kurze Rampe erreicht wird. Unter dem Dachl links heraus in eine Felsrinne und zu geneigterem Gelände. Dort entweder weiter mit R 104 zum Gipfel oder Kombination mit R 114. Hierzu hält man sich

**Rote Flüh**
**–Westwand–**

**Rote Flüh-Südwand – Westl. Teil (West- und SW-Wand)**

| | | | |
|---|---|---|---|
| R 108 | Westwand-Hörmannführe | R 110 | Westverschneidung |
| R 108 a | Direkter Ausstieg | R 111 | „Lodererpfeiler" |
| R 109 | Westwand-Glasperlenweg | R 112 | Südwestwand |

Foto: W. Mayr

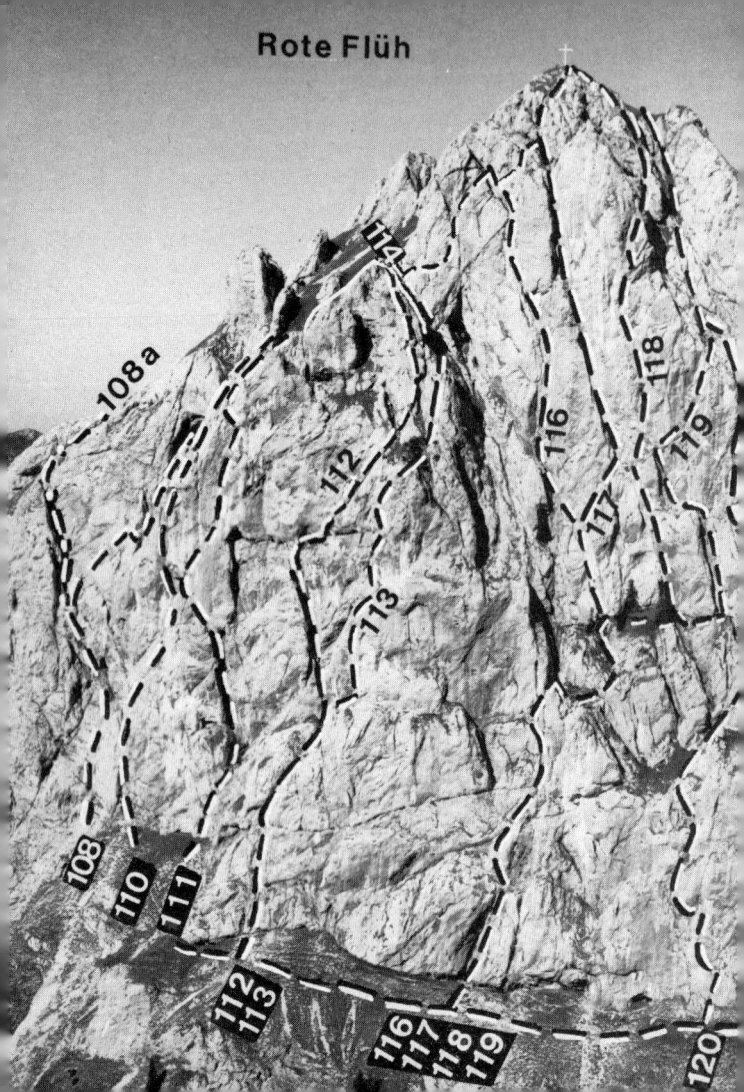

Rote Flüh

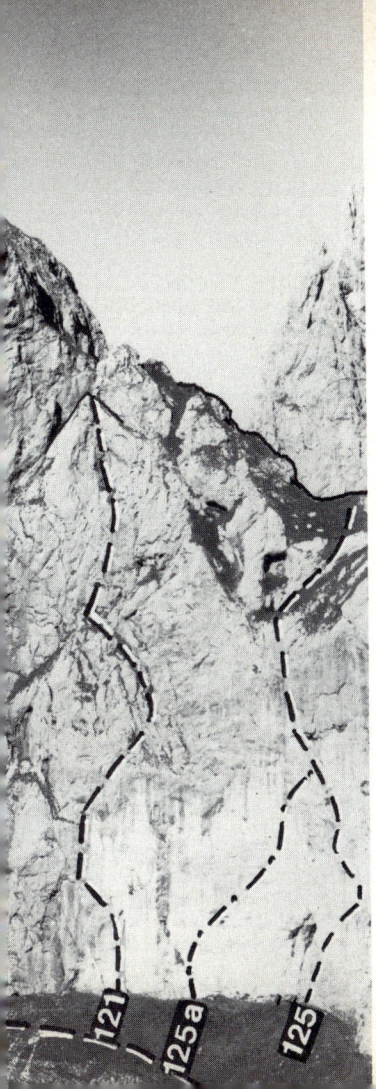

**Rote Flüh-Süd- und Südwestwand (Luftbild)**

Foto: F. Thorbecke

rechts, bis man die auffallende Scharte (E von R 114) erreicht (etwa 100 m, leicht).

**Führe:** Siehe Skizze!

● **112    Südwestwand**

H. Kadner, v. Schwerin, v. Overkamp, 1919.

**IV / A 1;** frei **VII—,** aufgeteilt wie folgt: IV und IV + (kurze Stellen), erst oben leichter. Eine Stelle A 1, frei VII— (Überhang).

Sehr beliebte und klassisch schöne Kletterei in sehr steiler Wand. Guter Fels, teilweise jedoch sehr abgegriffen. Nach Nässe ist die Führe nicht zu empfehlen, da sonst ekelhaft schmierig und gefährlich. Varianten sind möglich.

SH und ZH sind vorhanden. Sollte am Überhang ein Haken fehlen, so kann das Anbringen eines neuen H durchaus A 2 sein!

Wandhöhe: 200 m. Kletterlänge etwa 280 m. Zeit: 2—3 Std. Foto Seite 137, 138, 143, 157, Skizze Seite 141.

**Übersicht:** Die von unten nicht kletterbar wirkende SW-Seite weist im unteren Teil einen nach links ziehenden Kamin auf, der unter Überhängen endet. Dieser wird über einen senkrechten Sockel erreicht. Den dem Kamin folgenden ersten Überhanggürtel umgeht man mit einer langen Linksschleife. Der folgende zweite Überhang wird an seiner schwächsten Stelle überwunden, um dann an eine Kante zu gelangen. Über diese erreicht die Führe dann mehr oder weniger direkt den Ausstieg in einer markanten Scharte. Ab dieser Scharte Kombination mit R 114 möglich oder, leichter, über R 104 zum Gipfel.

**Führe:** Siehe Skizze!

● **113    Südwestkante**

Hermann Schertel u. Gef. 1932.

**V— / A 1,** frei **VI +;** aufgeteilt wie folgt: mehrere Stellen V—, überwiegend IV, erst im oberen Teil leichter. Zwei Stellen A 1, frei VI +.

Kurze aber lohnende Kletterei in gutem Fels. Im Prinzip nur eine Direktvariante zur SW-Wand.

ZH vorhanden, SH nur zum Teil. Sollten Haken fehlen, so kann das Anbringen neuer durchaus A 2 sein. Zur besseren Absicherung empfiehlt es sich, mehrere mittelgroße Hexentrics und Stoppers mitzuführen.

Wandhöhe: 200 m. Kletterlänge etwa 260 m. Zeit: 3 Std. Foto Seite 138, 157, Skizze Seite 142.

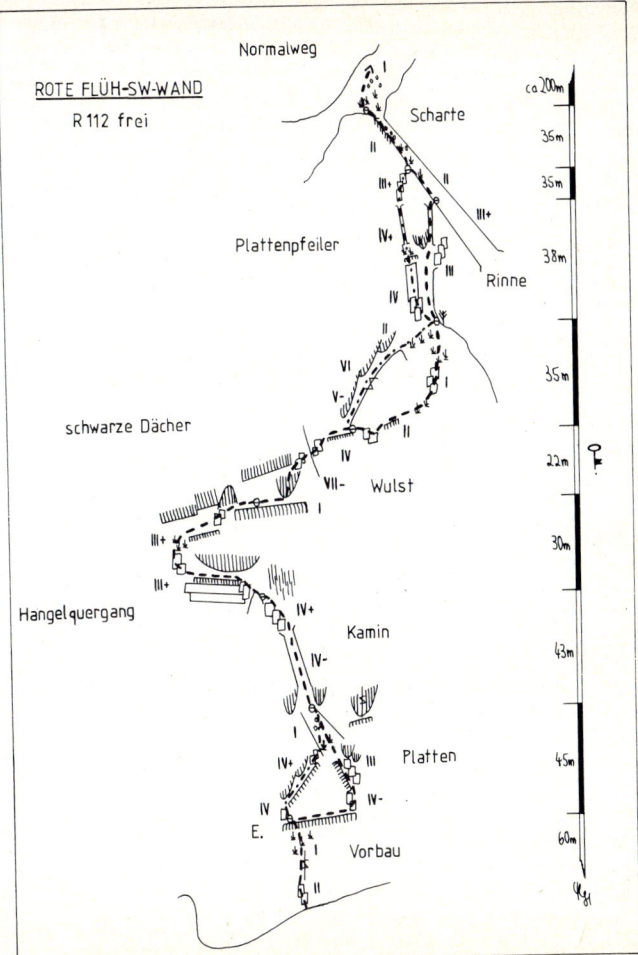

ROTE FLÜH-SW-WAND
R 112 frei

Normalweg
Scharte
Plattenpfeiler
Rinne
schwarze Dächer
Wulst
Hangelquergang
Kamin
Platten
E.
Vorbau

ca 200m
36m
35m
38m
35m
22m
30m
43m
45m
60m

141

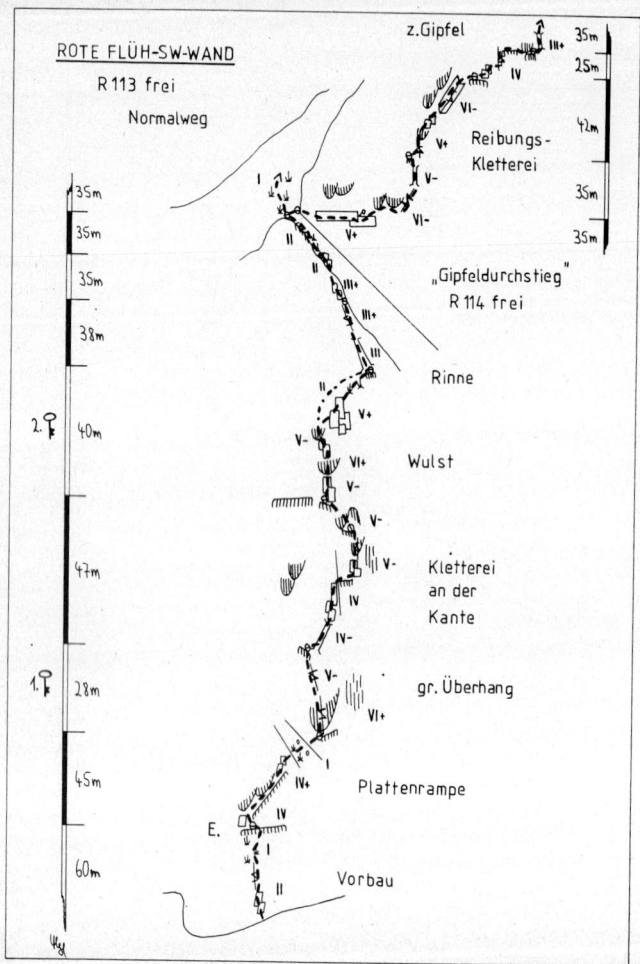

ROTE FLÜH-SW-WAND

R 113 frei
Normalweg

z. Gipfel

III+
IV
VI-
V+
V-
V+          VI-
V+

I
II

Reibungs-
Kletterei

35m
25m

42m

35m

35m

"Gipfeldurchstieg"
R 114 frei

II
II
III+
III+
III
II
V+
V-
VI+
V-
V-
V-
IV
IV-
V-
VI+
IV+
I
IV
I
II

Rinne

Wulst

Kletterei
an der
Kante

gr. Überhang

Plattenrampe

E.

Vorbau

35m
35m
35m
38m

2. 🔑  40m

47m

1. 🔑  28m

45m

60m

142

**Rote Flüh-Südwestwand (R 112)**
Der Seilerste macht gerade den eindrucksvollen Linksquergang an einer schrägen Platte, die man mit guten Hangelgriffen traversiert. Ausgesetztheit und originelle Kletterstellen machen die SW-Wand (R 112) zu einem wahren Kletterschmankerl.                       Foto: W. Mayr

143

**Übersicht:** Die Führe verläuft knapp links des vorspringenden Pfeilers, der die Südseite der Roten Flüh von ihrer SW-Seite trennt. Nach den Einstiegsplatten (gemeinsam mit R 112) über einen großen Überhang, dann rechtshaltend an die hier wenig ausgeprägte Kante, die dann verfolgt wird. Im weiteren Verlauf überwindet die Führe auch den zweiten Überhanggürtel, um kurz danach mit R 112 zusammenzutreffen.

**Führe:** Siehe Skizze „SW-Kante mit Gipfeldurchstieg".

● **114    Südwand-„Gipfeldurchstieg"**
M. Schweiger u. Gef. 1938.
**VI—**, aufgeteilt wie folgt: VI— (mehrere Stellen), überwiegend V, V+, nur in der letzten Länge leichter!
Unbekannte, aber sehr lohnende Variante durch den Gipfelaufbau der Roten Flüh. Überwiegend herrlich ausgesetzte Reibungskletterei in bestem Fels!
SH und ZH vorhanden. Einige Stopper mittlerer Größe zur besseren Absicherung sehr günstig.
Länge der Variante: 100 m. Kletterlänge etwa 130 m. Zeit: etwa 1 Std.
Foto Seite 138, 145, 157, Skizze Seite 142.

**Übersicht:** Direkt rechts der Scharte bei der R 112, R 113 und R 115 enden, setzt rechterhand eine steile Plattenwand an, die ausgesetzt gequert werden muß. In der Folge wird eine Reihe von Rissen und Verschneidungen (immer rechtshaltend) benützt, bis man die Fallinie des Gipfels erreicht. Gerade hinauf zum nahen Gipfel.

**Führe:** siehe Skizze „SW-Kante mit Gipfeldurchstieg".

**Im „Gipfeldurchstieg" in der Südwand der Roten Flüh (R 114)**
Ein wenig bekanntes, aber sehr lohnendes Kletterschmankerl! Diese Aufnahme wurde im April während eines Wintereinbruches gemacht. Es kann auch vorkommen, daß sich im Sommer ein solcher Umschwung ereignet, jedoch ist ein solcher nur auf der Nordseite eine ernste Bedrohung, denn dort ist ein Rückzug wesentlich problematischer oder sogar ausgeschlossen!
Foto: M. Lutz

● 115    **Alte Südwand**
Braß, Männer, v. Schwerin, 1919.

IV (eine Stelle), überwiegend IV— und leichter.

Viel begangene und entsprechend abgekletterte Führe, die jedoch durch vorauskletternde Seilschaften stellenweise akute Steinschlaggefahr aufweist! Insgesamt an Schönheit weit weniger lohnend als R 112. Der nur nach Westen offene Pfeiler-Kamin ist im Herbst oder Frühjahr häufig vereist, so daß er sehr unangenehm werden kann!

SH und ZH sind im Fels. Dazu kommen häufig natürliche Sicherungsmöglichkeiten an Latschen oder Felszacken.

Wandhöhe: 200 m. Kletterlänge etwa 280 m. Zeit: etwa 2—3 Std.

Foto Seite 138, Skizze Seite 147.

**Übersicht:** Im unteren Teil der Südwand ist nur eine leichte Durchstiegsmöglichkeit gegeben. Diese leitet über eine überdachte Rampe zu dem schon von weitem auffallenden Pfeiler, der durch einen Kamin erstiegen wird. In der Folge erreicht die Führe in einer Schleife linkshaltend eine markante Schluchtrampe, die, einige plattige Sperrstellen erkletternd, bis zu ihrem Ende am Grat verfolgt wird. Unschwierig über R 104 zum nahen Gipfel.

**Führe:** siehe Skizze.

● 116    **Südverschneidung**
A. Kleemeier, L. Schuster, 1953.

VI / A0; frei VI+; aufgeteilt wie folgt: VI (kurze Stellen im „gelben Riß"), überwiegend V und V+. Nur im unteren Drittel und ganz oben leichter. Einige Stellen A0 (etwa 40 m) oder frei VI+.

Hervorragend schöne und weithin bekannte Modetour. Stellenweise verdirbt arg abgeschmierter Fels den Genuß erheblich.

ZH und SH vorhanden, teilweise zu viele!

Die Haken im „gelben Riß" sind oft sehr schlecht, daher sind vor allem Stopper zur besseren Absicherung günstig. Sollten Haken fehlen, so kann das Anbringen neuer (sofern nötig!) durchaus A2 sein.

Wandhöhe: 260 m. Kletterlänge 350 m. Zeit: 3—4 Std.

Foto Seite 55, 138, 157, 159, Skizze Seite 149.

**Übersicht:** Die zentrale Wand wird in Gipfelfallinie von zwei markanten Rißsystemen durchzogen. Im linken, etwas schwächer ausgeprägten, verläuft die Südverschneidung, während im rechten die direkte

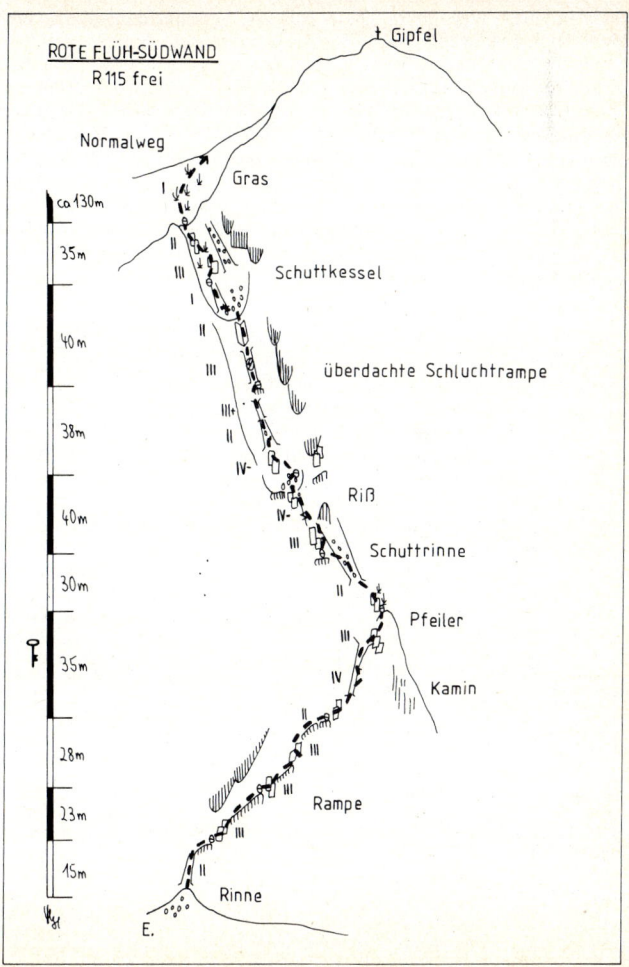

Südwand ihren Weg nimmt. Dieses Riß- und Verschneidungssystem beginnt bei den Südwandtannen (E), drei mehrere Meter hohen auffallenden Tannen auf breitem Schrofenband im unteren Wanddrittel. Der bei diesen Tannen (E) ansetzende Riß („gelber Riß") leitet zu der Gabelung der beiden Rißsysteme. Im linken führt die Südverschneidung empor. Am Riß über eine Rampe, dann rechtshaltend über Platten zum Gipfel.

**Zugang zum Einstieg bei den Südwandtannen:** Man steigt in Fallinie des Pfeilers der Alten Südwand (R 115; V +, eine Stelle, überwiegend V und IV, kaum leichter. Zeit: 1 Std.) ein. In der Folge links vom Pfeiler in der Wand hinauf, um dann rechtshaltend zu den Südwandtannen zu gelangen. E für R 116, R 117, R 118.

**Führe:** Siehe Skizze.

● **117**     **Direkte Südwand**
         O. Leixl, v. Overkamp, v. Schwerin, 1920.

         **VI / A0,** frei **VI +,** aufgeteilt wie folgt: VI (kurze Stellen im „gelben Riß"), überwiegend V, nur stellenweise leichter. 2 Stellen A0 (30 m) oder frei VI +.

         Beliebte Kamin- und Verschneidungskletterei in überwiegend festem Fels. Stellenweise recht eindrucksvoll und klassisch schön!

         Alle Haken im Fels (sogar zu viele!), Stopper für den „gelben Riß" von Vorteil! Sollten Haken fehlen, so kann das Anbringen neuer (sofern nötig) durchaus A1 sein! Nach Nässe ist die Führe nicht zu empfehlen, da stellenweise sehr schmierig. Doppelwulst oft naß!

         Wandhöhe: 260 m. Kletterlänge etwa 350 m. Zeit: etwa 3—4 Std.

         Foto Seite 138, 157, 159, Skizze Seite 153.

**Übersicht:** Die Führe benützt das rechte der bei R 116 erwähnten beiden Rißsysteme. Bis zum Ende des gelben Risses verlaufen beide Führen gemeinsam. Danach wendet sich die Direkte Südwand nach rechts zu einem gelben Türmchen (brüchig) um von dort immer der Riß- und Kaminreihe, die einmal von einem Doppelwulst unterbrochen ist, bis zum Gipfel zu folgen.

**Zugang** zum E bei den Südwandtannen: Siehe R 116.

**Führe:** siehe Skizze.

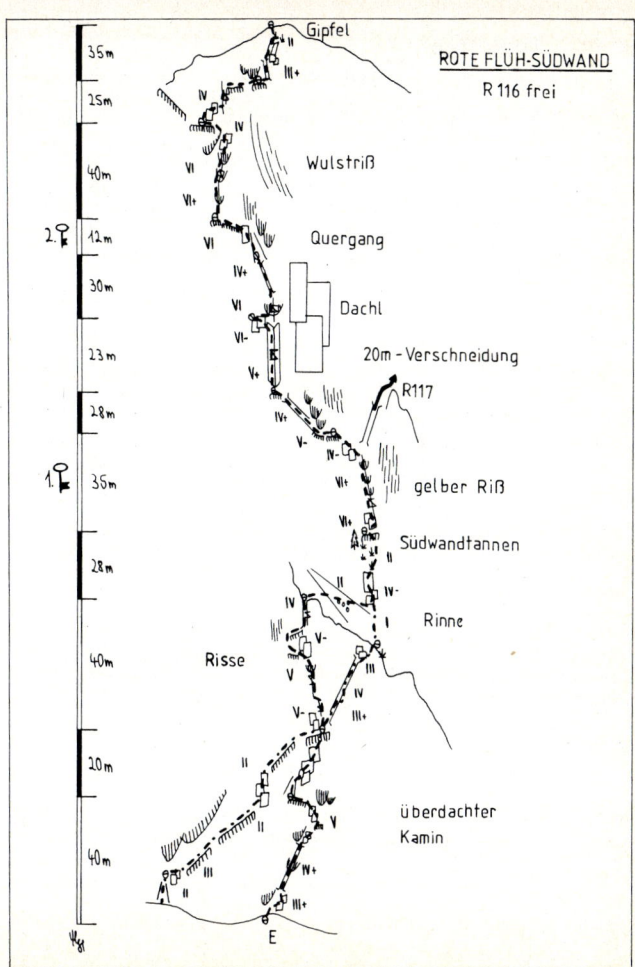

ROTE FLÜH-SÜDWAND
R 116 frei

Gipfel

Wulstriß

Quergang

Dachl

20m - Verschneidung

R117

gelber Riß

Südwandtannen

Rinne

Risse

überdachter Kamin

E

● **118**    **Zentralpfeiler**

H. Reisach, G. Geisenberger, 1969.

**VI— / A3,** frei **VII** (ohne 1. Seillänge), aufgeteilt wie folgt: VI— (mehrere Stellen), überwiegend V und V +, nur am Ende leichter. Eine Seillänge A3 (gelbe Verschneidung), viele Stellen A1, A0 oder frei VII (teilweise neben den Haken zu klettern; die Freikletterbewertung findet sich auf der Skizze, ebenso wie die Umgehung der 1. SL)! Bisher wenig bekannte doch nichtsdestoweniger eindrucksvolle Riß- und Wandkletterei, frei geklettert mit das Schwierigste in den Tannheimer Bergen.

Sämtliche ZH vorhanden. Einige SH fehlen, ebenso HK im Faustriß (wird seither umgangen). Sollten H fehlen, kann das Anbringen neuer auch A4 sein!

Wandhöhe: 260 m. Kletterlänge etwa 380 m. Zeit: etwa 4—5 Std.

Foto Seite 138, 157, 159, Skizze Seite 151.

**Übersicht:** Rechts der Kaminreihe der Direkten Südwand (R 117) prägt sich ein ungangbar scheinender Pfeiler aus. Durch eine markante gelbe Verschneidung und den folgenden Faustriß erreicht die Führe ausgehend von den Südwandtannen (siehe Südverschneidung, R 116) den eigentlichen Pfeiler, der bis zu seinem Ende verfolgt wird. Nach einer auffallend gebogenen Verschneidung erreicht sie über einen Grat den Gipfel.

**Zugang:** Wie bei R 116 zum E bei den drei Südwandtannen. Von diesen nach rechts in den Winkel unter eine Nische.

**Führe: 1. SL:** Über diese Nische (A3) und den Haken folgend im gelben Riß zu Kamin und diesen, zuletzt links hinaus zu Stand auf Platte (V). **2. SL:** Nun den markanten Faustriß hinauf (VI—, A2) und in Linksschleife auf ein Köpfel, das über Plattenwand erklettert wird (V +). Stand auf Absatz. **3. SL:** Jetzt im Zick-Zack rechtshaltend über senkrechte Wand (A1, V +) und über Verschneidung unter Dachl. Über dieses (A1) und leichter in leichtem Linksbogen zu Stand (IV +). **4. SL:** Direkt überhängend hinauf und den Haken folgend (1 BH) unter Überhang und über ihn (A1) zu Stand auf Leiste. **5. SL:** An der Kante hinauf (A1) und über Platte (BH) rechtshaltend hinauf zu Stand hinter ihrem Ende. **6. SL:** Kurz links in gebogene Verschneidung und diese (V +, A0) hinauf, zuletzt links heraus zu Stand. **7. SL:** Am folgenden Grat zum nahen Hauptgrat und zum Gipfel.

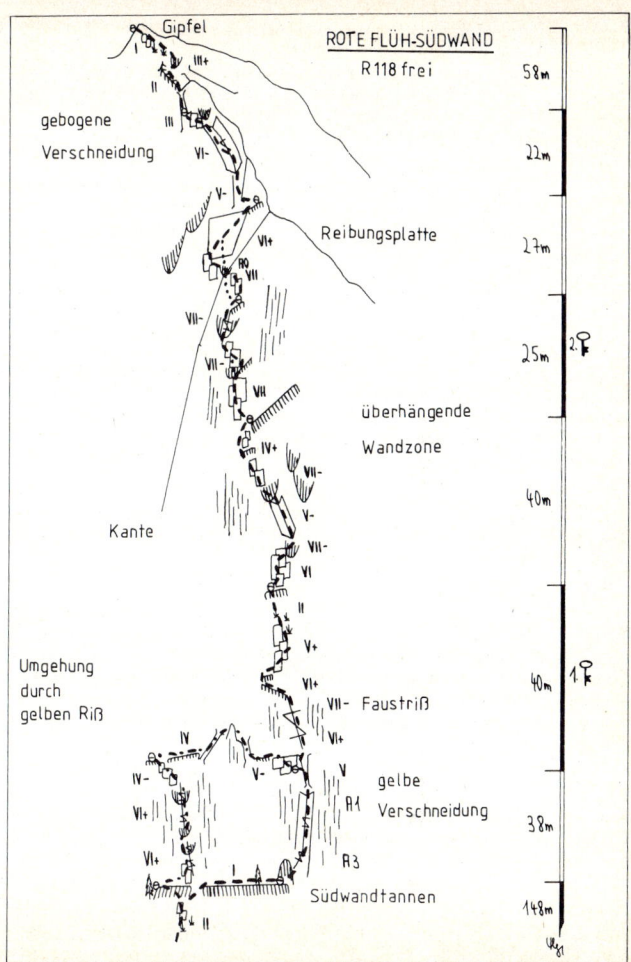

ROTE FLÜH-SÜDWAND
R 118 frei

Gipfel

gebogene
Verschneidung

Reibungsplatte

überhängende
Wandzone

Kante

Umgehung
durch
gelben Riß

Faustriß

gelbe
Verschneidung

Südwandtannen

58m
22m
27m
25m
40m
40m
38m
148m

● **119**   **Südostwand**

   H. Schertel und Gef. 1929.

   **V/A0,** frei **VI** und **VI—** (eine kurze Stelle), aufgeteilt wie
   folgt: V (längere Strecken), überwiegend IV und V—, selten
   leichter. Kurze Stellen A0 oder frei VI und VI—.

   Sehr schöne und in letzter Zeit beliebt gewordene Wandkletterei. Im unteren Teil recht genußreiche Spreizkamine. Bei
   Nässe oder nach längeren Regenperioden ist die Führe zu
   meiden, da sie dann äußerst unangenehm wird!

   ZH und SH vorhanden.

   Wandhöhe: 260 m. Kletterlänge etwa 440 m. Zeit: etwa
   3 Std.

   Foto Seite 138, 157, 159, Skizze Seite 153.

**Übersicht:** Der rechte Teil der Rote Flüh-Südwand weist im Mittelteil,
den man wie bei R 116 (Südverschneidung) erreicht, eine auffallende
Kaminreihe auf. Diese verliert sich dann unter graugelben Wänden.
Hier wendet sich die Führe über die rechts befindliche, schwarze Wand
zum Ausgang der vom Gipfel herabziehenden, markanten Südostschlucht, die dann zum Grat verfolgt wird. (Hier sind mehrere Ausstiegsvarianten möglich!)

**Zugang:** Der in der Skizze beschriebene Zustieg über die Platte rechts
der Südwandtannen ist der schönste Einstieg zur Südostwand. Sie kann
jedoch auch über den untersten Teil des Südostrisses (R 120) erreicht
werden.

**Führe:** Siehe Skizze.

● **120**   **Südostriß**

   A. Kleemeier, D. Ohngemach, 1956.

   **V+/A2;** aufgeteilt wie folgt: V+ (mehrere kurze Stellen),
   überwiegend V, nur oben und im unteren Teil etwas leichter.
   Längere Strecken in der oberen Wandhälfte A2, A1 und A0
   (schlechte H!). Relativ selten begangene Riß- und Kaminkletterei. Teilweise recht eindrucksvoll und hakentechnisch anstrengend. SH und ZH im Fels.

   Sollten im hakentechnischen Teil ZH fehlen, so kann das Anbringen neuer durchaus A2—A3 sein.

   Wandhöhe: 260 m. Kletterlänge 460 m. Zeit: 4—5 Std.

   Foto Seite 138, 157, 159, Skizze Seite 155.

**Übersicht:** In Fallinie des untersten Endes der Südostschlucht befindet
sich eine schwach ausgeprägte Riß- und Kaminreihe (teilweise gelber
Fels). Diese wird erreicht, indem man von einem kleinen Vorbau in

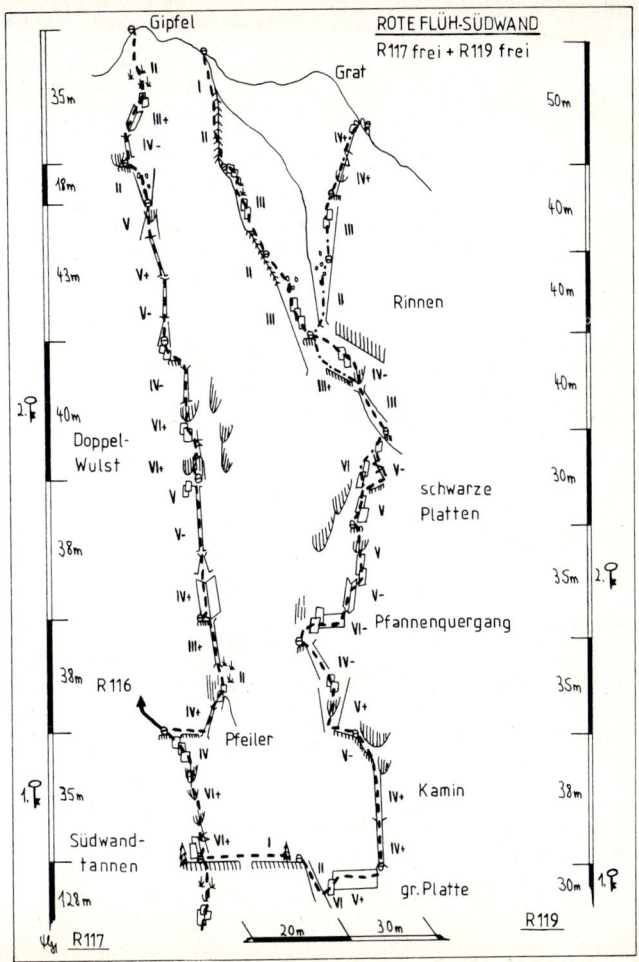

ROTE FLÜH-SÜDWAND
R 117 frei + R 119 frei

Gipfel

Grat

35 m

50 m

18 m

43 m

40 m

2.

40 m

Doppel-
Wulst

38 m

38 m   R 116

Pfeiler

1.   35 m

Südwand-
tannen

128 m

R 117

Rinnen

schwarze
Platten

40 m

40 m

40 m

30 m

35 m   2.

Pfannenquergang

35 m

Kamin

38 m

gr. Platte

30 m   1.

20 m   30 m

R 119

153

einer Rechtsschleife zu Pfeilerchen und über dieses in eine konkave Wandzone gelangt. Diese und die anschließend rechts hinaufleitende Schluchtrinne leiten zum Beginn (etwas brüchig!) der eingangs erwähnten Riß- und Kaminreihe. Diese führt mit kleinen Abweichungen zum Beginn der Südostschlucht und über diese wie bei der SO-Wand (R 119) zum Gipfel. Vom Ende der Schluchtrinne kann man links über kurze oft nasse Platte (V +) auch die Südostwandführe (R 119) erreichen!

**Führe:** siehe Skizze!

● **121**  **Südostverschneidung, „Harde-Graser-Gedenkweg"**
A. Wolf, D. Glaser, 1968.

VI— / A1, aufgeteilt wie folgt: VI— (eine Stelle), überwiegend V und V +, nur im Mittelteil leichter. Längere, zum Teil schlecht genagelte Passagen A1 und A0. Außer der ersten Seillänge und 3 Metern in der zweiten auch schon frei geklettert, dann bis VI +. Bisher kaum wiederholte (bis 1981 etwa 10 Begehungen), jedoch nach der ersten Länge recht ansprechende Wand- und Rißkletterei. Aber: Richtig schön ist die Führe nur dann, wenn sie außer der ersten Seillänge (splittriger Fels, schlechte H) frei geklettert wird!
SH und ZH (teils zu viele!). Sollten in der ersten Länge H fehlen, so kann das Anbringen neuer auch A2 sein!
Wandhöhe: 200 m. Kletterlänge 230 m. Zeit: 3—4 Std.
Foto Seite 139, 162.

**Übersicht:** Im äußersten Ende der Südostwand der Roten Flüh befindet sich am Übergang von grauem zu gelbem Fels ein markanter, vorspringender Pfeiler. Über diesen und die folgenden feinen Risse leitet die Führe in leichteres Gelände. Mittels Linksquerung wird eine Rißreihe erreicht, die zunächst gerade, dann linkshaltend zu einer großen Scharte im Südostgrat der Roten Flüh leitet. Über diesen dann zum Gipfel.

**Führe:** Einstieg am rechten Rand des Pfeilers. **1. SL:** Über kompakte Platte (V +) zu Bohrhaken. Nun gerade die Verschneidung hinauf (A1, kurze Stellen V +), zuletzt links an Hangelschuppe zu gutem Stand (42 m). **2. SL:** Die folgende, geschlossene sich in der Wand verlierende Rißverschneidung immer gerade hinauf zu ihrem Ende (A1, A0, V). Nun rechts hinauf III zu Stand in kleinem Winkel (38 m). **3. SL:** Links über einen Rißüberhang (VI— / A0) und leichter einer nach rechts hinaufführenden Kaminrinne folgend (III +) zu Stand bei Grätchen (30 m). **4. SL:** Dem Grätchen kurz folgen, dann linkshaltend auf Grasband (II) und über dieses weiter nach links (I) zu kleinem Winkel,

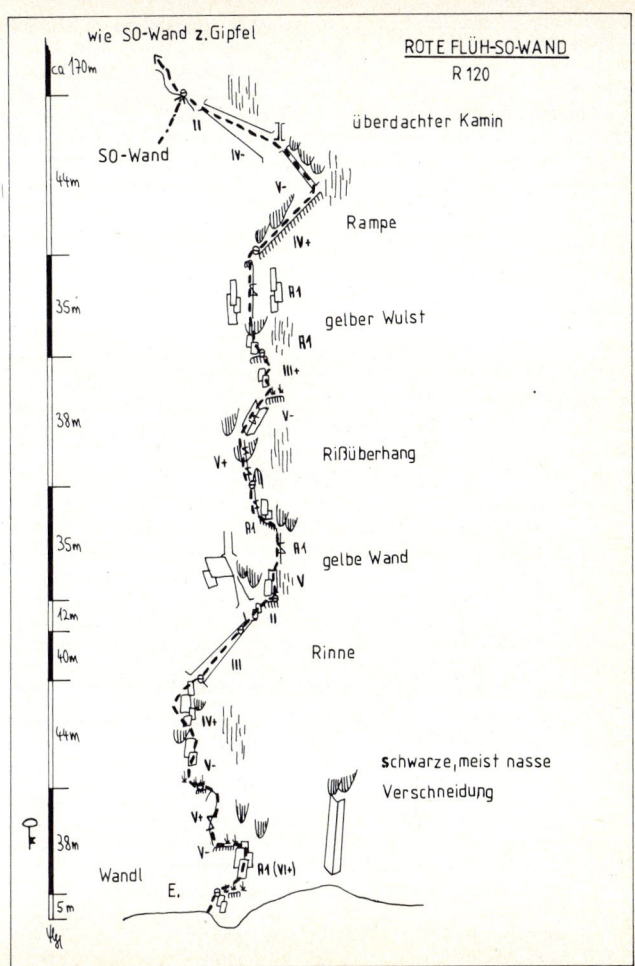

ROTE FLÜH-SO-WAND
R 120

wie SO-Wand z.Gipfel

ca 170m

SO-Wand

überdachter Kamin

44m

Rampe

35m

gelber Wulst

38m

Rißüberhang

35m

gelbe Wand

12m

40m

Rinne

44m

schwarze, meist nasse

Verschneidung

38m

Wandl

E.

5m

155

direct unter darüber ansetzender Rißverschneidung (30 m). **5. SL:** Die
Rißverschneidung hinauf (A0, dann V+ und V). Bei kleinem Wulst
kurze Linksschleife (V+). Unter großem Überhang eventuell Zwischenstand. Mittels Sanduhren darüber (A0) und in Rißkamin linkshaltend hinauf. Zuletzt rechts heraus und zu Stand bei Wandbuch (rechts
H; 38 m). **6. SL:** Die folgende, links hinaufleitende Plattenrampe wird
von rechts nach links erklettert (IV+). Nach ihrem Ende wenige Meter
nach rechts (V) zu Stand-H (40 m). **7. SL:** Wenige Meter zur Scharte
im Südostgrat und über diesen zum Gipfel.

● **121a    Linker Einstieg**
A. Maringele und Gef. 1971.
**VI,** aufgeteilt wie folgt: VI (mehrere Einzelstellen), überwiegend VI— und V, V+ (lt. A. Maringele).
Sehr schöner, aber langer nasser Einstieg. Wesentlich lohnender als der Einstieg von R 121. Einige ZH im Fels.
Länge: 43 m. Zeit: 30 Min.

**Variante:** Einstieg in Fallinie einer schwarz-gelben Verschneidung, die
am linken Rand des Pfeilers von R 121 herabzieht. Über wasserzerfressenen Fels in Linksschleife zum Verschneidungswinkel und durch ihn
zum 1. Standplatz von R 121. Weiter wie dort!

● **122    Südostgrat**
J. Enzensperger, 1897.
**II** (zwei Stellen), zumeist jedoch Gehgelände. Stellenweise
steile Grashänge, daher bei Nässe Vorsicht geboten! Leitet
vom Hochwiesler (R 124) zur Roten Flüh.
Als Abstieg von der Roten Flüh zur Abseilpiste des Hochwieslers (R 135A) von Bedeutung, besonders im Spätherbst
oder Frühjahr.
Höhenunterschied ab Hochwiesler etwa 150 m. Zeit: 1 Std.

**Anstieg:** Vom Hochwiesler hinab in die folgende Scharte (Ausstieg Alte
Südwand (R 127), Beginn der Abseilpiste, (R 135A). Aus ihr über
kurze Felsstufe (I) empor und am teilweise ebenen und breiten Grat, zuletzt steiler zu Abbruch.


**Rote Flüh-Südwand – Zentraler Teil (Südwand, SO-Wand)**

| | | |
|---|---|---|
| R 112 | SW-Wand | R 117 Direkte Südwand |
| R 113 | Südwestkante | R 118 Zentralpfeiler |
| R 114 | Gipfeldurchstieg | R 119 Südostwand |
| R 116 | Südverschneidung | R 120 Südostriß    Foto: W. Mayr |

Rote Flüh

112
113

116,117
118,119

120

Rote Flüh
–Südwand–oberer
Wandteil

119

**Rote Flüh-Südwand – Zentraler Teil – Obere Wandhälfte**

R 116  Südverschneidung
R 117  Direkte Südwand
R 118  Zentralpfeiler
R 119  Südostwand mit einer der möglichen Ausstiegsvarianten
R 120  Südostriß

Foto: W. Rauschel

159

Diesen hinab in Scharte (II) und jenseits kurz steil weiter (II). Nun weiter zu Kaminrinne und über sie (II) zum Schlußgrat und auf ihm (teilweise I) zur Roten Flüh.

## ● 123 Hochwiesler, 1950 m

Erste Besteigung vermutlich durch einheimische Jäger oder Hirten. Im Prinzip nur ein Gratausläufer der Roten Flüh, ist der Hochwiesler seit nunmehr schon fast drei Jahrzehnten einer der Hauptkletterberge der Tannheimer Gruppe. Der für den Wanderer unbedeutende Berg weist auf seiner Südseite eine Reihe lohnender und eindrucksvoller Führen auf. Wenn sie zum Teil auch relativ kurz sein mögen, so bieten diese Führen fast ganzjährig optimale Kletterfreude. Denn sogar im tiefsten Winter weisen die Führen meist gute Verhältnisse auf. Die Folge davon ist, daß sich der Hochwiesler in den letzten Jahren zum bevorzugten „Winterkletterberg" entwickelt hat. Nicht zuletzt hat die Errichtung einer Abseilpiste diesem Umstand Rechnung getragen.

**Zugang zu den Südwand-Anstiegen:**

Vom Gimpelhaus (R 27) linkshaltend an der Almhütte vorbei, einem deutlichen Steiglein folgend durch Latschen und über Steilgras bis ein deutlicher Steig nach links unter den Wandfuß führt.
Zeit: 20—25 Minuten ab Hütte.

## ● 124 Normalweg über den Ostgrat

Erste tourist. Ersteigung J. Enzensperger, 1897.
**I,** jedoch nur kurze Stellen am Grat. Meist Gehgelände.
Höhenunterschied vom E zum Gipfel etwa 180 m. Zeit: 1 Std. Foto Seite 81, 161.

**Das Wander- und Klettergebiet der Gimpel- und Tannheimer Hütte (Luftbild)**

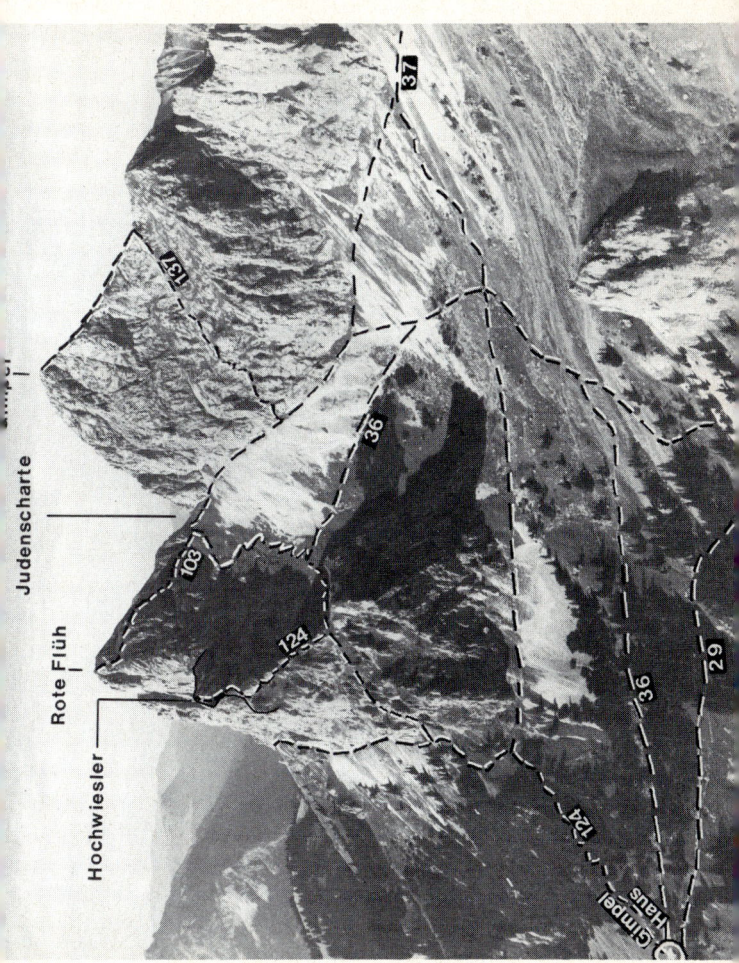

Judenscharte

Rote Flüh

Hochwiesler

37

137

36

103

124

36

29

124

Simpel
Haus

161

**Rote Flüh-Südostwand;**
**Hochwiesler-Südwestwand**

R 121    SO-Verschneidung
R 125    Südwestwand
R 125a  „Allgäuer Käsweg"
R 126    „Walterpfeiler"
R 135A  Abseilpiste

Foto: W. Mayr

Hochwiesler – linker Südwandteil

125

126

135A

**Anstieg:** Vom Gimpelhaus (R 27) gleich linkshaltend einem deutlichen Steiglein folgend durch Latschen und über Steilgras unter den Südostfuß des Hochwieslers. Nun über kurzen Schrofenabsatz in eine Rinne, die zum Ostgrat hinaufführt. Den Trittspuren folgend am Grat, teilweise etwas links davon hinauf. Dabei werden kurze felsige Abschnitte überwunden (I). Am Ende wieder unschwierig zum höchsten Punkt.

● **124 A  Abstieg über den Ostgrat**
**I**, überwiegend jedoch Gehgelände.
Vom höchsten Punkt zum Gimpelhaus etwa 30 Minuten.

Vom höchsten Punkt rechts dem Grat folgend hinab. Kurz einmal in die Südseite ausweichend (I), dann wieder links zurück zum Grat, der in eine wannenartige Einsattelung leitet. Nun rechts durch eine Rinne hinab, zuletzt links heraus in schrofiges Gelände, das gleich wieder in unschwieriges Gehgelände übergeht. Den deutlichen Steigspuren folgend in wenigen Minuten hinab zum Gimpelhaus.

● **125      Südwestwand**
A. Kleemeier, L. Schuster, 1954.
**V/A1**, frei **VIII**—, VII; aufgeteilt wie folgt: V (mehrere kurze Einzelstellen), nur am Ende leichter. Viele Passagen A1/A01 (50 m) oder frei VII und VIII—. Viel gemachte und eindrucksvoll steile Führe durch die gelben Südwestabstürze. Überwiegend Wand- und Hakenkletterei. ZH und SH vorhanden (teilweise zu viele!).
Sollten Haken fehlen, so kann das Anbringen neuer durchaus A2 sein!
Varianten sind möglich (siehe Skizze!).
Wandhöhe: 130 m. Kletterlänge etwa 190 m. Zeit: 2—3 Std.
Foto Seite 139, 163, Skizze Seite 165.

**Übersicht:** Die gelbe, stark überhängende Südwestwand ist nur schwach gegliedert. Daher fällt die Orientierung von unten sehr schwer. Als Richtpunkt mag dienen, daß die Führe im großen und ganzen immer im mittleren Wandbereich, über einer auffallenden Höhle verläuft.

**Zugang:** Siehe R 123. Einstieg links einer markanten Schuppe.

**Führe: 1. SL:** Durch kurzen Riß auf die Schuppe hinauf (IV+) und in der Folge hinter ihr rechtshaltend zunehmend leichter zu Stand unter kurzer Wandstelle. **2. SL:** Über diese (A1) und an Schuppen hinauf zu Hangelleiste. Auf diese und teils kriechend links hinauf zu kurzer Rampe. Wieder rechts in gelbe Wand zurück (A1/A0) und über Ausbruch (V) auf Band. Stand entweder am Anfang, oder am Ende des sich zur kurzen Rinne erweiternden Bandes. **3. SL:** Links an die Kante und eine

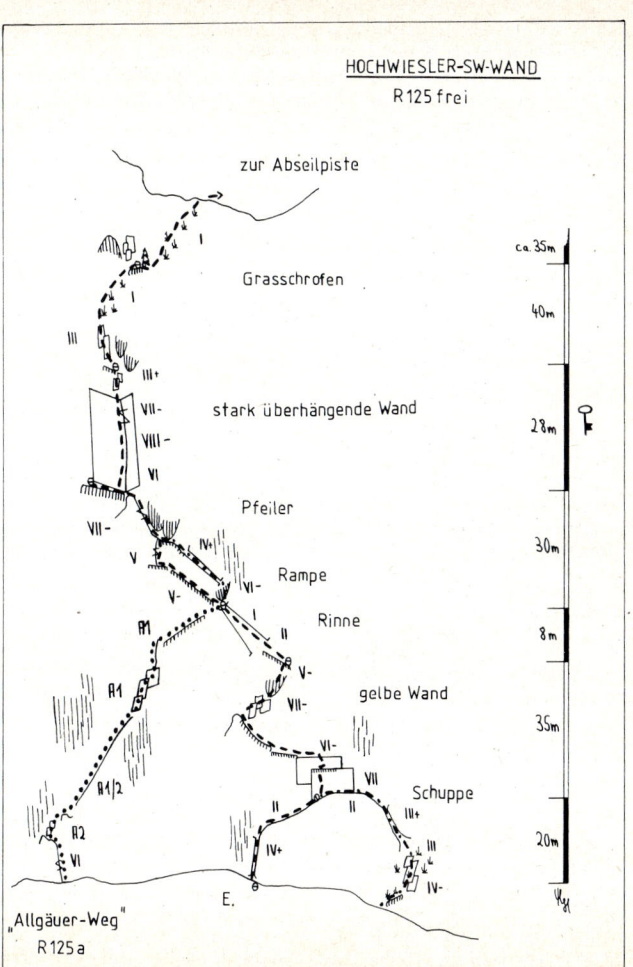

# HOCHWIESLER-SW-WAND
## R 125 frei

zur Abseilpiste

Grasschrofen

ca. 35 m

40 m

stark überhängende Wand

28 m

Pfeiler

30 m

Rampe

Rinne

8 m

gelbe Wand

35 m

Schuppe

20 m

E.

"Allgäuer-Weg"
R 125 a

Leiste verfolgend (V—) zuletzt gerade unter Pfeiler (V). An ihm hinauf und auf Leiste zu Stand unter der stark überhängenden Schluß-Rißverschneidung. **4. SL:** Diese hinauf (A1) bis zu ihrem Ende und zu Stand. **5. SL:** Kurz linkshaltend (III), dann in Schleife in leichtes Gelände und bald darauf zum Grat.

● **125 a   Allgäuer Weg („Käsweg")**
   D. Bachstein, W. Rudolph, H. Eicher, 1968.
   **A2 / VI**; aufgeteilt wie folgt: VI (wenige Meter am Einstieg), ansonsten reine Hakenkletterei an zum Teil schlechtesten H und BH!
   Es fehlen häufig einige ZH, so daß das Anbringen neuer durchaus A3 sein kann! 2 Leitern zur schonenden Hakenbehandlung sehr zu empfehlen!
   Wenig gemachte und absolut unlohnende (= „Käsweg"!) künstliche Kletterei. Im Prinzip nur kurze Einstiegsvariante zur Südwestwand.
   Länge: 60 m. Zeit: 3—4 Std. (für die gesamte Führe!).
   Foto Seite 139, 162, Skizze Seite 165.

**Führe:** E in Fallinie eines kleinen Loches etwa 20 Meter links des E zur SW-Wand. Kurz noch frei (VI), dann an schlechten Haken in Schleife hinauf und nun immer den Haken folgend rechtshaltend zu Stand. Weiter kurz gerade, dann wieder schräg rechts bis man auf die SW-Wand am Ende des sich zur Rinne erweiternden Bandes trifft (ständig A2 / A1). Weiter wie dort!

● **126   SW-Pfeiler-„Walterpfeiler"**
   W. Rudolph u. Gef.
   **A2 / V +**, aufgeteilt wie folgt: V+ (eine längere Stelle) ansonsten überwiegend V, selten leichter. Meist jedoch A1 / 2 (besonders im oberen Teil fast durchgehend). Sehr wenig gemachte, von manchen aber heiß geliebte Hakenkletterei, teils auch an BH, eindrucksvolle Ausgesetztheit. Im oberen Teil fehlen immer wieder ZH und auch ein HK. Das Anbringen neuer Fortbewegungshilfen kann daher A2—A3 sein!
   Wandhöhe: 150 m. Kletterlänge etwa 200 m. Zeit: 3—4 Std. Foto Seite 163.

**Übersicht:** Rechts der gelben SW-Wand fällt ein im oberen Teil deutlich hervortretender Pfeiler auf, der im unteren Teil in die geschlossene Wand übergeht. Die Führe hält sich im unteren Teil etwas rechts der Fallinie eines angelehnten Pfeilers, der sich etwa in halber Höhe des SW-Pfeilers befindet (rechts große Wiese). Dieser angelehnte Pfeiler

**In der Alten Südwandführe am Hochwiesler (R 127)**
Die kurze, meist technisch (A 0) gemachte Verschneidung ist durch die
vielen Wiederholer schon sehr stark abgeschmiert. Doch trotzdem ist die
Führe immer noch eine sehr lohnende Genußkletterei.      Foto: W. Mayr

wird dann rechts erklettert um an die Pfeilerkante zu gelangen, die dann bis zum Ausstieg den weiteren Verlauf der Führe kennzeichnet.

**Zugang:** Siehe R 123. E links einer schwarzgelb gestreiften Wand.

**Führe:** Rechtshaltend hinauf (V) und unter eine auffallende, glatte Platte. Über diese (A2, BH) und weiter den Haken folgend. Zuletzt leichter an den rechten Fuß des eingangs erwähnten Pfeilers. Von rechts her an ihm hinauf (V+) und wieder an Haken (teils BH) an der Pfeilerkante oder leicht rechts davon hinauf bis zum Ende des Pfeilers (sehr ausgesetzt und eindrucksvoll!). Ständig A2, A1.

● **127    Alte Südwand**
K. Lang und Gef., 1928.

V—, **A0**, frei **VI**—; aufgeteilt wie folgt: V— (mehrere kurze Stellen) überwiegend jedoch IV, nie leichter als III+. Eine Stelle A0 oder frei VI—. Viel gemachte und nicht zu Unrecht sehr gerühmte Kletterei in meist bestem Fels. Jedoch stellenweise sehr abgeschmierter Fels, der den Klettergenuß besonders an den ersten Metern sehr beeinträchtigt! ZH und SH sind im Fels!
Der untere Teil der Führe ist durch die Abseilpiste oder vorauskletternde Seilschaften steinschlaggefährdet! Varianten sind möglich und in der Skizze festgehalten (z.B. Direkter Aus- und Einstieg).
Wandhöhe: 130 m. Kletterlänge etwa 185 m. Zeit: 2 Std.
Foto Seite 167, 176, Skizze Seite 169.

**Übersicht:** Die Südwand des Hochwiesler weist nur an einer Stelle eine Einbuchtung auf. Diese wird unten von einem markanten Kegel abgeschlossen. Die Führe leitet zunächst über diesen Felskegel, um dann in einer Rechtsschleife den Beginn der Wandeinbuchtung zu erreichen. In der Folge führt sie am rechten Rand dieser Einbuchtung empor, um dann in den linken Rand überzuwechseln. Nach Erreichen eines Bandes leitet sie direkt durch eine gelbe Wand, um dann linkshaltend den Schlußüberhängen auszuweichen und sie an ihrer schwächsten Stelle zu überwinden. Der Ausstieg erfolgt dann über eine Scharte.

**Führe:** siehe Skizze!

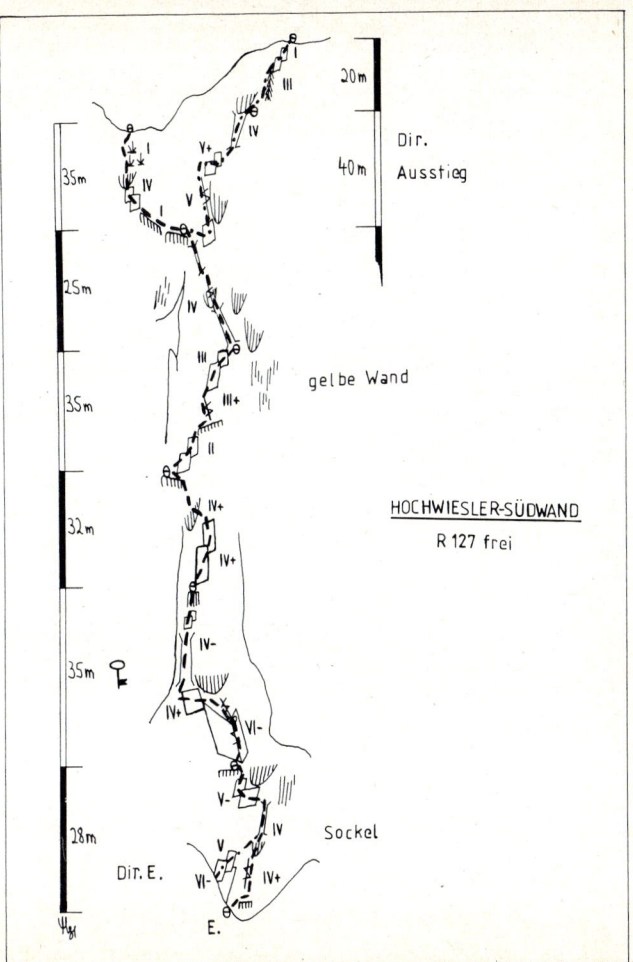

HOCHWIESLER-SÜDWAND
R 127 frei

169

● **128   Südpfeiler**

A. Kleemeier, L. Schuster, 1954.

**V + / A2**, frei **VII—**, (ohne Hakenquergang!), aufgeteilt wie folgt: V + (mehrere Stellen, besonders im direkten Ausstieg), überwiegend V, nur selten leichter. Einige Stellen A2/A1 (45 m) und A0 (25 m) oder frei VI und VII— (ohne den Hakenquergang).

Früher sehr viel, heute weniger begangene, aber dennoch lohnende Frei- und Hakenkletterei mit einigen sehr schönen Einzelstellen (dir. Ausstieg). ZH und SH sind im Fels, besonders im oberen Teil zu viele! Die Haken im großen Quergang sind teilweise schlecht, daher vorsichtige Belastung! Sollten einige fehlen, so ist das Anbringen neuer bestimmt A3!

Wandhöhe: 160 m. Kletterlänge 220 m. Zeit: 3—4 Std.

Foto Seite 177, Skizze Seite 171.

**Übersicht:** Der zentrale Wandaufbau der Hochwiesler Südwand läßt nur vage auf eine Durchstiegsmöglichkeit schließen. Der Südpfeiler hält sich mehr im linken Wandteil, den er unten über eine Plattenwand überwindet, um dann unter große gelbe Überhänge zu leiten. Unter diesen erreicht er fast waagrecht eine Riß- und Verschneidungsreihe in grau-schwarzem Fels, die nun bis zu ihrem Ende die Führe kennzeichnet. Über steile Schrofen erreicht die Route dann den Grat knapp links des höchsten Punktes.

**Zugang:** Siehe R 123. Den E erreicht man über den Vorbau (II, III) mit dem großen Wiesenfleck unter der eigentlichen Südwand.

**Führe: 1. SL:** Über eine dunkle Wand gerade hinauf (A1), dann rechtshaltend über kleinen Wulst (A0) und wieder linkshaltend zu Stand. **2. SL:** Kurz links über Platten, dann gerade unter senkrechte, schwarze Wandstelle (Band, Stand). **3. SL:** Diese Wandstelle in Linksbogen hinauf (A0) und um ein Eck, dann wieder links zu Stand. **4. SL:** Haken-Quergang nach rechts (A2/A1) und am Ende frei (V) zu Stand in Rinne. **5. SL:** Diese hinauf, über einen Wulst (A1) und die folgende Platte (A0) weiter und zu Stand. **6. SL:** Kurze Verschneidung (V—) dann rechts über kleinen Bauch (A0) und gerade weiter. Unter Überhang linkshaltend weiter (A0/V+) auf Platte. Auf ihr nach links zu schlechtem Stand. **7. SL:** Nun noch kurz links und an schwach ausgeprägtem Pfeiler gerade hoch (V+ / A0) und zunehmend leichter in Rinne und zu Stand an Zacken. **8. SL:** Wenige Meter zum Grat.

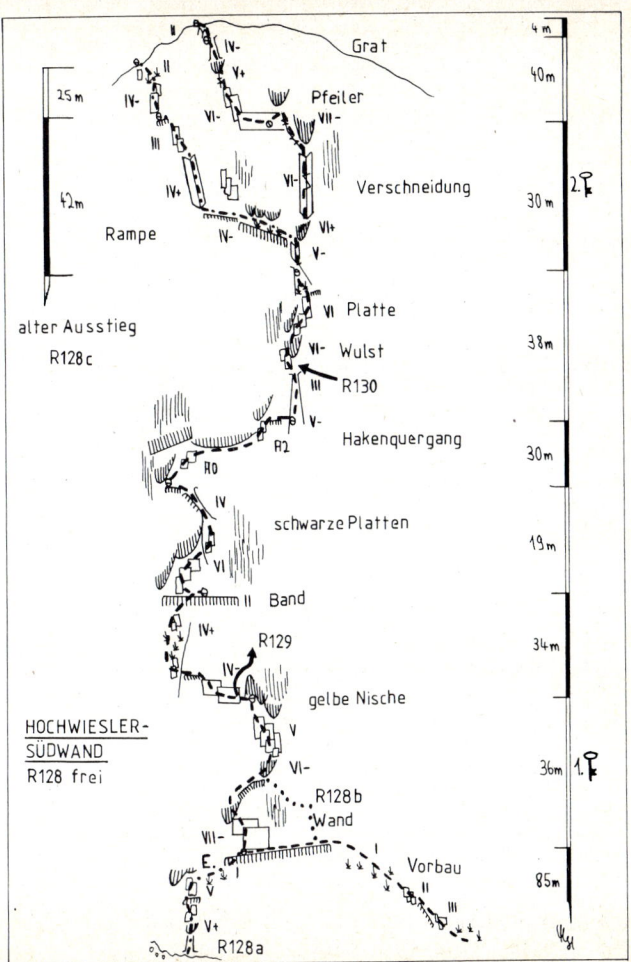

HOCHWIESLER-
SÜDWAND
R128 frei

● **128 a  Sockeleinstieg**

V + (eine Stelle), überwiegend V, nur am Ende leichter.
Zwei ZH sind im Fels. Lohnend, fester Fels.
Länge: 44 m. Zeit: 30 Min. Foto Seite 177, Skizze Seite 171.

**Variante:** Einstieg direkt rechts unterhalb von R 127 bei kleinem
Sporn. Gerade die sich verengende Rinne und den folgenden Überhang
hinauf. Noch gerade weiter zu Absatz und über Platten hinauf und unter Überhängen rechts zum großen Band und zur 1. SL von R 128.
Weiter wie dort.

● **128 b  Rechter Einstieg**

V, überwiegend. Leichter als der Originaleinstieg von R 128,
hübsche Kletterei. Verlauf siehe auch unter R 129.
Foto Seite 177, Skizze Seite 171, 173.

● **128 c  Ausstieg der Erstbegeher.**

IV + (eine längere Stelle), zumeist IV und III.
Nicht alle SH und ZH im Fels, jedoch natürliche Sicherungsmöglichkeiten vorhanden. Länge: 67 m (= 2 SL). Zeit:
45 Min. Foto Seite 177, Skizze Seite 171.

**Variante:** Siehe Skizze R 128!

● **129  „Schusterführe"**

L. Schuster u. Gef.

VI— / A0, frei VI + ; aufgeteilt wie folgt: VI— (längere Ab-
schnitte), nur selten leichter als V. Zwei Stellen A0 oder frei
VI und VI +.
Sehr beliebte und in letzter Zeit sehr häufig begangene Mode-
route. Sehr elegante Freikletterei in gutem Fels. ZH und SH
sind vorhanden. Für die letzten Seillängen sind mittelgroße
Hexentrics und Stopper zur besseren Sicherung durchaus von
Nutzen. Im gelben Riß fehlt oft ein Haken, daher kann sein
Anbringen durchaus A1 sein (wenn nötig!).
Es sind Varianten möglich (siehe Skizze!).
Wandhöhe: 160 m. Kletterlänge 205 m. Zeit: 2—3 Std.
Foto Seite 35, 177, Skizze Seite 173.

**Übersicht:** Im zentralen Teil der Südwand fällt ungefähr in Wandmitte
eine nach rechts ziehende Plattenrampe auf. Um diese zu erreichen leitet die Führe ebenfalls wie der Südpfeiler über die Plattenwand empor.
Ein Band leitet dann nach rechts und um eine Kante geht es weiter
schräg rechts, bis man wieder links die erwähnte Plattenrampe errei-

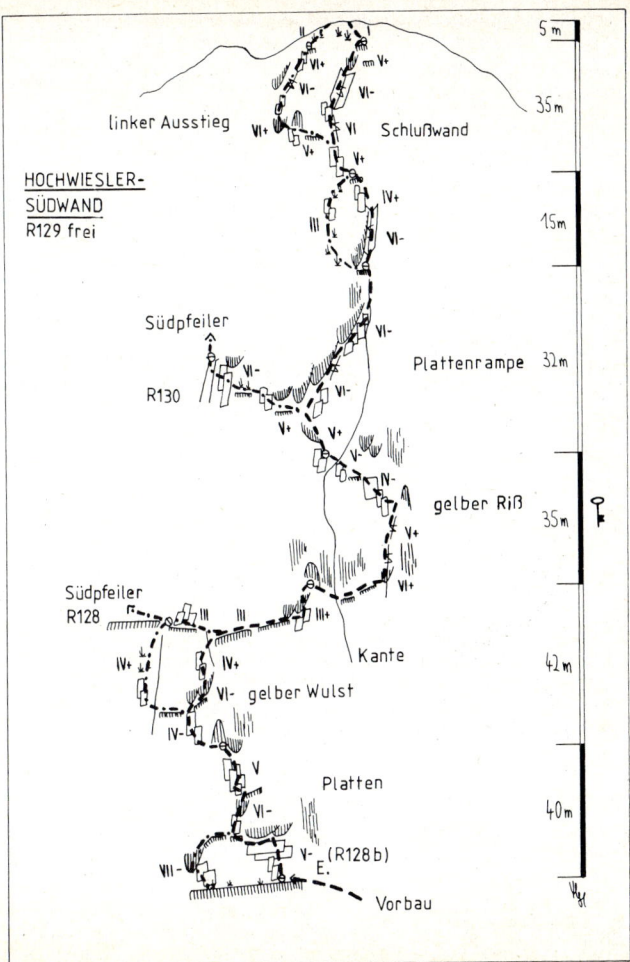

HOCHWIESLER-
SÜDWAND
R129 frei

linker Ausstieg

Schlußwand

Südpfeiler
R130

Plattenrampe

gelber Riß

Südpfeiler
R128

Kante

gelber Wulst

Platten

Vorbau

5 m
35 m
15 m
32 m
35 m
42 m
40 m

173

chen kann. Über sie und die ihr bald folgende markante Verschneidung geht es dann gerade zum Grat, fast direkt am höchsten Punkt.

**Zugang:** Siehe R 123. Der E befindet sich knapp rechts des Südpfeiler-E (R 128) unter einer Wandstelle.

**Führe: 1. SL:** Über die Wandstelle unter kl. Überhänge. Nun Linksquergang und über kleinen Wulst und die folgenden Platten zu Stand. **2. SL:** Kurz links, dann aber gleich wieder rechtshaltend unter abschüssige Wandstelle. Über sie (VI—) und auf ein Band, das nach rechts zu Stand in gelber Nische führt. **3. SL:** Rechts um eine Kante und in gelben Riß (A0). Nach ihm wieder links an die Kante zurück, um sie herum, und zu Stand. **4. SL:** Über glatte Wandstelle (V+) auf Plattenrampe und im Winkel hinauf. Zuletzt um ein Eck (VI—) und gerade zu Stand. **5. SL:** Rechts durch Verschneidung hinauf (VI—) zu Stand in gelbem Winkel. **6. SL:** Kurz links, dann gerade (VI, 3 m) über Wand zu Platte. Über diese (VI—) in nach rechts ziehende Verschneidung und diese zu ihrem Ende und zu Stand auf Absatz, rechts oberhalb von gelbem Ausbruch. **7. SL:** Wenige Meter zum Gipfel.

● **130**     **Südwand, „Südwandverhau"**
        M. Lutz, W. Mayr, R. Retzlaff, 1981.
        **VI—/A0,** frei **VII—**; aufgeteilt wie folgt: VI— (mehrere Stellen), meist V und V+, nur kurz leichter. Einige Stellen A1/A0 oder frei VI, VII—.
        Diese Führe ist im Prinzip nur eine Verbindung der interessantesten Abschnitte von Schusterführe und Südpfeiler. Besonders empfehlenswert für Freikletterer, da sehr viele schöne Stellen zu klettern sind. ZH und SH vorhanden, aber: im Verbindungsquergang steckt nichts und er läßt sich nur bedingt mit Keilen absichern!
        Wandhöhe: 160 m. Kletterlänge etwa 240 m. Zeit: 3 Std.
        Foto Seite 177.

**Übersicht:** Die Führe verläßt die Schusterführe (R 129) in der 4. SL am Beginn der Plattenrampe und trifft auf die 6. SL des Südpfeilers (R 128) kurz über dessen Hakenquergang.

**Führe:** Über die Schusterführe (auch Einstieg über Südpfeiler möglich!) bis zu Stand am Beginn der Plattenrampe. Noch über die glatte Wandstelle, dann abdrängend und luftig links ums Eck (V), dann, leichter, zu Plattenpfeiler. Um diesen herum (VI—) und zu Stand unter dem Wulst des Südpfeilers kurz nach dem Hakenquergang. Weiter über den Südpfeiler zum Ausstieg.

● **131**   **Südriß**

G. Beckmann, E. Scholaster, M. Weise, 1963.

**VI—/A1**, frei **VII+** (aber 5 m in der 3. SL immer noch A0), aufgeteilt wie folgt: **VI—** (kurze Einzelstellen), überwiegend V, nur ganz kurz leichter. Einige Stellen A0 und A1, frei **VII+**.

Weniger begangene, jedoch eindrucksvolle Rißkletterei. Etwas brüchig und nicht ganz ungefährlich. Oft naß, dann unbedingt meiden.

SH und ZH stecken. Sollten H fehlen, so kann das Anbringen neuer A2 oder A3 sein.

Wandhöhe: 150 m. Kletterlänge etwa 160 m. Zeit: 3 Std.

Foto Seite 177, Skizze Seite 179.

**Übersicht:** Der Südriß stellt die markante Begrenzung des zentralen Wandteils der Südwand auf seiner rechten Seite dar. Die Führe bleibt immer im markanten Riß. An seinem Ende wendet sie sich nach rechts um den Ostgrat zu erreichen.

**Zugang:** Siehe R 123. Einstieg bei Gedenktafel.

**Führe: 1. SL:** Über graue Wand (VI—) in den Riß hinein. Nach Überwindung eines gelben Überhanges (A1) links heraus (VI—) zu Stand. **2. SL:** Nun unter einen weiteren gelben Wulst, der direkt genommen wird (A1). Die folgende Rinne zu Stand in Nische. **3. SL:** Links aus der Nische heraus (A1) und über Wand mit Riß (A0) unter Dachl. Rechts heraus (A0) und unter weiteren Überhang. Über ihn (VI—) zu kurzer Verschneidung und diese hinauf und leichter rechtshaltend zu Stand. **4. SL:** Wieder links in Kamin hinein und hinauf (IV—) bis er sich verengt. Nun an seiner rechten Wand (A1) weiter, wieder links in den Riß und über Überhang (A0) auf Platte und Rechtsquergang (VI—) zu Absatz und Stand. **5. SL:** Im leichteren Gelände weiter rechtshaltend, zuletzt unschwierig zum nahen Ostgrat des Hochwieslers.

● **132**   **Südwand, „Georg-Geisenberger-Gedenkweg"**

G. Geisenberger, H. Reisach, 1968.

**V+/A2**, aufgeteilt wie folgt: **V+** (mehrere Stellen) überwiegend IV und V nie leichter! Einige Stellen A1/A0, eine längere Stelle A2.

Oft als schwerste Führe der Tannheimer bezeichnet, jedoch bei weitem weniger schwierig als ihr Ruf. Keine besonders reizvolle Kletterei, jedoch auch nicht uninteressant was die Szenerie betrifft. H stecken!

Die H im Nasendach sind schlecht. Sollten welche fehlen so kann das Anbringen neuer H auch A3 sein! Im Gegensatz zu

**Hochwiesler, rechter Südwandteil**

Foto: W. Mayr

128a             128 - 133      134

manchen Behauptungen war die Führe früher kaum schwieriger, lediglich der Wulst in der dritten Seillänge wurde frei erklettert (VI).

Wandhöhe: 140 m. Kletterlänge 160 m. Zeit: 2—3 Std.
Foto Seite 177, Skizze Seite 179.

**Übersicht:** Im rechten Teil der Südwand fällt ein großes, nasenförmiges Dach auf. Die Führe erreicht dieses von links her über ein Pfeilerchen, quert unter ihm herum, um dann links von ihm hochzuleiten. Ein Wulst wird rechtshaltend genommen, um dann oberhalb über die große Plattenflucht rechtshaltend einen Trichter und durch ihn den Ausstieg zu erreichen.

**Zugang:** Siehe R 123.

**Führe:** siehe Skizze!

● **132 a   Schiestl-Variante** zu R 132
R. Schiestl, J. Gumpold, 1973.

**VI+ / A1** oder **VII.**

Umgeht den früher schlecht abgesicherten Überhang in der 3. SL von R 132. Früher zwei ZH, jetzt nur noch ein ZH im Fels. Heikle Kletterei in gutem Fels.
Länge: 25 m. Zeit: 45 Min.
Skizze Seite 179.

**Variante:** Vom Stand am Ende der 2. SL von R 132 rechts um eine Kante und heikel in fast grifflose Plattenrinne. Durch sie zu Profil-H und weiter über Platte zu Hangelleiste, die dann links aufwärts in die 3. SL von R 132 leitet, die man etwa 10 m vor dem Stand erreicht. Weiter wie R 132.

● **133   Maringeleweg**
A. Maringele, B. Günther, 1972.

**VI— / A2,** aufgeteilt wie folgt: VI— (eine kurze Stelle), überwiegend V, nur selten leichter. Eineinhalb Seillängen A2 / A1, kurze Stellen A0 oder VI (siehe Skizze!).

Kaum bekannte aber dennoch sehr lohnende und eindrucksvolle Kletterei mit vielen originellen Kletterstellen. SH und ZH sind vorhanden. Für eine Seillänge benötigt man einige Sanduhrschlingen kleiner und mittlerer Stärke! Sollte eventuell ein Haken fehlen (durchwegs aber gute ZH!) so kann das Anbringen eines neuen durchaus A3 sein! Nach Nässe kann der gebogene Kamin unangenehme Schwierigkeiten aufweisen (Flechten!).

Wandhöhe: 140 m. Kletterlänge 160 m. Zeit: 3—4 Std.
Foto Seite 177, 183, Skizze Seite 181.

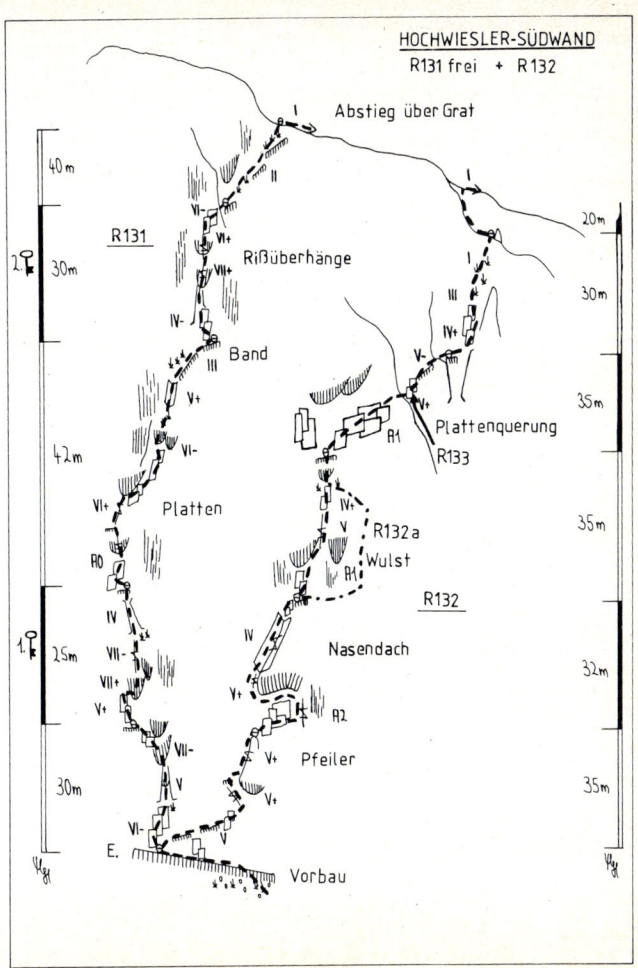

HOCHWIESLER-SÜDWAND
R131 frei + R132

**Übersicht:** Rechts des „Nasendaches" der Geisenberger-Gedenkführe leitet ein gebogener Kamin in die Höhe, der sich dann in der glatten, graugelben Wand verliert. Um zu diesem Kamin zu gelangen macht die Führe einen langen, ansteigenden Rechtsquergang. Nach dem Kamin gerade an H hinauf um dann mittels kühnem Rechtsquergang eine Kante und bald darauf den Trichter, in dem auch die Geisenberger-Gedenkführe endet, zu erreichen.

**Zugang:** Siehe R 123.

**Führe:** siehe Skizze!

● **134**     **Südostpfeiler-„Fenlepfeiler"**
M. Fenle, X. Schindele, O. Riedle, 1960.

**V + / A 2,** aufgeteilt wie folgt: V + (am Vorbau), überwiegend IV und V, erst am Ausstieg leichter. Eineinhalb Seillängen A 2 / A 1, kurze Stelle am Vorbau A 0 oder frei VI (siehe Skizze).

Früher häufig, heute weniger gemachte Kletterei in zuweilen lockerem Fels. Im Vergleich zu den anderen Hochwieslerführen weniger lohnend! ZH im Fels, SH nur zum Teil.

Die Haken sind teilweise sehr schlecht, so daß durchaus einige ZH fehlen können. Das Anbringen neuer ZH kann A 3 sein! Der linke Ausstieg über die gelbe Kante links der großen Gufel ist brüchig, abschüssig und nicht ganz ungefährlich (VI—, VI)! Hingegen ist der Direkte Einstieg von H. Loderer und X. Schindele (A 2, V +) nur mehr teilweise begehbar. Hierfür wären auch einige Bongs erforderlich, da die alten HK inzwischen nicht mehr belastbar sind!

Wandhöhe: 120 m. Kletterlänge 140 m. Zeit: 2—3 Std.

Foto Seite 177, Skizze Seite 181.

**Übersicht:** Schon etwas abgesetzt von der eigentlichen Südwand befindet sich ein relativ weit unten fußender Vorbau, über den der untere Teil der Führe leitet. Hernach überwindet sie im Zick-Zack eine gelbe Wand und erreicht mittels Hakenriß eine große Gufel. Hier setzt rechts ein Dachl an, das rechtshaltend genommen wird. Im leichten Gelände erreicht die Führe dann den Ostgrat.

**Führe:** siehe Skizze!

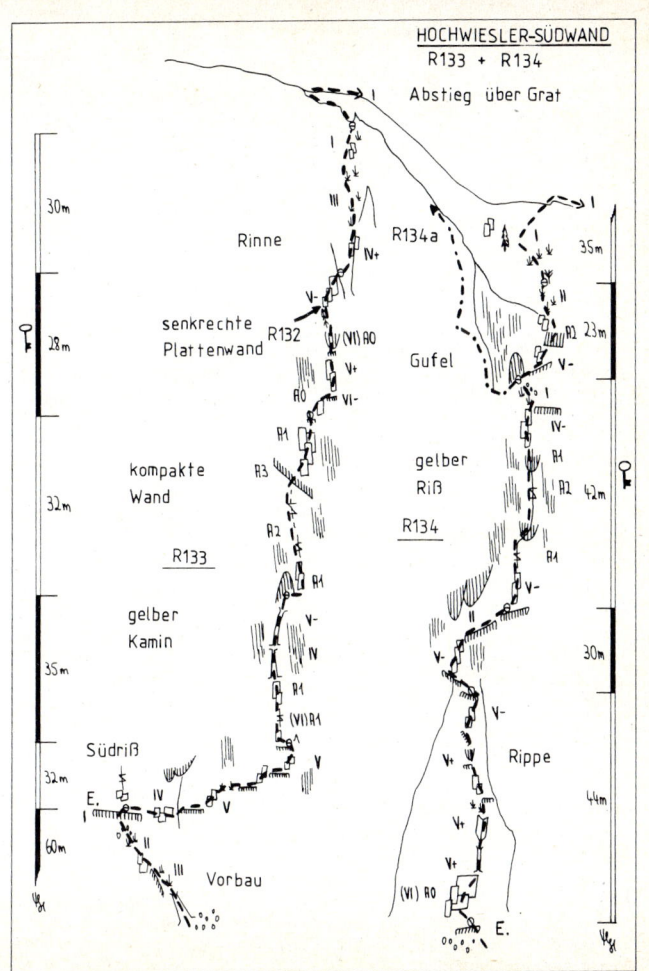

Abstieg über Grat

181

- **134 a  Linker Ausstieg**
    **VI** (mehrere Stellen), überwiegend VI—, nur ganz oben leichter.
    Sehr heikle Kletterei in brüchigem und abschüssigem Fels.
    Schlechte ZH, SH nicht im Fels. Nicht ganz ungefährlich, nur für versierte „Bruchkletterer".
    Zeit: 45 Min. Länge: 60 m (= 2 SL).
    Foto Seite 177, Skizze Seite 181.

**Variante:** Vom Stand nach der 3. SL von R 134 wenige Meter absteigen und an die zunächst sehr abschüssige Wand, die die große Gufel links begrenzt. Dem leichtesten Weg folgend in unschwierigeres Gelände.

- **135 A  Abseilpiste vom Hochwiesler**
    M. Fenle, 1979.
    Foto Seite 163, Skizze Seite 185.

Diese Abseilpiste leitet im oberen Teil in der Nähe der Alten Südwand hinunter, während sie im unteren Teil den markanten gelben Pfeiler, der die Alte Südwand links begrenzt (von unten betrachtet!), benützt. Die Abseilstellen sind mit einzementierten Abseilringen versehen. Die Abseilpiste weist teilweise Gelände mit geringen Schwierigkeiten (I) auf und beginnt links unterhalb der Ausstiegsscharte der Alten Südwand (im Sinne des Abstieges). Die Länge der Abseilstellen ist mit roter Farbe angegeben. Weitere Details siehe Skizze!

**Hinweis:** Beim Abseilen bitte Vorsicht walten lassen, da herabfallende Steine eine große Gefahr für in der Wand kletternde Seilschaften darstellen!

**Der Höhlenquergang in der Maringeleführe (R 133) der Hochwieslerwand.**
Auch diese Führe überrascht mit einigen nicht zu erwartenden Kletterstellen, die die Führe sehr lohnend erscheinen lassen, zumal auch die Haken sehr solide sind.                                        Foto: W. Mayr

● **135 a** „Welcome to Verdon"

    A. Kubin, B. Feiges, 1980.

    **VII—** (zwei kurze Einzelstellen), überwiegend VI, nur oben leichter. Herrliche Toprope-Kletterei über den unteren Pfeiler der Abseilpiste! Hier ist jedem Kletterer die Möglichkeit gegeben, gefahrlos einmal schwierigere Stellen zu klettern. Insgesamt gesehen ein herrlicher Nachmittagsspaß. Bisher wurde der Pfeiler immer mit Umlenksicherung erklettert, was bei der Länge des „Problems" wohl auch keine Vorwegnahme einer Führe bedeutet. Etwa 45 m.

    Foto Seite 176.

**Übersicht:** Der markante, gelbe Pfeiler weist im unteren Teil einen sich nach oben verlierenden Riß auf. Über diesen und die folgende kompakte Wand wird ein markanter Riß erreicht, der dann zum Kopf des Pfeilers und zum Ende des „Boulders" leitet.

**Führe:** Leicht über Vorbau zum Rißbeginn. Über Wandl in ihn (V) und nun teils piazzend an ihm hinauf, eine Unterbrechungsstelle überwindend (VI +), bis er sich unter leicht bauchiger Wand verliert. Kurz rechts, dann gerade über kompakte, senkrechte Platte (VII—) zu Absatz mit Abseilring. Über die graue Wand direkt hinweg (VI, VII—) in den Schlußriß, der zum Ende des Pfeilers führt (V—, IV).

● **136**               **Gimpel,** 2176 m

Die erste Ersteigung dieses „Hauptkletterberges" der Tannheimer erfolgte schon relativ früh durch Einheimische. Erster touristischer Ersteiger dürfte wohl Hermann von Barth gewesen sein, der den Gipfel vom Reintal aus über die steilen Grashalden der Nordnordostseite bestieg.

Der Gimpel weist etwa 25 eigenständige Führen auf. Während die Südseitenführen mehr oder weniger überlaufen sind, weisen fast alle nordseitigen Anstiege bis heute (1981) kaum ein Dutzend Begehungen auf. Und das, obwohl es sich bei den bis zu 600 Meter langen Anstiegen um die großzügigsten Anstiege in den Tannheimer Bergen handelt. Führen wie der „Schräge Riß" (R 164), die Direkte Nordwand (R 156) oder der „Lang-Schmitt-Kamin" (R 162) zählen neben dem „Battertriß" (R 219) an der Gehrenspitze zu den eindrucksvollsten der ganzen Umgebung. Wie für alle anderen nordseitigen Anstiege der Tannheimer Berge ist auch für die nordseitigen Gimpelführen ein mittleres Hakensortiment von Nutzen, während sich Klemmkeile nur abschnittsweise gut einsetzen lassen.

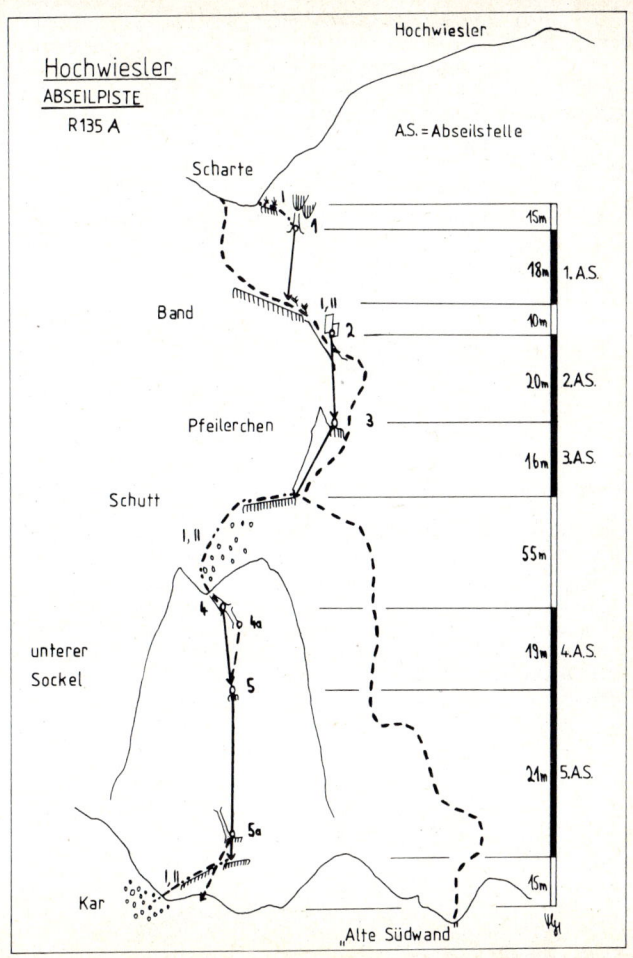

Seine schon auf dem Normalweg nicht ganz einfache Erreichbarkeit macht den Gimpel auch für den Normalverbraucher interessant, zumaler durch seine Lage zu einem Aussichtspunkt ersten Ranges geworden ist.

**Hinweis für Winterbergsteiger:** Wer im Winter eine der Südwandführen klettert ist in jedem Falle besser beraten, wenn er über den Westgrat (R 138) abklettert, da dieser im Gegensatz zum Normalweg immer gute Verhältnisse aufweist.

**Zugang zu den Routen der Südseite:** Vom Gimpelhaus wie bei R 36 zur Judenscharte. Von hier unterhalb der Südwände queren (Wegspuren).

● **137     Normalweg über die SO-Seite**
J. Bachschmied, A. Weixler, 1896.

II (kurze Stellen im SO-Vorbau), überwiegend jedoch Gehgelände mit kurzen Kletterstellen (I) am Gipfelgrat.

Durch zahlreiche Begehungen unangenehm abgeschmierte Felspassagen lassen den Normalweg besonders bei Nässe sehr gefährlich werden. Deutliche Trittspuren.

Höhenunterschied vom E zum Gipfel 250 m. Zeit: 1 Std.

Foto Seite 161, 187, 198.

**Zugang:** Vom Gimpelhaus wie bei R 36 in Richtung Judenscharte. Kurz vor Erreichen derselben unter der Südwand absteigend hindurchqueren (oder direkt vom Gimpelkar aus) bis Trittspuren auf schmalem Band rechts hinaufführen. (Etwa 1 Std. ab Gimpelhaus.)

**Führe:** Das Band nach rechts und nun im Zick-Zack über felsige Absätze, zuletzt kleine Rinne (II) zum Ansatz der unschwierig zum Ostgrat leitenden Grasbänder. (Vorsicht! loses Geröll, keine Steine abtreten!) Diese hinauf zum Ostgrat, den man in unmittelbarer Nähe eines Felszackens erreicht. Den Grat, teilweise in Kletterei (I) links hinauf zum Gipfel.

**Gimpel und Rote Flüh von der Kellespitze**
R 36     Otto-Mayr-HÜtte – Judenscharte – Gimpelhaus
R 103    Rot Flüh, Normalweg
R 137    Gimpel, Normalweg                                    Foto: W. Rauschel

● **137 A  Abstieg auf dem Normalweg (R 137)**

   II (kurze Stellen im unteren Teil), zumeist jedoch Gehgelände.

   Vom Gipfel zum Gimpelkar in etwa 30 Minuten.

**Vom Gipfel,** den Trittspuren folgend zum Ostgrat, diesen rechtshaltend (auch links von ihm möglich) hinab, bis rechts Grasbänder (mit Geröll durchsetzt) zunächst noch unschwierig nach Süden in das Gimpelkar hinableiten. Im untersten Teil beginnt sie mit einer Felsrinne noch einmal Kletterei (II), die im Zick-Zack hinunterleitet. Ein Band leitet dann nach rechts zum Ansatz des Gimpelkares.

● **138  Westgrat**

   J. Bachschmied, E. Christa, 1896.

   III / A 1, frei V; aufgeteilt wie folgt: III (mehrere, zum Teil anstrengende Stellen), überwiegend II, nur oben leichter. Eine Stelle („Nur Mut Johann") A 1 oder frei V. Viel, ja fast am meisten begangene Führe der Tannheimer, daher unangenehm abgeschmiert. Ausgesetzte, nette und mittelschwere Kletterfahrt in zumeist festem Fels.

   ZH sind im Fels, SH nur zum Teil, jedoch häufig natürliche Sicherungsmöglichkeiten an Zacken, Köpfeln und Sanduhren.

   Grathöhe: 170 m. Kletterlänge etwa 220 m. Zeit: 2 Std.

   Foto Seite 189, 198, 205, 216.

**Übersicht:** Der markante Westgrat fußt direkt in der Judenscharte (hierher über R 36) und trennt die NW-Wand von der Südwand. Die Führe beginnt etwas rechts vom Grat, verfolgt diesen, teils links davon, teils etwas rechts bis zum Gipfel. Deutliche Trittspuren erleichtern die Wegsuche erheblich; Varianten sind auch möglich!

**Führe:** Knapp rechts vom Grat beginnt die Führe in weniger geneigtem Fels, der nach etwa 35 m links auf die Gratschneide leitet. Kurz auf ihr, dann etwas in der Nordflanke ausweichend, zuletzt wieder um den Grat herum auf die Südseite (etwa 80 m, II). Der folgende Steilaufschwung wird durch blockiges Gelände von rechts her zum Grat erklettert

**Am Gimpel-Westgrat (R 138)**

Ein Kletterer schickt sich gerade an, den „Nur Mut Johann" zu bewältigen. Diese Tour ist für den gemäßigten Kletterer sehr zu empfehlen, auch wenn einige Stellen schon sehr stark in der Sonne glänzen.

Foto: W. Mayr

(III—). Nun weiter an der Gratschneide bis zu einem Felszacken unter einer kurzen, überhängenden Wandstelle (Aufschrift „Nur Mut Johann", Stand). Über diese, vom höchsten Punkt des Zackens spreizend, hinweg (A1 oder V) und rechtshaltend um die Kante und in Rinne zu Stand unter kurzem Riß (35 m). Den Riß hinauf (III, Aufschrift „Ho ruck") und in Rechtsschleife zum Grat zurück. Auf ihm Stand (40 m). Kurz noch am Grat, dann links von der Gratkante einen blockigen Riß (III) hinauf und auf Bändern nordseitig weiter hinauf. Nun wieder zum Grat zurück und leichter, deutlichen Trittspuren folgend, zuletzt durch eine Rinne in kleines Schartel (etwa 100 m, II). Nun rechts diagonal über eine Wandstufe hinauf (III) zum sich nun bald verflachenden Grat (II; Blockstand, etwa 35 m). Nun immer am Grat zunehmend leichter zum nahen Gipfel.

**Hinweis:** Für den Abstieg empfiehlt es sich am „Nur Mut Johann" eine Schlinge doppelt durch den Haken zu fädeln oder ihn gleich frei abzuklettern, was im Abstieg bei dieser Stelle recht einfach ist, da man sich an einer Schuppe neben den Haken nur hinabzulassen braucht, bis man es zum Felsköpfel spreizen kann.

● **139** **Südwestverschneidung**
R. Loderer und Gefährte, 1960.
V +, aufgeteilt wie folgt: V + (zwei Stellen) überwiegend IV und V—, nie leichter.
Bisher nicht bekannte und sehr kurze Übungskletterei, die jedoch ideal als Anschlußtour an eine andere Südwandführe am Gimpel oder auch der Roten Flüh geeignet ist. ZH im Fels, jedoch nicht alle SH.
Wandhöhe: 100 m. Kletterlänge etwa 120 m. Zeit: 1 Std.
Foto Seite 193, 198, Skizze Seite 191.

**Führe:** Einstieg in Fallinie einer markanten Plattenrinne. Durch sie, zuletzt linkshaltend am Südpfeiler-Einstieg vorbei zu Stand unter einem zwei Risse teilenden Überhang. Rechts über Platten (V +) in seichte Rinne und diese am linken Rand zu Absatz unter markantem Riß. Durch ihn zu Stand am rechten Rand einer seichten Rinne. An ihrem Ende über kleinen Überhang (V—) und über teilweise splittrige Platten unter gelbe Überhänge und unter diesen links hinaus zum Westgrat (R 138). Entweder über den Grat zum Gipfel (III, II, etwa 100 m) oder Abstieg über diesen (III—, etwa 120 m).

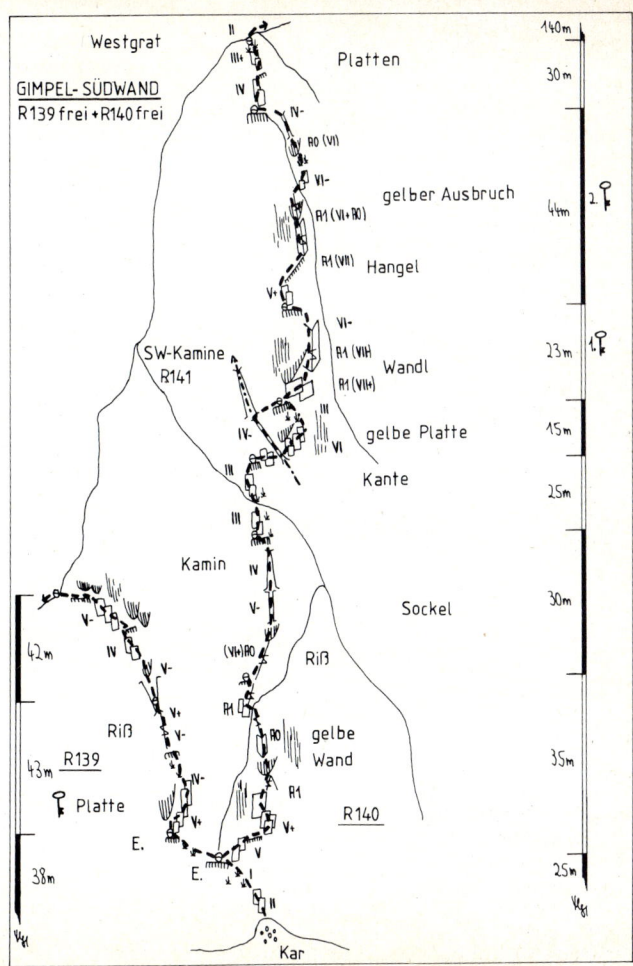

GIMPEL-SÜDWAND
R139 frei + R140 frei

● **140**    **Südpfeiler**

     A. Kleemeier, H. Kettner, 1959.

     **VI—/A2**, aufgeteilt wie folgt: VI— (mehrere Stellen im oberen Teil), überwiegend jedoch V, stellenweise auch leichter. Viele Strecken A1 an zum Teil sehr schlechten ZH (außer der 1. SL schon frei geklettert, dann VII+).

     ZH (teilweise zu viele!) um Fels. SH nur im unteren Teil.

     Sollten Haken fehlen, so kann das Anbringen neuer durchaus A2—A3 sein.

     Viele Seilschaften klettern nach Erreichen der Südwestkaminreihe (R 141) über diese zum Gipfel, obwohl sich die schwersten und interessantesten Stellen der Führe in der oberen Hälfte befinden.

     Wandhöhe: 200 m. Kletterlänge etwa 200 m (+ 140 m Gehgelände). Zeit: 4 Std.

     Foto Seite 139, Skizze Seite 191.

**Übersicht:** Der in seinem unteren Teil wenig ausgeprägte Südpfeiler weist einen markanten gelben Wandstreifen auf, durch den die Führe ihren Anfang nimmt. Hernach verfolgt sie den so erreichten feinen Riß bis zum Zusammentreffen mit der SW-Kaminreihe, die gleich wieder verlassen wird, um den nun ausgeprägten Pfeiler bis zu seinem Ende an einem Seitenausläufer des Westgrates zu verfolgen. Über diesen und den leichten obersten Teil des Westgrates erreicht die Führe dann den Gipfel.

**Führe:** siehe Skizze!

**Gimpel-Südwand**

Foto: W. Mayr

Gimpel

138

137

138

145

144

140

143

146

144a

139,140

142

143

146

**● 141    Südwestkaminreihe**

Erstbegeher unbekannt.

IV +, aufgeteilt wie folgt: IV + (eine kurze Stelle), überwiegend jedoch III und IV, nie leichter.

Vielbegangene und recht nette, jedoch vom Westgrat etwas steinschlaggefährdete Führe, die immer wieder mit hübscher Kaminkletterei aufwartet. ZH sind im Fels, ebenso alle SH. Wandhöhe: 200 m. Kletterlänge etwa 180 m (+ 160 m Schrofen). Zeit: 2 Std. Foto Seite 198.

**Übersicht:** Die Südwestkaminreihe beginnt im Schrofenkessel in Wandmitte und erreicht linkshaltend eine vom Gimpelkar aus markant erscheinende Kaminreihe, die sie bis zu ihrem Ende am Westgrat verfolgt. Über diesen erreicht sie dann den Gipfel.

**Zugang:** Von der Judenscharte wie bei der Alten Südwand (R 143) zum E ungefähr in Wandmitte (wenige Min. von der Judenscharte, R 36).

**Führe: 1. SL:** Eine nach links ziehende Schrofenrinne hinauf, zuletzt links zu Stand auf Absatz unter einem Felssporn (45 m, II—III). **2. SL:** Nun etwas rechts vom Sporn hinauf, bis links ein glatter Kamin abzweigt. Diesen und den folgenden hinauf (IV), bis eine breitere Schluchtrinne erreicht wird. An ihrem rechten Rand (II) zu Stand (35 m). **3. SL:** Nun die sich wieder verengende und steiler werdende Rinne weiter über zwei kleine Überhänge zu weiterem Standplatz (38 m, III, III +). **4. SL:** Die nun folgende Kamin-Verengung hinauf (IV +) und etwas leichter im verschneidungsartigen Kamin zu geneigten Platten (III). Über diese etwas rechtshaltend und schrofig zu Stand auf Absatz (42 m). **5. SL:** Die folgende senkrechte Verschneidung gerade weiter (IV) und zuletzt über einen Kamin mit kleinem Klemmblock (IV +) hinweg zu Stand am Westgrat (23 m). **6.—9. SL:** Den Westgrat, deutlichen Trittspuren folgend zum nahen Gipfel (II—, 160 m).

**● 142    Neue Südwand**

M. Schweiger, L. Huber, 1938.

V + / A 1, frei VI +; aufgeteilt wie folgt: V + (mehrere Stellen im obersten Abschnitt), überwiegend jedoch IV und V—, im Mittelteil auch leichter. Eine Stelle A 1 oder frei VI + und eine Stelle A 0 oder frei VI—.

Viel, jedoch oft nur teilweise (Ausqueren auf R 143) begangene Felsfahrt mit einigen sehr schönen Passagen im oberen Teil.

ZH (teils zu viele) ebenso wie SH im Fels. Sollten im großen Überhang im oberen Wandteil Haken fehlen, so kann das Anbringen neuer (sofern erforderlich!) durchaus A 2 sein.

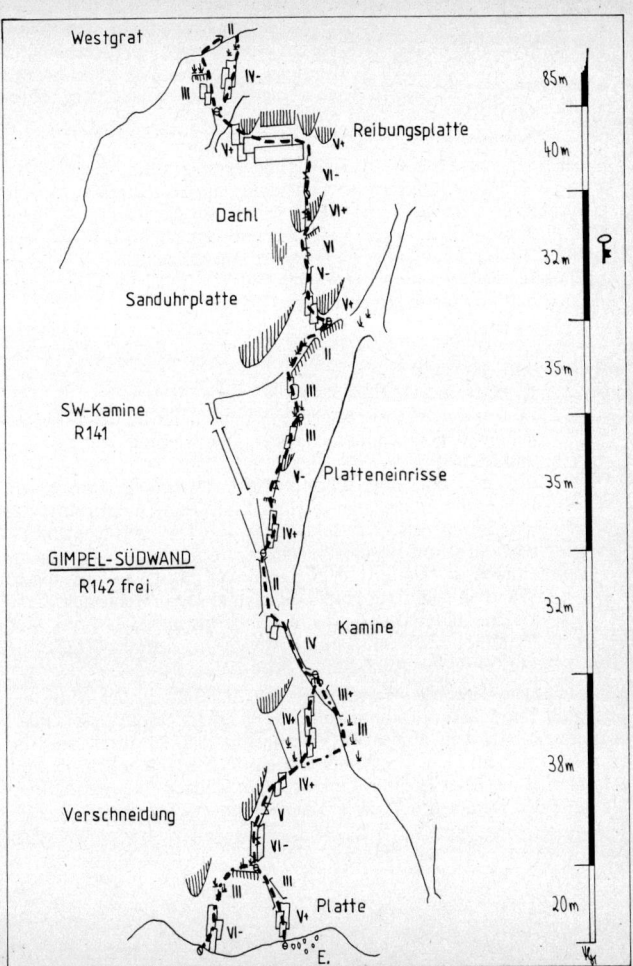

Westgrat

Reibungsplatte

Dachl

Sanduhrplatte

SW-Kamine
R141

GIMPEL-SÜDWAND
R142 frei

Kamine

Verschneidung

Platteneinrisse

Platte

E.

85m
40m
32m
35m
35m
32m
38m
20m

II
IV-
III
V+
V+
VI-
VI+
VI
V-
V+
II
III
III
V-
IV+
II
IV
III+
III
IV-
IV+
V
VI-
III
III
V+
VI-

Die plattige Wandstelle, die den Zugang zum obersten Wandteil darstellt (Sanduhrplatte), ist mehr eine Sache des genauen Hinsehens als der Schwierigkeit!

Wandhöhe: 200 m. Kletterlänge etwa 230 m (+ 85 m Schrofen). Zeit: etwa 2—3 Std.

Foto Seite 193, 198, Skizze Seite 195.

**Übersicht:** Die neue Südwand erreicht über direkt im Kar fußende Platten eine überdachte Rampen-Verschneidung, die sie in direkter Linie in die Südwestkaminreihe führt. Diese verläßt sie nach einer Seillänge rechts über die Wand mittels Einrissen und erreicht so den obersten Wandteil. Diesen überwindet sie zunächst durch einen oben deutlicher ausgeprägten Riß, um unter schwarzen Wülsten linkshaltend bald den Westgrat und den Gipfel zu erreichen.

**Führe:** siehe Skizze!

● **143    Alte Südwand**

R. Haff und H. Haff, 1904.

**IV +**, aufgeteilt wie folgt: IV + (eine kurze Stelle, da sie zunehmend abgeschmierter wird), überwiegend jedoch IV— und leichter.

Oft gemachte, aber schon vielfach gefährlich unterschätzte Führe, die in klassisch direkter Linie zum Gipfel führt. ZH und SH im Fels.

Obwohl schon 1904 erstbegangen, ist die Führe nicht so ganz einfach zu klettern. Vom großen Schuttkessel im oberen Wandteil geht akute Steinschlaggefahr aus, wenn sich schon andere Seilschaften in der Wand befinden.

Wandhöhe: 200 m. Kletterlänge 270 m. Zeit: 2—3 Std.

Foto Seite 198, 205, Skizze Seite 197.

**Übersicht:** In Gipfelfallinie befindet sich ungefähr in der Mitte der Südwand eine markante Kaminreihe, die in einem Schuttkessel endet. Aus diesem setzt dann eine große Verschneidung an, die direkt am Gipfel ihren Endpunkt hat. Die Führe erreicht über leichtere Schrofen die Kaminreihe mit einer leichten Linksschleife. Danach folgt sie in direkter Linie den Kaminen und der großen Schlußverschneidung.

**Führe:** siehe Skizze!

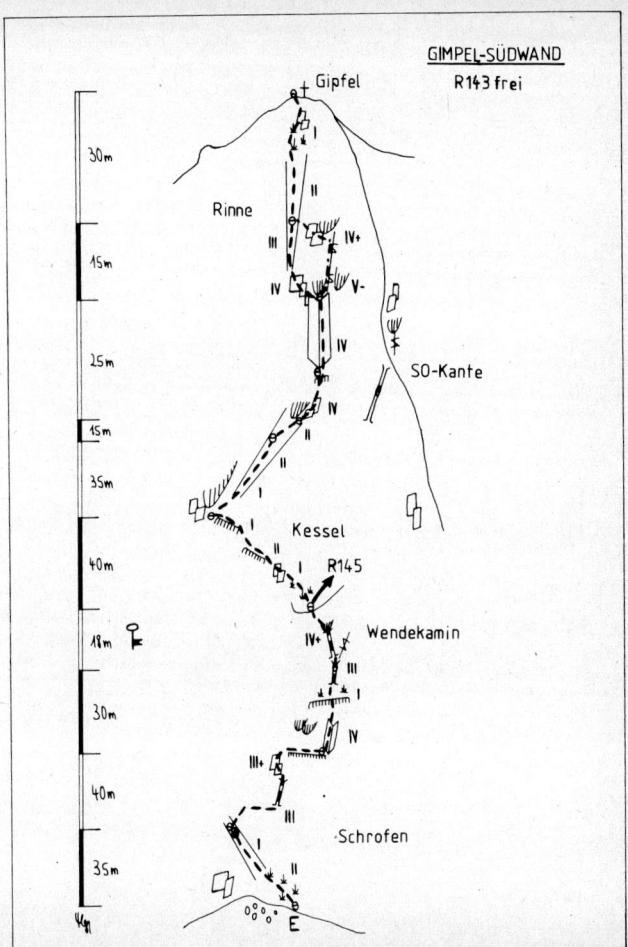

Gimpel

**Gimpel von Südosten (Gimpelkar, Luftbild)**

Foto: F. Thorbecke

199

● 144    **Südostkante**

W. Siemens, v. Schwerin, Freitag, Ehrensberger, 1922.

**V+**, **A0**, frei **VII**, VII—; aufgeteilt wie folgt: V+ (mehrere kurze Stellen), überwiegend IV und V—, nur im unteren Teil leichter. Drei Stellen A0 oder frei VI—, VII—, VII.

Im Vergleich zu den anderen Südwandführen relativ selten gemachte, aber nicht unschöne Rißkletterei.

ZH und SH im Fels. Sollten in den A0-Stellen Haken fehlen, so kann das Anbringen neuer auch A1—A2 sein!

Der Originalzustieg ist weitaus weniger lohnend als der Zustieg über die Alte Südwand. Die Führe kann übrigens auch über den unteren Teil der SO-Kamine (R 146) erreicht werden!

Wandhöhe: 200 m. Kletterlänge etwa 310 m. Zeit: 3 Std.

Foto Seite 193, 198, Skizze Seite 201.

**Übersicht:** Die große Schlußverschneidung der Alten Südwand wird rechts von einem markanten Pfeiler gebildet, über dessen Kante eine deutlich sichtbare Rißreihe leitet. Diese Rißreihe bildet den Anstieg. Erreicht wird diese am besten und schönsten über die Alte Südwandführe (R 143) bis zum Schrofenkessel, von dem aus man dann rechts um den Pfeiler herum zum Ansatz der Rißreihe gelangt.

**Führe:** siehe Skizze!

● 144 a   **Verbindungsvariante**

**IV** (kurze Einzelstellen), überwiegend III, ganz oben auch leichter.

Verbindet den unteren Teil von R 146 mit dem oberen Teil von R 144. Weniger lohnend als der bei R 144 beschriebene Zugang über R 143 (Alte Südwand). Keine ZH und SH im Fels. Länge: 80 m. Zeit: 30 Min. Foto Seite 193, 198.

**Variante:** Nach der 3. SL von R 146 (siehe Skizze) links aufwärts über grasdurchsetzte Schrofenwandln. Ein kurzer Steilaufschwung (IV) leitet dann zu geneigten Schrofen, die zum Beginn der eigentlichen SO-Kante leiten.

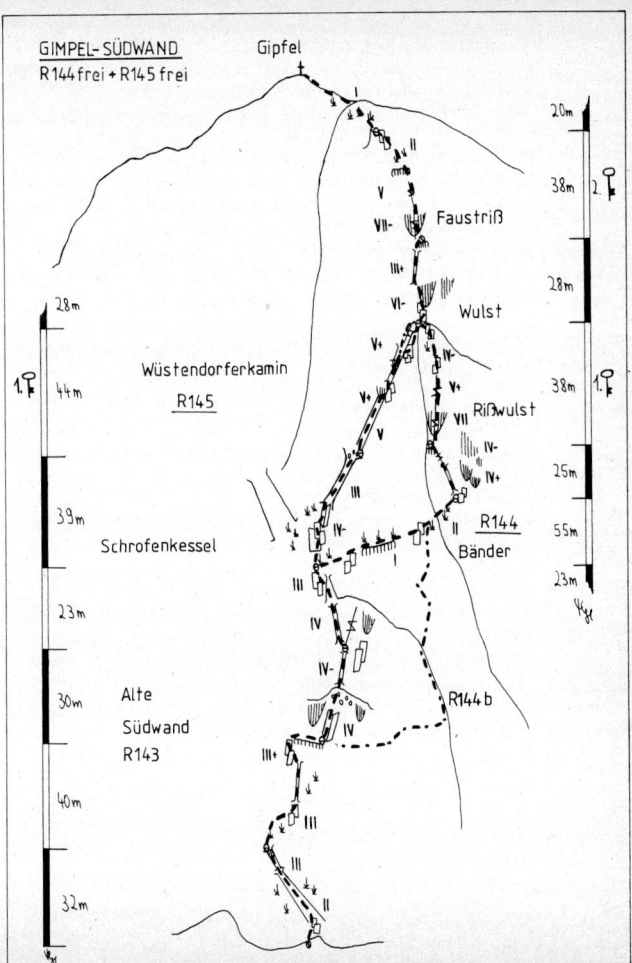

GIMPEL-SÜDWAND
R144 frei + R145 frei

Gipfel

20m
38m
28m
38m
25m
55m
23m

28m
44m
39m
23m
30m
40m
32m

Faustriß

Wulst

Rißwulst

Wüstendorferkamin
R145

Schrofenkessel

R144
Bänder

Alte
Südwand
R143

R144 b

● **144 b   Direkte Südostkante**

H. Loderer und Gef., 1963.

**VI— / A 2,** aufgeteilt wie folgt: VI— (kurze Einzelstellen), überwiegend V, IV—, kaum leichter.

Die meisten, zum Teil schlecht sitzenden ZH sind im Fels. SH nicht vorhanden. Sollten H fehlen, so kann das Anbringen neuer ZH auch A 3 sein! Relativ kurze und bisher nur sehr selten wiederholte Verbindungsvariante von R 143 (Alte Südwand) und R 144. Nicht besonders lohnend!

Länge: 120 m. Zeit: 1½—2 Std. Skizze Seite 201.

**Variante:** Nach der 2. SL von R 143 auf Bändern und Leisten nach rechts queren (III und IV) zu Stand unter einem rötlichen Abbruch. Diesen in teils freier Kletterei, teils an der H-Leiter (A 1, A 2 / VI—) hinauf, zuletzt an Rissen zu seinem Ende. Stand. In wesentlich leichterem Gelände (II) zum oberen Teil der SO-Kante (R 144), die man am Beginn der Schwierigkeiten erreicht.

● **145   „Wüstendorferkamin"**

Wüstendorfer und Gef. 1925.

**V +,** aufgeteilt wie folgt: V + (fast die ganze zweite Kaminseillänge, wenn man immer im Kamin bleibt und nicht rechts ausquert!), überwiegend IV und V, nur am Beginn kurz leichter. Im Prinzip nur eine 2-SL-Variante zur Südostkante, jedoch recht hübsche Spreiz- und Stemmarbeit! Wenige ZH im Fels, SH nur zum Teil vorhanden. Ein paar Schlingen zum Fädeln von Klemmblöcken im oberen Teil empfehlenswert.

Länge der Variante: etwa 80 m. Zeit für die gesamte Führe: etwa 3 Std.

Foto Seite 193, 205, Skizze Seite 201.

**Übersicht:** Der Wüstendorfer-Kamin ist der auffallende, von links nach rechts führende Kamin am Pfeiler der Südostkante. Er beginnt am rechten Rand des großen Schrofenkessels der Alten Südwand (R 143) und endet an der Pfeilerkante der Südostkante (R 144).

**Führe:** siehe Skizze!

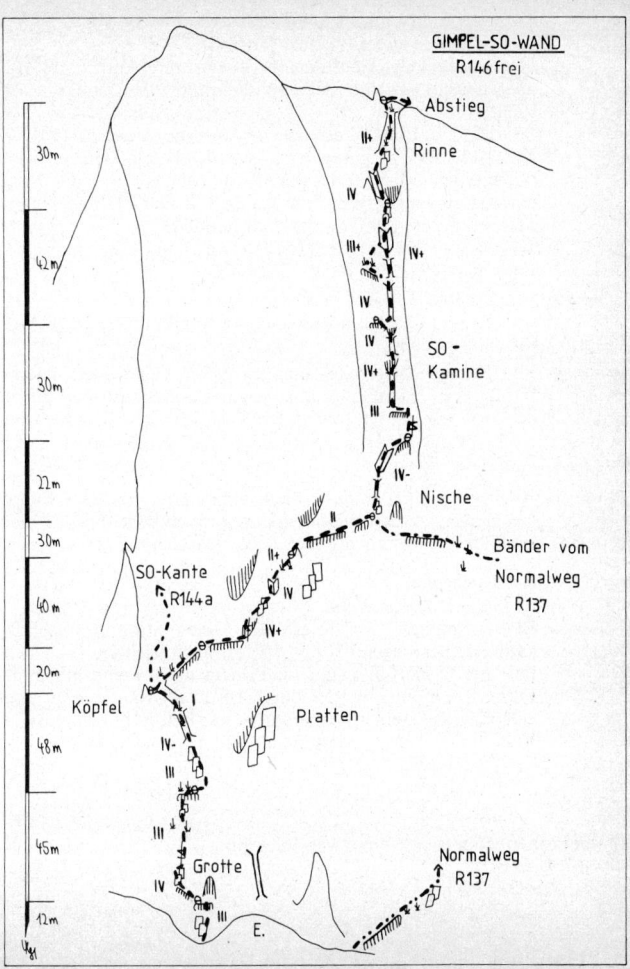

GIMPEL-SO-WAND
R146 frei

Abstieg

II+ Rinne

IV

III+          IV+

IV

IV

IV+          SO-
                Kamine

III

IV-          Nische

II

II

II          Bänder vom
IV          Normalweg
            R137
IV+

SO-Kante
R144a

I

Köpfel

IV-

III          Platten

III

IV          Grotte          Normalweg
                            R137
III

E.

30 m

42 m

30 m

22 m

30 m

40 m

20 m

48 m

45 m

12 m

● **146** **Südostkamine**
   v. Schwerin, Fiedler, Adam, Wittwer, 1921.
   **IV +**, aufgeteilt wie folgt: IV + (mehrere kurze Stellen),
   überwiegend III und IV, nur im unteren Teil einige Male
   leichter.
   Besonders in letzter Zeit nicht zu Unrecht beliebt gewordene
   Kaminkletterei in gutem Gestein. Im oberen Teil herrliche
   Spreizarbeit, weshalb der untere Teil auch oft über den Nor-
   malweg umgangen wird. Im oberen Teil sind ZH und SH im
   Fels, im unteren Teil kaum H vorhanden.
   Wandhöhe: 200 m. Kletterlänge etwa 290 m. Zeit: 2 Std.
   Foto Seite 193, 198, Skizze Seite 201.

**Übersicht:** Im rechten Teil der hier schon gegliederten Südwand fällt
eine in die obere Wandhälfte eingeschnittene Kaminreihe auf, die am
Ostgrat (Normalweg) endet.

**Zugang:** Diese Kaminreihe erreicht man entweder von links her, indem
man knapp links vom Normalweg über gestufte Felsen aufsteigt. Oder
gleich direkt vom Normalweg aus, indem man über Grasbänder zum
Ansatz der Kaminreihe klettert.

**Führe:** siehe Skizze!

**Hinweis:** Auch nach einer anderen Südwandroute kann diese Führe
noch leicht begangen werden, besonders wenn man bedenkt, daß hier
mühelos vom Normalweg aus hinübergequert werden kann.

● **147** **Nordwestwand**
   R. Haff, Dilenius, 1904.
   **III +**, aufgeteilt wie folgt: III + (eine Stelle im Schluß-
   kamin), überwiegend II und III, oft auch leichter.
   Fast nie wiederholte und im Prinzip auch wenig lohnende
   Führe, die immer wieder durch geröllige Rinnen leitet und
   entsprechend steinschlaggefährdet ist. Keine H vorhanden!
   Wandhöhe: 180 m. Kletterlänge 320 m. Zeit: 2—3 Std.
   Foto Seite 205.

**Gimpel von Westen (vom Normalweg Rote Flüh)**

                                                    Foto: W. Mayr

Gimpel

Gimpelturm

Blenkkamin

143

145

150

147

138

150

**Übersicht:** Die Nordwestwand des Gimpels macht auf den ersten Blick einen geschlossenen Eindruck. Sie fußt auf einem breiten Geröll- und Grasband. Dieses beginnt kurz unterhalb der Judenscharte und durchzieht die Wand in ihrer ganzen Breite. An seinem linken Rand, unterhalb des Gimpelturmes steigt die Führe ein. Durch rechts des Gimpelturmes hinaufführende Kamine und Rinnen erreicht die Führe dann die Schlußwand, die durch einen Kamin in ihrer linken Seite durchklettert wird. Über den Grat dann zum nahen Gipfel.

**Führe:** Auf den Bändern und Geröllterrassen nach links in die Wand hinaus, bis kurz vor den Gimpelturm (II, oft leichter). Nun an seinem rechten Rand über splittrige, geröllige Platten (III) in eine schuttige Rinne mit einigen Steilstufen (III—). Zuletzt durch sich verengende Rinne zum Schlußkamin, links einer geschlossenen Wand. Durch ihn noch etwa 40 Meter hinauf (kurz III +) zum Grat. Über den bald leichter werdenden Grat in wenigen Minuten zum Gipfel (kurz noch II).

● **148    Nordwestwand**
J. Schmitt und Gef. 1909.
IV (einige Stellen), oft auch leichter.
Es herrschen jedoch einige Unklarheiten über die Linienführung dieser Route. Die Beschreibung wurde aus dem AVF Allgäuer Alpen, Auflage 1974, übernommen!
Wandhöhe: 180 m. Kletterlänge 300 m. Zeit: 2—3 Std.

**Übersicht:** Die Schmittführe leitet ebenfalls mehr in der linken Wandhälfte zum Grat und zum Gipfel. Jedoch erscheint die Beschreibung recht zweifelhaft.

**Führe:** Über dem linken Ende der Terrasse baut sich eine Wand auf, die in etwa 30 Meter Höhe einen gelben Fleck zeigt. Über diesen führt der Aufstieg (IV). Über eine weitere gutgriffige Steilwand erreicht man eine kleine Plattform und von dieser in wenigen Schritten nach rechts einen überhängenden, engen Riß. Nach dessen Überwindung führt weniger schwieriges Gelände nach links aufwärts zu einer gelbgestreiften Wand mit Kamin. Nach Überwindung dieses Kamins schräg rechts empor (steile Schrofen) bis man eine vom Nordnordwestgrat herabziehende Rinne erreicht, die ihren Ursprung in einer unmittelbar vor dem Gipfel befindlichen Scharte hat. Jenseits dieser Rinne über glatte, griffarme Platten schräg rechts querend, dann gerade empor zu einem Riß,

**Gimpel Südost-Vorbau**
R 149a Rudolph-Führe
R 149b Maringele-Führe

Foto: W. Mayr

Gimpel – Südostvorbau

149a

149b

der links oberhalb eines kleinen Gratturmes bei einem gelben Fleck auf den Nordnordwestgrat mündet. Durch diesen Riß, zuletzt überhängend empor zum Grat und in wenigen Minuten über Gras zum Gipfel.

● **149  Südostvorbau:**

Als Südostvorbau wird der markante, ins Gimpelkar mit steilen Wänden abfallende rechte Rand des Gimpels bezeichnet (links von ihm leitet der Normalweg hoch!). Über seine Südostwand leiten zwei bisher unbekannt gebliebene Führen von A. Maringele bzw. W. Rudolph.

● **149 a  Rudolph-Führe**
   W. Rudolph.
   **VI / A1** (vermutlich). Foto Seite 207.

Keine weiteren Angaben bekannt.

● **149 b  Maringele-Führe**
   A. Maringele.
   **V** und **IV +** (vermutlich). Foto Seite 207.

Keine weiteren Informationen bekannt.

● **150  Gimpelturm-Westwand**
   H. Schertel und Gef. 1927.
   **V / A1**, frei **VI +**, **VI**; aufgeteilt wie folgt: V (längere Stellen), oft jedoch IV und III, selten leichter. 20 Meter A1 oder frei VI +, VI.
   In letzter Zeit kaum wiederholte, früher jedoch beliebte, sehr ausgesetzte Wandkletterei in gutem Fels. Kann leicht noch am Nachmittag gemacht werden! Zwischenhaken und SH im Fels. Sollten in der technischen SL Haken fehlen, so kann das Anbringen neuer auch A2 sein.
   Wandhöhe: 200 m. Kletterlänge 350 m. Zeit: 3 Std.
   Foto Seite 205, Skizze Seite 209.

**Übersicht:** Von der Judenscharte aus gesehen, fällt der Gimpelturm (großer, markanter Gratturm des Grates, der die konkave NW-Wand links begrenzt) nach Westen mit einer sehr steilen Wand ab. Die Führe erreicht diese Wand über Bänder, die kurz unterhalb der Judenscharte durch die NW-Wand leiten. Hernach leitet die Führe immer ziemlich gerade auf den Gimpelturm, um hernach dem Zackengrat folgend zum auffallenden Schlußkamin („Blenkkamin") zu gelangen. Nach dessen Überwindung leitet sie über einen flacheren Grat zum nahen Gipfel.

**Zugang:** Von der Judenscharte (R 36) kurz nach Westen absteigend, dann auf Geröllbändern die NW-Wand durchquerend zu einer Kamin-

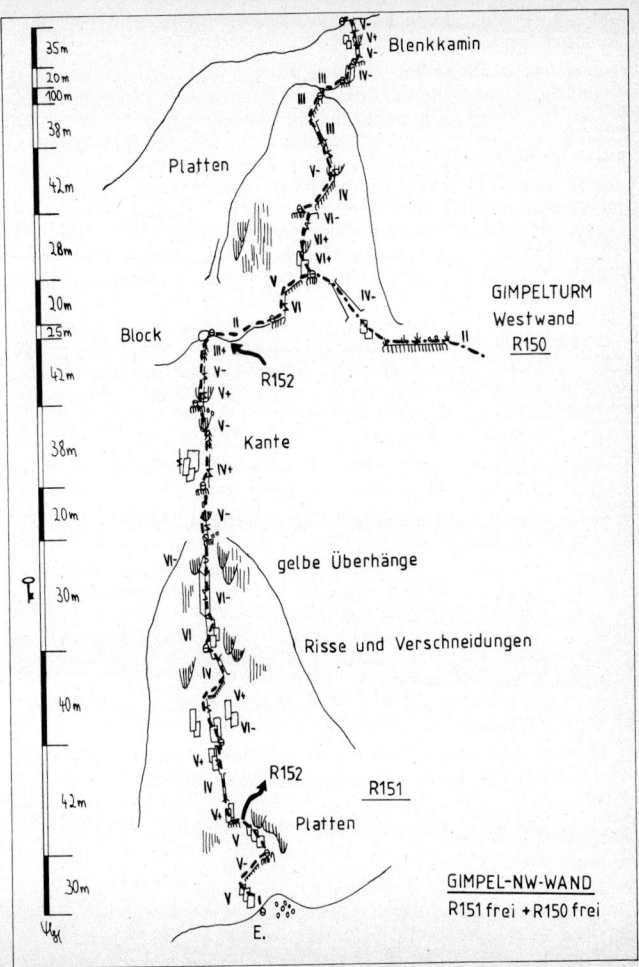

GIMPELTURM
Westwand
<u>R150</u>

GIMPEL-NW-WAND
R151 frei + R150 frei

Blenkkamin

Platten

Block

R152

Kante

gelbe Überhänge

Risse und Verschneidungen

R152

<u>R151</u>

Platten

E.

und Rinnenreihe, die nach links zur hier als Kante wirkenden Westwand des Gimpelturmes leiten.

**Führe:** Durch die Kamin- und Rinnenreihe 2 SL, teils ausweichend,
hinauf zu gelber Schuppe, direkt unter geschlossen wirkender Wand
(90 m, III, IV—). Von rechts her in die Wand und gerade zu Riß
(A 0 / 1 oder VI—, VI +). Den Riß hinauf (V, A 0 oder VI) und links zu
Stand bei Sanduhr (28 m). Nun kurz nach rechts und einer Kamin-
Rampe folgend IV, zuletzt kleiner Wulst (V—), in seichten Riß und in
ihm zu Stand (42 m). Eine Kaminrinne weiter, zuletzt eine rechts hinaufleitende, überdachte Rampe zu Stand am Gimpelturm (38 m, III,
III +). Den nun folgenden, von mehreren Zacken gebildeten Grat
2½ SL bis zu dessen Ende unter der Schlußwand entlang (100 m, II,
III). Rechts durch kurze Verschneidung zu Absatz mit Felszacken
(Stand, 20 m, IV—). Durch den hier ansetzenden Kamin hinauf und
entweder direkt (V +) über großen Überhang oder in einer Linksschleife (V—) um ihn herum. Wenige Meter zum Kaminende und zu Zackenstand am Grat („Blenkkamin", 35 m). Über den Grat zu Scharte und
etwas links von ihr über kurze Steilstufe (II) zu flacherem Gelände und
wenige Meter leicht zum Gipfel.

**Hinweis:** Der Ausstieg über den „Blenkkamin" wird auch von einigen
anderen Nordwandrouten benützt.

● **151    Nordwand-Direkte NW-Kante-„Klein aber fein"**
       M. Lutz, E. Lehner, 1980.
       **VI,** aufgeteilt wie folgt: VI (eine Stelle), längere Stellen VI—
       und V +, vielfach auch IV und V—, nur wenige Strecken
       leichter. Freie Kletterei!
       Schöne, überraschend feste Riß- und Verschneidungskletterei
       in eindrucksvoller Szenerie. Klemmkeile zur Sicherung nötig!
       2 Stand-H im Fels.
       Wandhöhe: 500 m. Kletterlänge 540 m. Zeit: 4—5 Std.
       Foto Seite 211, 217, Skizze Seite 209.

**Übersicht:** Im äußerst rechten Teil der Nordwand des Gimpels fällt eine
im oberen Teil gratartig auslaufende, gelbgestreifte Plattenwand auf.


**Gimpel-Nordwand, Direkte Nordwestkante (R 151)**
Die Aufnahme zeigt die Schlüsselseillänge während der Erstbegehung.
Diese neue Direktführe überrascht mit einigen unerwartet festen Seil-
längen, so daß sie wesentlich lohnender ist als die alte Route (R 152).
                                                    Foto: M. Lutz

Im unteren Abschnitt dominiert hier Platten- und Rißkletterei, bis man über eine markante Verschneidung den eingangs erwähnten Grat erreicht. Diesen direkt verfolgend zu seinem Ende erreicht man dann mittels Rechtsquerung den Fuß des Gimpelturmes. Durch kurzen Riß gelangt die Führe in die Gimpelturm-Westwandroute und über sie dann zum Gipfel.

**Zugang:** Zum E von der Judenscharte absteigend bis kurz unterhalb des Beginns des großen Schuttkares unter der Nordwand (etwa 30 Minuten). Oder in etwa 1 Std. von der Otto-Mayr-Hütte über das Kar, etwas mühsam.

**Führe: 1. SL:** Linkshaltend über Platte, bis es möglich ist, an schmaler Leiste wieder rechts hinaufzusteigen. Diese zu ihrem Ende und zu Stand bei Absatz (30 m, V). **2. SL:** Nun über die überdachte Platte hinauf zu ihrem linken oberen Ende. Eine kurze Wandstelle etwas links davon leitet zu einem Kamin, der sich aber bald in Platten verliert. Links an Einrissen zu Stand auf Absatz (42 m, V +). **3. SL:** Über kurze Platte (VI—) zu Riß, nach dessen Überwindung man zu einer nach rechts ziehenden Rampe gelangt. Hernach links durch Kaminrinne zu Stand in kleinem Kessel (40 m, IV—, VI—). **4. SL:** Nun über Wandstelle von rechts her (VI) zu Rißverschneidung und diese zu ihrem Ende (30 m, VI—, VI). **5. SL:** Kurz leicht, dann über kleinen Rißwulst zu Absatz unter 2 Rissen (20 m, V—, III). **6. SL:** Im rechten Riß hinauf IV + und an der gratartigen Kante, zuletzt kleiner Überhang (V—), zu Absatz (38 m). **7. SL:** Ein hier ansetzender Rißwulst wird direkt erstiegen (V +); weiter im stetig leichter werdenden Gelände (V—, dann III, II) zu Stand bei großem Block (42 m). **8. SL:** Über schuttige Bänder nach rechts zu Stand unter gelbem Riß (25 m, II, I). **9. SL:** Den Riß hinauf (VI, dann V) zu gelber Hangelschuppe und diese rechts zu Stand am eigentlichen Beginn der Gimpelturm-Westwand (R 150). Weiter wie bei R 150 zum Gipfel.

● **152    Nordwestkante**
W. Merkl, T. Leiß, 1925.

**V**, aufgeteilt wie folgt: V (mehrere kurze Stellen), überwiegend III und IV, oft auch leichter.

Wenig begangene und stellenweise sehr brüchige Führe. Nur kurze Einzelstellen bieten interessante Kletterei. Es kann oft rechtshaltend die Nordwestwand erreicht werden. Wenige H im Fels.

Wandhöhe: 500 m. Kletterlänge etwa 550 m. Zeit: etwa 3—4 Std.

**Übersicht:** Die Nordwestkante ist im Prinzip nur ein unlohnender Direkteinstieg zur Gimpelturm-Westwand. Im untersten Teil (etwa eineinhalb SL) verläuft sie gemeinsam mit der Direkten Nordwestkante (R 151) um dann rechtshaltend in geneigteren Schrofen mit kurzen Steilabsätzen unter die Gimpelturm-Westwand zu gelangen. Über diese dann zum Gipfel.

**Zugang:** Von der Judenscharte oder der Otto-Mayr-Hütte zum E wie bei der Dir. NW-Kante (R 151).

**Führe:** Nach der überdachten Platte führt die NW-Kante über eine Kaminrampe nach rechts aus der Steilzone heraus in etwas flacheres Gelände. Dieses wird in der Folge, immer den günstigsten Weg suchend, erklettert. Nur kurze Steilaufschwünge bieten Schwierigkeiten (V), zumeist geht es jedoch recht zügig hinauf, bis man einen flacheren Schrofenkessel erreicht. Hier wendet sich die Führe etwas links und erreicht so die Rechtsquerung von R 151. Gemeinsam mit dieser gelangt sie sodann zur Gimpelturm-Westwand und erreicht über diese den Gipfel.

● **153    Nordwand-„Verlorener Weg"**
M. Lutz, L. Jeller, 1980.
**VI—**, aufgeteilt wie folgt: VI— (eine längere Stelle) überwiegend IV und V, stellenweise V+. Selten leichter.
Wenig bekannte, mehr alpine Kletterei. Stellenweise recht originell, doch zumeist etwas locker mit schlecht absichernder Schlüsselstelle (Pfeilerriß). 2 SH im Fels.
Wie bei R 151 (Dir. NW-Kante) handelt es sich hier um freie Kletterei! Ein Satz Stopper und Hex. Gr. 8—10 von gutem Nutzen.
Wandhöhe: 500 m, Kletterlänge 550 m, Zeit: 4—5 Std.
Foto Seite 217, Skizze Seite 215.

**Übersicht:** Im rechten Teil der Gimpel Nordwand fallen im unteren Abschnitt gelbe Überhänge auf, die auf einer nach rechts ziehenden Schuttrampe fußen. Diese Schuttrampe endet an einer schwach ausgeprägten Kante, die im weiteren verfolgt wird. In der Folge quert die Führe dann nach links in die Wand, um von rechts her einen auffallenden Spalt zu erreichen. Hernach erreicht sie in leichterem Gelände eine markante Platte links vom Gimpelturm und zuletzt über Kamine den Grat des Turm-Massives. Wie bei R 150 dann zum Gipfel.

**Zugang:** E links unterhalb von R 151, kurz vor dem linken unteren Ende der Schuttrampe unter den gelben Überhängen. Etwa 35 Minuten ab Judenscharte oder 50 Minuten ab Otto-Mayr-Hütte.

**Führe: 1. SL:** Über schrofige Wandln und Absätze zunächst links-

dann rechtshaltend zu Felstürmchen (Stand, 30 m, III). **2. SL:** Gerade über teils abschüssige Platten hinauf (V—) zur breiten Schuttrampe. Auf ihr (II) zu Stand (44 m). **3. SL:** Weiter auf der Rampe (II), dann links durch kurze Verschneidung in steile Kaminrinne (V—) und in ihr (V) zu Stand (43 m). **4. SL:** Ansteigender Quergang links um eine Kante (V+) und links von Überhang mittels Riß hinauf (V—) zu sich stetig erweiternder Kaminrinne (IV). Stand unter auffallender Platte (42 m). **5. SL:** Über die Platte hinweg (V+) und auf eine gratartige Kante. Etwas links von ihrer Schneide (IV) zu Blockstand (35 m). **6. SL:** Unter Überhängen Plattenquergang nach links (V) zu verstecktem Riß. Diesen hinauf (V—) zu Stand an der Kante (30 m). **7. SL:** Nun wieder links über Wandln (IV) zu Band und auf ihm (IV+) zu Stand unter Verschneidung (18 m). **8. SL:** Die Verschneidung hinauf und an der überdachten Rampe weiter, zuletzt gerade über Überhang zu breitem Band (Stand, 44 m, V). **9. SL:** Links in breiten Schluchtkamin (II) und an seiner linken Seite an Pfeilerchen hinauf (VI—) zu seinem Ende. Kurz noch über Platte (V+) zu Stand in flacheren Felsen (44 m). **10. SL:** Rechtshaltend leichter in Richtung Gimpelturm, zuletzt wieder etwas links zu Stand unter großer Platte (42 m, II). **11. SL:** Entweder direkt über sie (VI) oder rechts im Winkel (III+) zum Ende der Platte (Stand, 35 m). **12. SL:** Rechts über kurzes Wandl zu Kamin, der oben von Überhang abgeschlossen wird (V—, V). Hernach Stand am Grat des Gimpelturmes (38 m). Nun wie bei R 150 (Gimpelturm-Westwand) zum Gipfel.

● **154**  **Nordwand-„Heinl-Kajanne-Führe"**
J. Heinl, R. Kajanne, 1972.
V+, aufgeteilt wie folgt: V+ (eine längere Stelle), überwiegend IV und V, stellenweise auch etwas leichter.
Wenig gemachte Wand- und Plattenkletterei, teils auch an Rissen (etwas locker). Oft sehr naß in der Schlüsselstelle, dann dringend abzuraten; im Charakter sehr ähnlich wie R 153. Einige ZH und SH im Fels.
Wandhöhe: 500 m. Kletterlänge 520 m. Zeit: 4 Std.

**Übersicht:** Die Führe beginnt links unterhalb von R 153, und leitet links von den gelben Überhängen auf schmalem Rampen- und Verschneidungssystem zu einer auffallenden Platte. Über diese erreicht sie dann flacheres Gelände um dann immer mehr linkshaltend die folgende Wand (Richtpunkt ein Pfeiler, der erklettert wird) zu durchsteigen. Zuletzt erreicht sie dann knapp links von R 153 die leichten Felsen unterhalb des Gimpelturmes und wie R 153 den Gipfel.

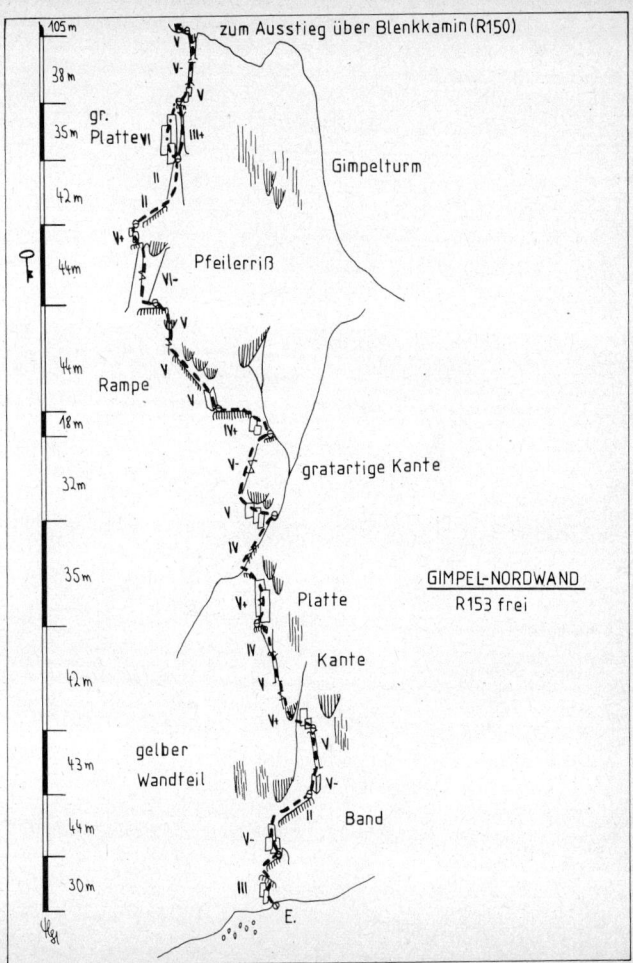

zum Ausstieg über Blenkkamin (R150)

105 m
38 m
gr.
Platte
35 m
42 m
44 m

Gimpelturm

Pfeilerriß

Rampe

44 m
18 m
32 m

gratartige Kante

35 m

GIMPEL-NORDWAND
R153 frei

Platte

42 m

Kante

gelber
Wandteil

43 m

44 m

Band

30 m

E.

215

Judenscharte

138

150

156

0

157

**Gimpel**
**–rechte N-Wand–**

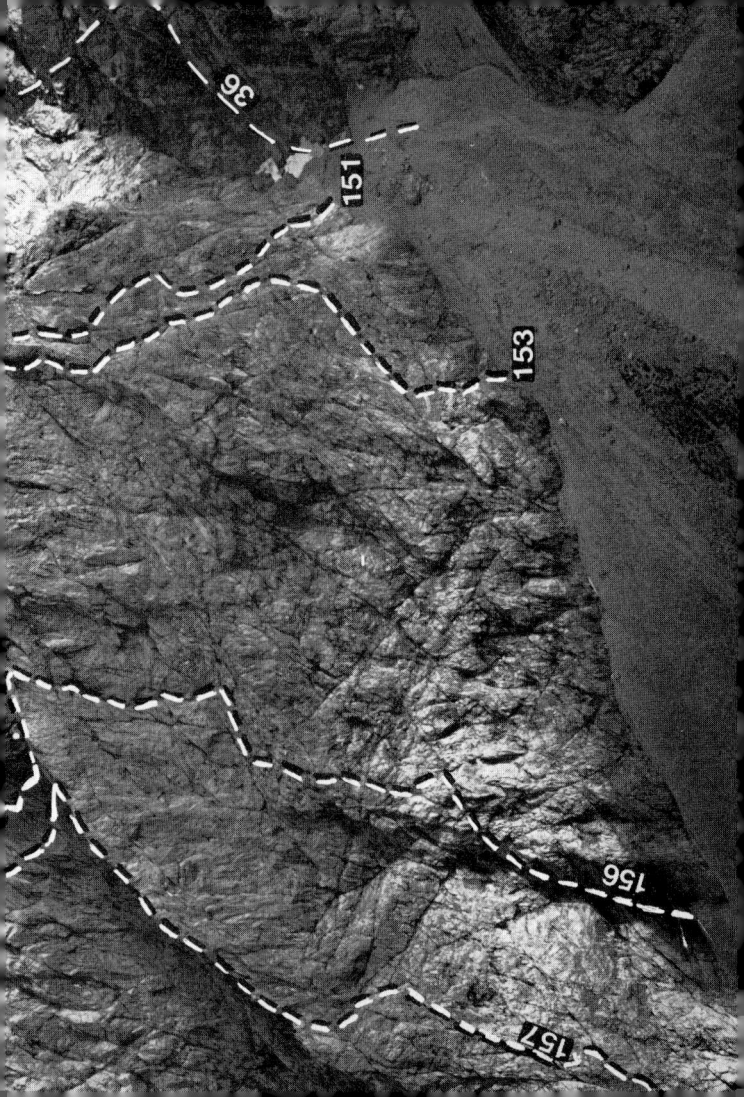

**Zugang:** E etwa 60 Meter oberhalb des E zur Direkten Nordwand (R 156). Etwa 40 Min. ab Judenscharte, bzw. 45 Min. ab Otto-Mayr-Hütte.

**Führe: 1. SL:** Eine sehr schwach ausgeprägte Rampe gut 25 Meter hinauf (rechtshaltend), dann mehr gerade zu Stand in kleiner Nische unter Überhängen (40 m, IV+, V—). **2. SL:** Quergang nach rechts, über Rampe zu kurzer Verschneidung und über sie (V) auf ein nach rechts ansteigendes Band. Auf ihm (II, III) zu Stand (38 m). **3. SL:** Weiter unter den Überhängen hindurch, bis man sie linkshaltend erklettern kann (IV+). In einer oft feuchten Nische Standplatz (25 m). **4. SL:** Vom Stand rechts über rauhe Plattenwand zu rampenartiger Verschneidung, über die man dann geneigtere Schrofen erreicht (42 m, V+). **5. SL:** Etwa 20 Meter ziemlich gerade weiter, hernach linkshaltend in schuttigen Platten unter einen gelblichen Pfeiler (40 m, II, I). **6. SL:** In der von ihm links gebildeten Rißverschneidung weiter zu Stand an deren Ende (35 m, V—, V). **7. SL:** Vom Pfeilerkopf in der rißartigen Verschneidungsfortsetzung weiter (V), zuletzt rechtshaltend zu Stand (40 m). **8. / 9. SL:** Noch kurz gerade, dann mehr linkshaltend in Richtung einer überdachten Steilrinne (etwa 60 m, IV, IV+, hier kommt von rechts der „Verlorene Weg" (R 153) herauf, um die Führe zu kreuzen). **10. SL:** Die überdachte Steilrinne weiter, zuletzt rechts hinauf zu Stand (42 m, IV, V—). **11. SL:** Den nun beginnenden Geröllkessel weiter in Richtung Gimpelturm, zuletzt linkshaltend zur großen Platte (40 m, II).

Weiter wie bei R 153, „Verlorener Weg".

◄◄ Zur vorhergehenden Doppelseite (S. 216/217):
**Gimpel-Nordwand – rechter (westlicher) Teil**
R 36    Übergang Otto-Mayr-Hütte – Judenscharte
R 138   Westgrat mit Ausstiegsvariante
R 151   Direkte Nordwestkante
R 153   Nordwand-„Verlorener Weg"
R 156   Direkte Nordwand
R 157   Gerade Nordwand
O = Originalroute R 156                                    Foto: W. Mayr

- **155** **Nordwandsockel**
  K. Sohler, X. Schweiger, 1946.
  **VI** (vermutlich). Überwiegend wohl V, selten leichter. Über den genauen Verlauf der Führe ist nichts bekannt, ebenso ist keine Wiederholung dieser Route, die am Gimpelband endet, bekannt geworden.

- **156** **Direkte Nordwand**
  R. Loderer, G. Ostler, 1959.
  **VI+ / A0**, aufgeteilt wie folgt: VI+ (einige, zum Teil längere Stellen), oft VI, VI— und V, stellenweise, besonders im oberen Teil auch etwas leichter. 2 kurze Stellen A0 im gelben Diagonalriß über dem Gimpelband.
  Bisher nur wenig wiederholte, wirklich schwere und ernste Kletterführe mit ausgesprochen alpinem Charakter (vergleichbar mit Kreuzkofel-Westwand, Dolomiten). Weicht man von der hier beschriebenen Route nicht ab, dann eine der schwersten Führen im weiten Umkreis.
  Ein Rückzug aus dem oberen Wandteil ist problematisch. ZH, auch die SH zum großen Teil vorhanden.
  Wandhöhe: 550 m. Kletterlänge 670 m. Zeit: 6—9 Std.
  Foto Seite 217, Skizze Seite 221.

**Übersicht:** Der Nordwandsockel der Gimpel-Nordwand (gemeint ist damit die pralle Wand, die unter dem Gimpelband ansetzt (= breites, die ganze Wand von links unten nach rechts oben durchziehendes Felsband, das am Gimpelturm endet) wird in seiner Mitte von einer großen Verschneidung durchzogen. Über dieser Verschneidung setzt eine kompakte Wand an, die am Gimpelband endet. Die Führe verfolgt dann den über dem Gimpelband ansetzenden, markanten gelben Riß, der von links nach rechts hinaufzieht. Seine rampenartige Fortsetzung leitet bald zum Grat des Gimpelturmes und wie bei R 150 zum Gipfel.

**Zugang:** Einstieg direkt im Grunde der großen Verschneidung (oft naß!). Hierher von der Judenscharte (R 36) in 40 Min. oder von der Otto-Mayr-Hütte in 45 Min.

**Führe: 1. SL:** Im Winkel über einen abschüssigen, oft feuchten Überhang hinauf (VI+) und immer in der Verschneidung über weitere Überhänge (VI, VI+) zu Stand (42 m). **2. SL:** Noch über 2 weitere Wülste direkt hinweg (VI) und etwa 10 Meter unter großem, gelbsplittrigem Dach rechts heraus und ansteigend an Platten nach rechts weiterquerend zu kurzem Überhang. Nach diesem (V+) auf Leiste wenige Meter rechts zu Stand (41 m). **3. SL:** Durch seichten Riß und anschließende Platten linkshaltend weiter, bis eine Rampe rechts unter einen Überhang leitet. Über diesen (VI) und den anschließenden Rißkamin (VI—) in flacheres Gelände und etwas links zu Stand (44 m). **4. SL:** Durch kurze Kamine IV— und geneigte Platten (II) auf ein breites Band (Stand, 35 m). **5. SL:** Auf dem Band nach rechts, bis Risse gerade hinaufführen (Stand, 38 m, I). **6. SL:** An den Schuppenrissen in schöner Piazkletterei weiter gerade aufwärts (V, V+), zuletzt etwas rechtshaltend zu Stand unter kleinem Dachl (43 m). **7. SL:** Unter dem Dachl hangelnd, bis es überstiegen werden kann (V+). Hernach durch feine Einrisse bis unter glatte Platte. Direkt über sie (VI+) hinweg auf ein Band (Stand, 35 m). **8. SL:** Auf dem Band links zum breiten Gimpelband (Stand, 25 m, I, II). **9. SL:** Nun gerade hinauf, einigen Einrissen folgend auf die Fortsetzung des Gimpelbandes. Auf ihm in Richtung Wand zu Stand (40 m, V—, dann II). **10. SL:** Nun an die Wand und etwas absteigend zu kleinem Podest. Von diesem gerade über Platte zu Stand in Winkel, der links von einem markanten Pfeilerchen gebildet wird (35 m, II, dann V). **11. SL:** In der freien Wand rechts einem feinen Riß folgend zu H. Hier an abschüssigen Griffen Quergang nach links in Rißverschneidung (VI+), die von dem vorhin erwähnten Pfeilerchen gebildet wird. In ihr auf den Pfeilerkopf (Stand, VI+, 26 m). **12. SL:** Nun im hier ansetzenden Diagonalriß zunächst mittels gelber Hangelschuppe weiter rechts hinauf. Ein gelber Rißüberhang wird erklettert (A0) und auf Rampe weiter zu neuerlichem Rißwulst, der ebenfalls (A0) direkt genommen wird. Aus dem Winkel rechts über eine überhängende Kante (VI) hinauf zu gutem Stand (42 m). **13. SL:** Um eine Kante zum Beginn einer abdrängenden Rißverschneidung, die anstrengend erklettert wird (VI+). An ihrem Ende rechts um weitere Kante und rechtshaltend über Platten (VI—) zu Gabelung von zwei Kaminrinnen (Stand, 30 m). **14/15. SL:** In der rechten Kaminrinne zwei Seillängen hinauf zu Stand unter Platte, über der ein überdachter Kamin ansetzt (80 m, IV). **16. SL:** Durch den Kamin wie bei R 153 zum Grat des Gimpelturmes (38 m, V—, V).

Nun wie bei R 150 zum Gipfel.

**Hinweis:** In der Skizze und im Bild sind auch einige Varianten festgehalten (zum Teil der Weg der Erstbegeher). Jedoch ist die Führe auf hier beschriebener Route am eindrucksvollsten. Das breite Gimpelband stellt bei einem Wettersturz keine ideale Fluchtmöglichkeit dar, da es nicht ganz einfach zu klettern ist und obendrein sehr steinschlaggefährdet ist (bei starken Regenfällen!).

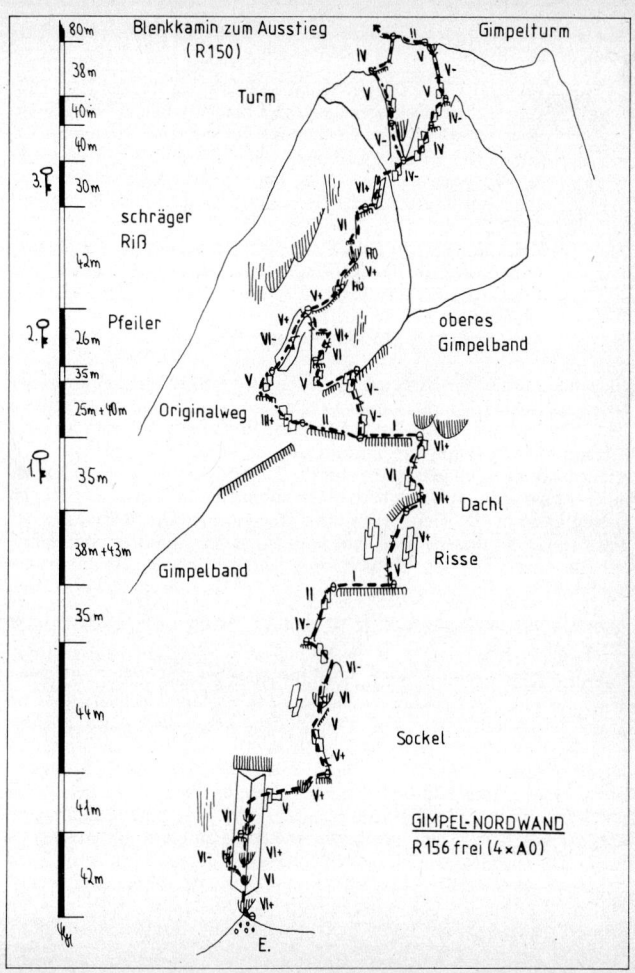

Blenkkamin zum Ausstieg
(R150)

Turm

schräger
Riß

Pfeiler

Originalweg

Gimpelturm

oberes
Gimpelband

Dachl

Risse

Gimpelband

Sockel

GIMPEL-NORDWAND
R156 frei (4 × A0)

E.

80 m
38 m
40 m
40 m
30 m
42 m
26 m
35 m
25 m + 40 m
35 m
38 m + 43 m
35 m
44 m
41 m
42 m

3.

2.

1.

IV  II  V-
V
V-  V
V-  IV-
IV-
V-
VI+
VI
R0
A0
V+
V+
VI-  V+  VI+
V  V
II+  II  I
VI+
VI+
V+
I  II
IV-
VI-
VI
V+
V+
VI
VI-  VI+
VI
VI+

221

● **157**     **Gerade Nordwand-„Schreck-Heel"**
P. Heel, M. Schreck, 1969.

**V +  /  A 2,** aufgeteilt wie folgt: V + (mehrere Stellen), überwiegend V und IV, nur selten leichter. Viele Stellen A 0—A 2,
zum Teil schlecht genagelt. Der Sockel und die Hangelrisse
über dem Band können auch frei geklettert werden, dann VI.
Öfters (bis 1981 etwa 10 Beg.) wiederholte, jedoch stellenweise sehr gekünstelt wirkende Führe. Die Kletterei spielt sich
zum Teil in großartiger Szenerie (besonders über dem Gimpelband) ab.
ZH (inkl. BH) im Fels, SH größtenteils vorhanden. Sollten H
fehlen, so kann das Anbringen neuer auch A 2—A 3 sein! Ein
Rückzug aus dem oberen Wandteil ist sehr problematisch!
Wandhöhe: 570 m. Kletterlänge 740 m. Zeit: 6—9 Std.
Foto Seite 217, 225, Skizze Seite 223.

**Übersicht:** Links der Direkten Nordwand (R 156) fällt ungefähr in der
Mitte des Sockels ein markanter Felskeil auf, dessen Spitze nach unten
zeigt. Dieser wird, etwas links von seiner Fallinie einsteigend, erreicht
und am rechten Rand verfolgt (auffallende Verschneidung). Nach Erreichen des Gimpelbandes verfolgt die Führe dieses so lange, bis die Risse
links von riesigen, gelben Überhängen hinaufführen. Zahlreiche Haken
weisen dann den Weiterweg an die Kante eines großen Turmes in der
Nordwand. An dieser Kante geht es dann zu dessen Spitze und rechtshaltend zum Grat des Gimpelturmes und wie bei R 150 dann zum
Gipfel.

**Zugang:** Wie bei R 156 zum E bei einem Felsbug, etwa 80 Meter links
des E von R 156.

**Führe:** Leicht über Platten hinauf auf einen Absatz (25 m, II). Jetzt
über steilere Plattenwand zunächst gerade, dann rechtshaltend zu
Stand bei Bandl (25 m, IV +, V—). Rechts weiter, eine plattige Rinne
querend zum Ansatz eines feinen Risses. Diesen hinauf zu Stand auf
kleinem Absatz (25 m, V—, dann V + oder A 0). Durch Kamin in
kleine Gufel. Rechts durch Riß heraus (A 0 oder VI) und auf Leiste weiter rechts, bis brüchige Überhänge wieder nach links hinauf abdrängen.
Um ein Eck herum und wenige Meter gerade zu Stand (44 m, V / A 0
oder VI). Noch leichter zu Verschneidung, die gerade am rechten Rand
des eingangs erwähnten Felskeiles hinaufführt. An ihrem Ende rechtshaltend über kleinen Überhang zu Stand auf Absatz (42 m, IV +, V—).
Durch plattige Rinne dann linkshaltend zum Gimpelband (Stand,
50 m, III +). Am rechten Rand des Gimpelbandes hinauf, bis es sich

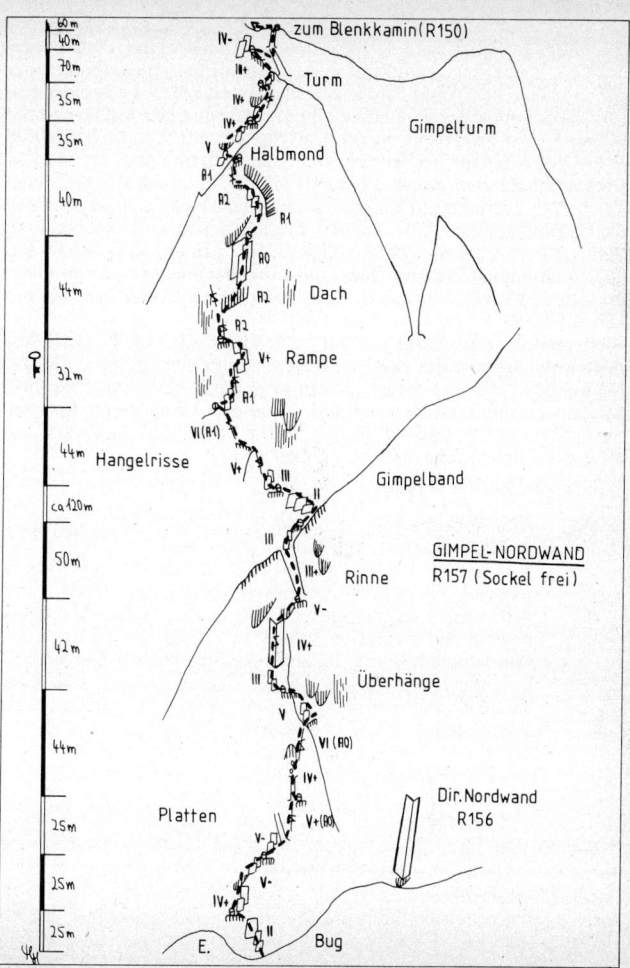

zum Blenkkamin (R150)

60 m
40 m
IV-
III+
70 m
V+
Turm
35 m
IV+
Gimpelturm
35 m
V
Halbmond
R1
40 m
R2
R1
R0
44 m
R2
Dach
R2
V+
Rampe
32 m
R1
VI(R1)
44 m  Hangelrisse
V+
III
II
Gimpelband
ca.120 m
III
50 m
III
Rinne
V-
42 m
IV+
III
Überhänge
V
44 m
VI(R0)
IV
IV+
GIMPEL-NORDWAND
R157 (Sockel frei)
Dir.Nordwand
R156
25 m
Platten
V+(R0)
V-
25 m
V-
25 m
IV+
II
E.  Bug

223

aufsteilt. Hier über markanten Plattenschuß nach links zur gelben Wand des großen Turmes (etwa 120 m, II und III). Über Platten, hernach etwas abdrängend linkshaltend zu einem Pfeilerchen, direkt unter der geschlossenen Wand. Am Pfeilerchen durch Riß (V+) zu einer großen Piazschuppe. Diese hinauf zu ihrem Ende und hier Schlingenstand (44 m, V, V+ zuletzt A1 oder VI). Rechts um eine Wandstelle (A1) zu Riß. Diesen hinauf und wieder rechts zu Plattenrampe, die in einer Rechtsschleife zum Stand erklettert wird (32 m, zunächst A1, dann V+). Weit überhängend zunächst gerade, dann rechtshaltend über großen Dachüberhang (A2). Auf der folgenden Platte eindrucksvoll zu Stand (44 m, A2, dann A1, A0 oder VI, VI+, zuletzt V—). Rechts unter ein halbmondförmiges Dach, das über die links befindliche Platte umklettert wird (A2 und A1). Stand kurz vor der Turmkante (40 m). Um die Kante herum und etwas links davon in der Wand in schöner Kletterei weiter zu Stand auf Absatz (35 m, IV+, V). Über Platten mehr rechtshaltend um einen Überhang herum und zu Stand darüber (35 m, IV+). Wenige Meter auf den Kopf des Turmes und etwas brüchig am Turmgrat hinab zur Wand. Unter dieser nach rechts zu Stand unter Kamin (70 m, III+). Rechts in den Kamin und durch ihn zum Grat des Gimpelturmes (40 m, IV—).

Wie bei R 150 zum Gipfel.

- **158**    **Alte Nordwand**
  R. Haff, H. Haff, 1904.

  **V—**, aufgeteilt wie folgt: V— („Blenkkamin"), überwiegend jedoch II und III, nur stellenweise IV.

  Am meisten durchstiegene Führe an der Gimpel-Nordseite, obwohl am wenigsten interessant. Vielfach steinschlaggefährdet und schuttig, da auf weite Strecken das Gimpelband benützend. Nur im oberen Teil abschnittsweise recht nette Kletterei. ZH sind im Fels, SH nur wenige, jedoch häufig Blockstände.

  Wandhöhe: 600 m. Kletterlänge 760 m. Zeit: 3 Std.

  Foto Seite 231, Skizze Seite 227.

**Technische Kletterei im großen Dach der „Schreck-Heel-Führe" (R 157) in der Gimpel-Nordwand.**
Die Führe ist besonders ab dem Gimpelband recht eindrucksvoll, doch hätte sie mit bedeutend weniger Materialaufwand gemacht werden können.                                                          Foto: M. Lutz

**Übersicht:** Die Nordwand des Gimpel wird von einem breiten Schuttband rampenartig von links unten nach rechts oben durchzogen. Dieses Band endet dann unter den Wänden des Gimpelturmes („Gimpelband"). Die Führe hält sich immer an dieses Band und erreicht nach dessen Ende durch Kamine den Grat des Gimpelturmes und wie R 150 den Gipfel.

**Zugang:** E am linken unteren Ende des Gimpelbandes, direkt im Verschneidungswinkel. Hierher von der Otto-Mayr-Hütte in 30 Minuten oder von der Judenscharte in 45 Min.

**Führe:** In einer Linksschleife über glattgewaschene Platten auf die schuttige, breite Rampe. Nun am besten an der rechten Seite dieser Rampe hinauf. Hier findet man teilweise nette Kletterei vor. Zuletzt über glatte, aber geneigte Platten zu einem Steilaufschwung (etwa 250 m, II, IV—). Diesen entweder an Einrissen und Platten gerade, zuletzt linkshaltend hinauf zur Fortsetzung des rampenartigen Gimpelbandes (50 m, V—, zuletzt II). Oder links hinüber in den Winkel (hier zweigt R 159, Neue Nordwand ab) und gerade durch steilere Kaminrinne ebenfalls zur Fortsetzung des Gimpelbandes (IV—). Am Band weiter, ausgesetzt um eine Kante herum (auffallend glatte Platte) und kurz auf einem breiten Schotterband zu Stand. Nun entweder durch eine hier beginnende Kaminreihe hinauf zum unteren Ende einer glatten, großen Platte (etwa 190 m, III, IV). Oder das sich verbreiternde Band und den folgenden Schuttkessel weiter bis unter die Wände des Gimpelturmes. Dann linkshaltend ebenso zur großen Platte (I und II). Rechts der Platte durch Kaminverschneidung im Winkel hinauf (38 m, III+). Nun nach rechts zu Kaminrinne. Diese, einige Verengungen und Platten hinauf, bis zum Grat am Gimpelturm (70 m, III, IV—). Nun wie bei R 150 zum „Blenkkamin" und durch diesen (V— oder V+, wenn direkt über den großen Überhang geklettert wird) zum Grat und zum Gipfel (etwa 160 m bis zum Grat, II, dann IV—, zuletzt V— oder V+).

**Hinweis:** In der Skizze sind Varianten festgehalten. Diese bewegen sich im IV. und V. Grad und machen die Kletterei etwas kurzweiliger (teils auch im Text erwähnt).

● **159**   **Neue Nordwand**
K. Schnetz, J. Keller, 1919.

**VI,** aufgeteilt wie folgt: VI (mehrere, zum Teil längere Stellen), oft V und V+, längere Strecken IV und III, nicht leichter.

Früher oft, heute kaum noch begangene, teilweise recht schöne Führe. Nur im oberen Teil durch Felssturz sandig und

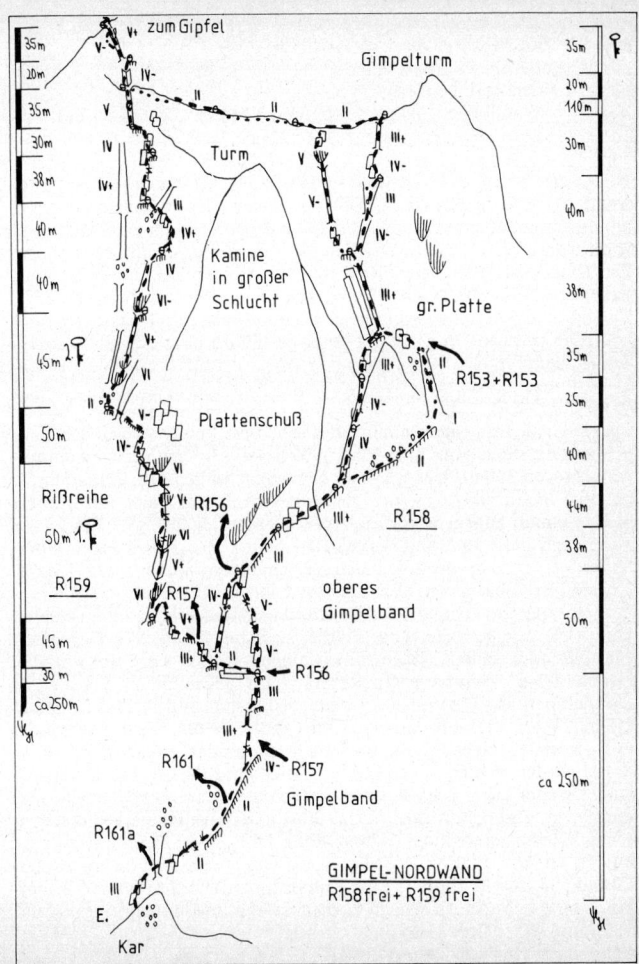

GIMPEL-NORDWAND
R158 frei + R159 frei

227

etwas locker, jedoch gewaltige Szenerie. ZH (teils zu viele!) im Fels, SH nur zum Teil.

Bei dieser Führe handelt es sich um den ersten VI. Grad in den Tannheimern!

Wandhöhe: 600 m. Kletterlänge 710 m. Zeit: 4—5 Std.

Foto Seite 231, Skizze Seite 227.

**Übersicht:** Die Neue Nordwand verläuft zunächst mit der Alten Nordwand (R 158) gemeinsam. Dort wo sich das Gimpelband aber aufsteilt, wendet sie sich nach links und erreicht durch eine Reihe von Rissen und Verschneidungen einen großen Plattenschuß, der in einen Felskessel eingelagert ist. Eine rechts hinaufleitende Kaminreihe führt dann zum Grat des großen Turmes der Schreck-Heel-Führe (R 157). Zuletzt leitet ein links befindlicher Kamin direkt zum Ende des Grates vom Gimpelturm. Von diesem leitet die Führe über den Blenkkamin zum nahen Gipfel.

**Zugang:** Wie R 158.

**Führe:** Zunächst gemeinsam mit R 158 zu dem Punkt wo sich das Gimpelband aufsteilt. Hier über Platten nach links in den Verschneidungswinkel (etwa 280 m, III bis IV—). Nun zunächst geneigte Platten linkshaltend hinauf (III+). Auf abschüssigem Bandl nach links, dann gerade hinauf zu einem Pfeiler. Auf diesen mittels Riß (V+) und kurz absteigend links zu Stand (45 m, III+, dann V+). Über einen Überhang (VI), dann in der folgenden Verschneidung weiter unter neuerlichen Wulst. Über diesen (VI) und den folgenden Riß überhängend hinauf, bis man auf schmaler Leiste abdrängend nach links herausqueren kann (VI). Einige Meter über Platten zu Stand (50 m, VI). Durch den Plattenschuß, zuletzt flach links hinauf in Verschneidungswinkel (Stand, 50 m, V—, dann II). Rechts setzen 2 Kamine an. Über einen Doppelüberhang (VI) in den rechten Rißkamin und in ihm zu Stand (45 m, V+, VI). Ein unangenehm glatter Wulst wird überspreizt (VI—). In der folgenden Kaminrinne weiter hinauf, zuletzt schottrig zu Stand an der rechten Wand (40 m, VI—, dann VI—). An der rechten Kante weiter (IV+), nach etwa 15 Metern wieder links ansteigender Quergang, eine Schuttrinne querend bis unter eine Rippe, die sich zwischen 2 Kaminen befindet (Stand, 40 m, IV+, dann II, III). Die Rippe an Rissen und Platten 2 Seillängen hinauf, zuletzt links zu Kamin (Stand, 38 m + 30 m, IV). Den Kamin hinauf, hinter einem Klemmblock hindurch (V), zu seinem Ende am Grat des Gimpelturmes (35 m, V). Nun wie bei **R 150** (Gimpelturm-Westwand) durch kurze Verschneidung zum Blenkkamin und über ihn zum Grat und zum Gipfel.

**Hinweis:** Die Kaminreihe ist sehr eindrucksvoll, jedoch befindet sich im oberen Teil noch Schutt und Geröll von einem Felssturz. Daher vorsichtig klettern, wenn man die Rinnen im oberen Teil quert!

● **160    Nordkante**
W. Merkl, T. Leiß, 1923.
**V,** aufgeteilt wie folgt: V (mehrere Stellen im unteren Wandteil), überwiegend III und IV, mit Stellen V—.
Im Vergleich zu R 161 (Schertelplatte), die unmittelbar in der Nähe verläuft, unbedeutend und weitaus weniger interessant. Nicht ganz leicht zu finden. Wenige H im Fels.
Wandhöhe: 600 m. Kletterlänge: 700 m. Zeit: 3—5 Std.
Foto Seite 231, Skizze Seite 233.

**Übersicht:** Die Nordkante folgt zunächst dem Gimpelband. Als Richtpunkt in der links ansetzenden Wand dient dann ein schwarz-gelber, dreiecksförmiger Überhang, den sie von rechts her erreicht. In der Folge wendet sich die Führe weiter schräg links aufwärts um zuletzt gerade die Kante zu erreichen. Diese wird nur kurz verfolgt, denn dann leitet die Führe mittels Linksquerung zu einer Kaminreihe. Nach derselben geht sie in flacherem Gelände wieder in Richtung Kante (hier nur mehr gratartig) und erreicht über diese den Gipfel.

**Zugang:** Wie R 158.

**Führe:** Auf dem Gimpelband wie bei R 159 etwa 200 Meter hinauf, bis man von rechts her in die Wand einsteigend einen dreiecksförmigen, schwarzgelben Wulst erreichen kann. Jetzt Linksquergang, bis man gerade in eine Nische hinaufklettern kann. Einige Meter rechtshaltend hinauf zu Verschneidung und zuletzt wieder links zu Stand (40 m, IV, V—). Eine Verschneidung und die folgende Plattenrampe links hinauf, zuletzt gerade zu Haken. Von diesem links um zwei plattige Rippen herum zu Stand in Rinne (40 m, IV, V). In der Rinne zu einem Absatz, und links, etwas absteigend hinter einen Felskopf zu Stand (30 m, II, IV). Eine Rampe weiter (H) und nach links zu Verschneidung, die auf Pfeiler leitet (30 m, IV +, V). Nochmals um ein Eck nach links und über einen Wulst, zuletzt wieder rechtshaltend zur Kante (Stand, 40 m, IV +). Die flache Kante unschwierig zu einem Band (Steinmann). Auf ihm nach links zum Beginn einer Kamin- und Rinnenreihe (Stand, 55 m, I, II). Den Kamin hinauf (IV) zu seinem Ende (35 m, IV). Kurz nach links zu weiterem Kamin und auch diesen hinauf zu Stand in Platten (35 m, IV +). Nun schräg rechts zu einem Kamin, links einer auffallend steilen Platte. Diesen Kamin hinauf bis zu Verengung. Links unterhalb Stand (38 m, IV +, V—). Hier kommt von rechts her die „Schertelplattenführe" (R 161). Wie bei dieser zum Gipfel.

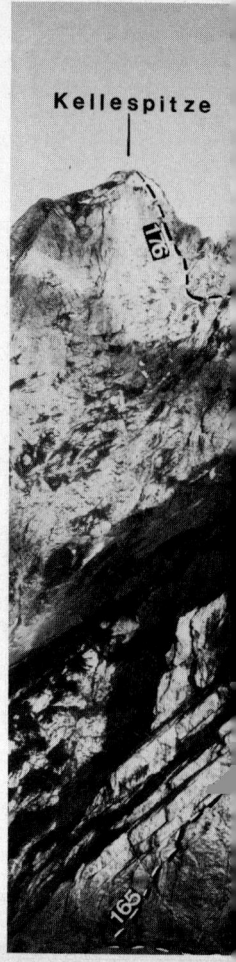

Kellespitze

Foto: W. Mayr

**Gimpel-Nordwand
vom Reintaljoch**

Gimpel

Nesselwängler
Scharte

158

161

159

164

163

160

158

161

158

162

164

162

● **161** **Nordwand-„Schertelplatte"**

H. Schertel, M. Neher, 1931.

**V +** / **A 0**, frei **VI +**, **VI—**; aufgeteilt wie folgt: V + (mehrere längere Stellen), vielfach IV und V, streckenweise auch leichter. Einige Stellen A0 oder VI—, eine Stelle frei VI +. Benützt man den direkten Ausstieg (Skizze), so erhöht sich die Schwierigkeit auf VI (eine Stelle).

Vielleicht die am meisten begangene Nordwandführe am Gimpel. Stellenweise herrliche Plattenkletterei, besonders lohnend mit dem direkten Ausstieg.

ZH im Fels, SH zum Teil.

Wandhöhe: 600 m. Kletterlänge 730 m. Zeit: 4—6 Std.

Foto Seite 231, 235, Skizze Seite 233.

**Übersicht:** Die Schertelplatte, eine etwa 60 Meter hohe, markante Platte, ist von der Otto-Mayr-Hütte einzusehen. Die Führe verläßt das Gimpelband dort, wo Risse zunächst gerade, dann etwas links zum rechten unteren Ende dieser Riesenplatte leiten. Nach Überwindung derselben wendet sich die Führe an die Kante und erreicht immer in deren Nähe bleibend den Schlußgrat und den Gipfel.

**Zugang zum E auf dem Gimpelband:** Wie bei R 158 (Alte Nordwand) zum Beginn des Gimpelbandes und an ihm etwa 150 Meter hinauf, zuletzt linkshaltend zu kleinem Absatz unter einem gerade hochführenden Riß- und Verschneidungssystem (etwa 150 m, II, III).

**Führe: 1. SL:** Rechts eine kurze Rampe hinauf, dann gerade über Wandstelle zu Rissen, die zuletzt leicht linkshaltend zu Stand auf Graspolster leiten (32 m, V—, V). **2. SL:** Links eine überhängende Rißverschneidung hinauf auf Pfeilerkopf (V +) und etwas absteigend zu einer sehr glatten Platte. Über diese hinweg (A0 oder VI +) und einer Kaminrinne folgend zu Absatz am untersten Rand der großen Platte (40 m). **3. SL:** Mehr links vom Verschneidungswinkel auf der Platte etwa 20 Meter hinauf (V + / A0 oder VI—), dann rechts in den Winkel und spreizend zum Ende der Platte. Stand auf Leiste (44 m). **4. SL:** - Über den obersten Teil der Platte linkshaltend hinweg zur geneigten Kante. Etwas links von ihr zu Stand (40 m, V—, dann II). **5. SL:** Wieder etwas rechtshaltend in Richtung Kante zu neuerlichem Stand (42 m, III +, IV—). **6. SL:** Über geneigte Platten zu großem Band. Stand am rechten Ende (30 m, IV—, IV). **7. SL:** Knapp links der Kante durch Risse hinauf, eine glatte Platte übersteigend (V +), dann wieder rechtshaltend direkt an die Kante. Rechts ums Eck einen Riß (V +) weiter und links heraus zu Stand (42 m, V, V +). **8. SL:** Nun an Rissen wieder gerade weiter zur nun gratähnlichen Kante. An ihr hinauf zu neuer-

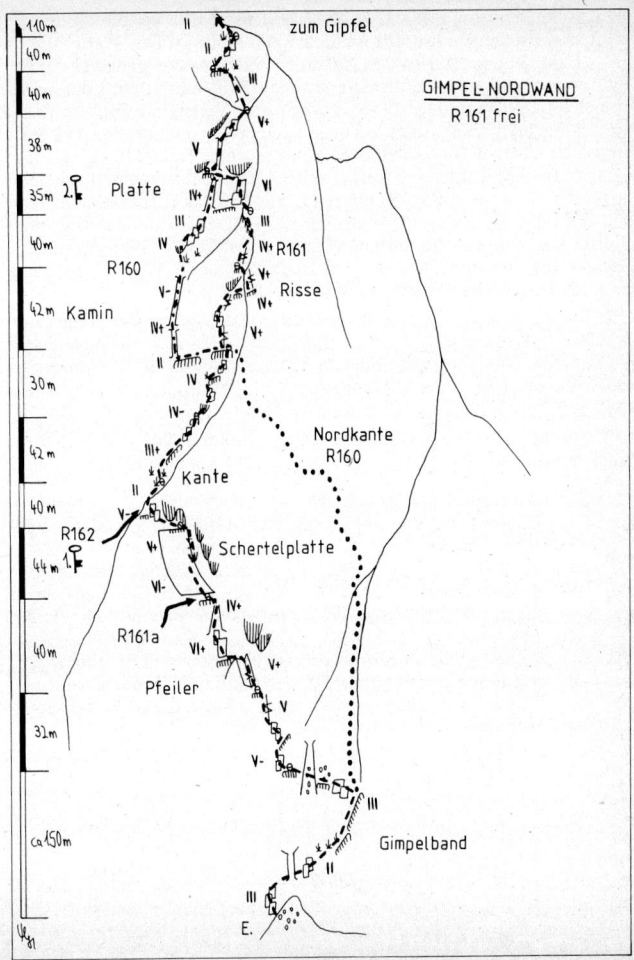

GIMPEL-NORDWAND
R 161 frei

zum Gipfel

110 m
40 m
40 m
38 m
35 m   2.   Platte
40 m        R 160
42 m   Kamin
30 m
42 m
40 m
R 162
44 m   1.
40 m
31 m
ca 150 m

Risse
Nordkante
R 160
Kante
Schertelplatte
R 161a
Pfeiler
Gimpelband
E.

lichem Aufschwung (Stand, 40 m, IV). **9. SL:** Links um die Kante und gerade einen feinen Riß am rechten Rand einer großen Platte hinauf (V). Bald jedoch diagonal nach links (VI), zuletzt waagrecht unter Wulst nach links zu Kaminreihe (Stand, 35 m; hier kommt die Nordkante [R 160] herauf!). **10. SL:** Über eine Verengung hinweg (V—) und zunächst gerade, dann rechtshaltend weiter hinauf (V +) zu Riß, der nach wenigen Metern zu Stand an der Kante führt (38 m). **11. SL:** An der flacher werdenden Kante weiter, dann rechts in eine Rinne und in dieser zu Stand (40 m, II, III). **12. SL:** Wieder etwas rechtshaltend zur grasigen Kante (Stand, 40 m, II). **13.—15. SL:** Auf die grasige, nun flache Kante und an ihr entlang (I) zum Ausstieg des „Blenkkamines". Weiter über den Grat, über kurzen Steilaufschwung (II), zur Gipfelwiese und wenige Meter zum Gipfel (etwa 110 m, I, II).

**Hinweis:** Der hier beschriebene Ausstieg ist der lohnendste, denn man klettert so weitaus länger in interessantem Gelände als beim üblichen Ausqueren in die links befindlichen, grasigen Steilwände des muldenartigen Kessels (vgl. auch R 163, Gimpel NO-Wand).

Die Schertelplatte selbst ist weitaus schöner, wenn man, wie beschrieben, zunächst links vom Verschneidungswinkel in der Platte klettert, auch wenn es schwierig aussieht!

● **161 a  Nordwand-„Gelbes Dach"**
P. Heel und Gef. 1970, nachdem H. Loderer und L. Waitl schon fast das halbe Dach geschafft hatten (um 1960).
**A 3 / V +;** aufgeteilt wie folgt: A 3, A 2 (längere Strecken im großen Dach) oft auch A 1, A 0. Im unteren Teil stellenweise auch V +, oft V und IV. Kaum leichter. Vermutlich alle ZH und SH im Fels.
Loderer und Waitl kletterten im unteren Teil (nicht ganz leicht zu finden) sehr viel frei, so daß damals noch Stellen im VI. Grad vorhanden waren, die aber von den Erstbegehern technisch geklettert wurden.
Länge der Variante 220 m. Zeit: 6—8 Std. (für die gesamte Route!).

### In der Gimpel-Nordwand (R 161)

Die eindrucksvolle 60-Meter-Platte, von H. Schertel 1931 erstmals erklettert, und die auch der Führe ihren Namen gab. Nicht nur wegen dieser Platte, sondern auch wegen des Direkten Ausstieges zählt die Führe zu den schönsten Nordwandrouten der Tannheimer Berge.          Foto: M. Lutz

**Übersicht:** Ein schmaler Wandstreifen links der Schertelplattenführe (R 161) leitet unter das große gelbe Dach. Dieses wird in seiner linken Hälfte überstiegen. Hernach erreicht die Variante waagrecht den Beginn der großen Platte von R 161.

**Zugang:** Wie bei R 161 zum E vom Gimpelband aus in die darüberliegende Wand.

**Führe:** Einigen Rampen und Rissen folgend (einige H) schräg rechts, dann gerade hinauf unter das große Dach. Über dieses hinweg (zahlreiche BH) zu sehr ausgesetztem Stand unter der großen Platte der Schertelplattenführe. Waagrechter Rechtsquergang zum Stand vor der dritten Seillänge von R 161.

● **162**  **Nordwand-„Lang-Schmitt-Kamin"**
  K. Lang, H. Schmitt, 1927.
  **VI—**, aufgeteilt wie folgt: VI— (kurze Stellen), überwiegend V, V+, im unteren Teil auch IV, nur wenige Meter leichter. Bisher kaum wiederholte, jedoch sehr eindrucksvolle Kletterei, besonders im Höhlenkamin, der einem „Schmuck-Kamin" im Wilden Kaiser gleichkommt! Der Kamin ist im unteren Teil stark von Flechten und Moosen überzogen. Daher nach Regenfällen unbedingt zu meiden! Die Kletterei in diesem Teil der Wand wirkt gewaltig und zählt zu den eindrucksvollsten der Tannheimer Berge.
  ZH im Fels, SH nur zum Teil vorhanden.
  Wandhöhe: 600 m. Kletterlänge 730 m. Zeit: 4—7 Std.
  Foto Seite 231, Skizze Seite 237.

**Übersicht:** Der Lang-Schmitt-Kamin ist als deutlich auffallender tiefer Einriß links des großen gelben Daches, das unterhalb der Schertelplatte abbricht, zu erkennen. Platten leiten von links her zu einer großen Rampe, die ihrerseits wieder von links den Kaminbeginn erreicht. Nach dem Kamin, teilweise im Berginneren, erreicht die Führe über eine rechts befindliche große Platte die Kante, über die auch die Schertelplattenführe (R 161) verläuft. Über diese führt sie dann zum Gipfel.

**Zugang:** E etwa 30 Meter unterhalb des E zur Alten Nordwand (R 158).

**Führe:** 1. **SL:** Über eine Platte von rechts her zu kurzem Riß. Diesen hinauf, zuletzt links um eine Kante und über kleinen Überhang zu Stand (40 m, IV+, V—). 2. **SL:** Rechtshaltend geneigte Platten hinauf zu Stand bei zwei Haken (42 m, II). 3. **SL:** Weiter über Platten in Kaminrinne und in dieser zu einem Stand (35 m, II, III). 4. **SL:** Kurz über Platten, dann links im Winkel eine Rißverschneidung zu Stand (35 m,

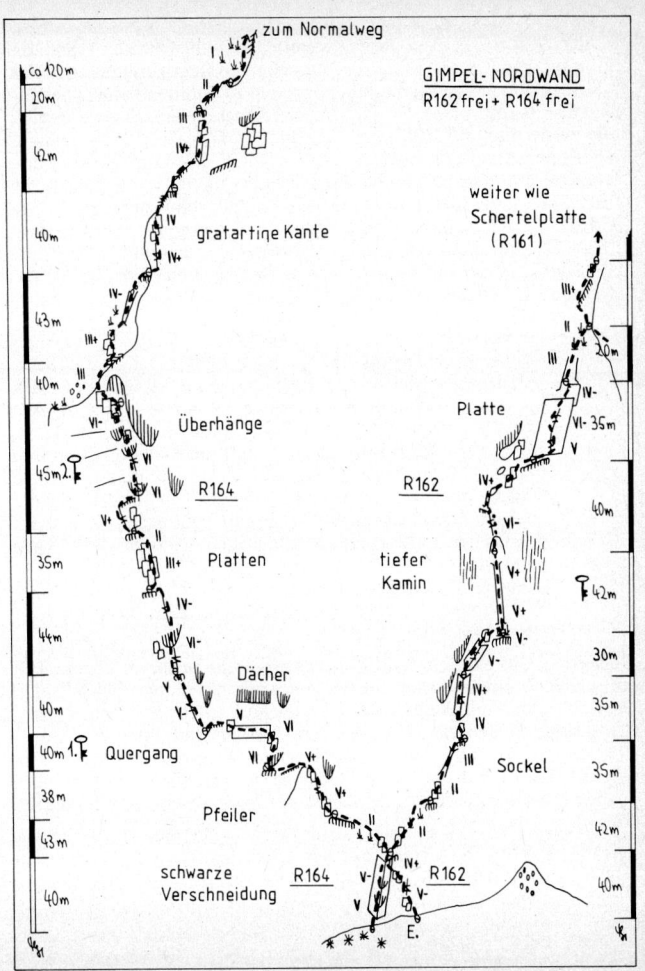

IV, IV +). **5. SL:** Nun in der Rißverschneidung, oder rechts davon weiter, zuletzt über Platte rechts zu gutem Stand an der rechten Wand, direkt unter dem Kamin (30 m, V—). **6. SL:** Den Kamin möglichst außen hinauf, zuletzt in den Kamin hineinspreizen zu Stand auf einem Schuttplätzchen (42 m, V +). **7. SL:** Im Berginneren zunächst spreizend, dann an der linken Wand kurz hangelnd, dann piazend (VI—) hinauf und aus dem ersten Loch wieder hinaus (V +). Zuletzt in Linksschleife (Sanduhr) auf eine Leiste und auf ihr rechts hinaus zu Stand (40 m). **8. SL:** Die große, hier ansetzende Platte hinauf, einigen Einrissen folgend (VI—, V) zu ihrem Ende und wenige Meter zu Stand (35 m). **9. SL:** In einer Felsrinne hinauf, zuletzt rechtshaltend in Richtung Kante (etwa 20 m), wo man mit der Schertelplattenführe (R 161) zusammentrifft. Weiter wie dort.

- ● **163    Nordostwand**
  W. Merkl, H. Kraus, 1925.
  **V,** aufgeteilt wie folgt: V (mehrere, zum Teil längere Stellen im unteren Wandteil), ansonsten IV bis V— (im unteren Teil). Nach Erreichen der großen Wandmulde zumeist III, II, stellenweise sogar noch leichter. Fast nie wiederholte, nur im unteren Teil interessante Führe. Unten nicht ganz einfach zu finden, oben viel Schrofengelände. Die Durchsteigung der zweiten, trichterförmigen Wandhälfte ist nicht ganz zwingend. Hier sind mehrere Möglichkeiten geboten. Jedoch alle recht mühsam.
  Einige ZH und SH im Fels.
  Wandhöhe: 500 m. Kletterlänge 550 m. Zeit: 3—4 Std.
  Foto Seite 231.

**Übersicht:** Die Nordostwand des Gimpels weist in ihrem oberen Teil eine große Wandmulde auf, die unten mit teils überhängenden Wänden abbricht. Um diese Wandmulde zu erreichen, leitet die Führe in ziemlich gerader Linie zwischen schwarzen Überhängen hindurch zu einem Felstrichter, der sich dann in der breiten Wandmulde verliert. Die Wandmulde wird dann, immer den Weg des geringsten Widerstandes suchend, bis zum Grat, an dem auch der Normalweg verläuft, durchstiegen.

**Zugang:** E etwa 20 Meter links des Gimpelbandes (hierher wie bei R 158, Alte Nordwand).

**Führe: 1. SL:** Über Platten, teils an Rissen hinauf (V +) in geneigtere Felsen (II). Dort zu Stand (43 m). **2. SL:** Hier nach links auf ein Band und über Verschneidung linkshaltend weiter zu Felsköpfel (Stand,

35 m, IV). **3. SL:** Links in eine Rinne, die sich in Fallinie des in der Übersicht erwähnten Felstrichters befindet. In der Rinne weiter bis zu einem Loch, rechts heraus (V) und gerade zu einer nach rechts leitenden Plattenrampe (V). Auf ein Band, und links zu Stand (40 m). **4. SL:** Durch einen Riß brüchig auf einen Pfeilerkopf und absteigend links in glatte Rinne und in ihr zu schlechtem Stand (30 m, IV+). **5. SL:** Hier links hinauf zu einer Höhle (V). Rechts um ein Eck in eine Plattenrinne, die sich weiter oben zu einem engen Kamin verengt (etwa 40 m, IV). **6. und 7. SL:** Nun durch die Verengung schlüpfend zu glatten, aber geneigten Platten und nach eineinhalb Seillängen (etwa 60 m) an die rechte Begrenzungskante der Plattenflucht (III). **8. bis 12. SL:** In geneigtem Fels, teils an der Kante in seichten Kamin, teils auch Rinne. Dieser wird weiter verfolgt. Ein letzter Steilaufschwung wird etwas linkshaltend über ein torbogenähnliches Felsgebilde überwunden (III+, viel Gehgelände). **13. bis 15. SL:** Über steile, teils schrofige Grashalden wieder rechtshaltend zum Grat (viel Gehgelände), wo man auf den Normalweg (R 137) trifft. Über ihn zum Gipfel.

● **164     NO-Wand-„Schräger Riß"**
K. Lang, H. Schmitt, 1927.
**VI,** aufgeteilt wie folgt: VI (2 längere Abschnitte), überwiegend V, V+ stellenweise auch IV und III. Erst oben leichter. Sehr wenig begangene, doch recht eindrucksvolle Riß- und Plattenkletterei. Sehr wenig Haken machen die Führe zu einer ernsten Unternehmung, jedoch besteht gerade darin ein Reiz dieser Führe. Bei Nässe kann der „Schräge Riß" gefährlich werden. Der Fels ist sehr hakenabweisend, so daß nur sichere Freikletterer den Riß angehen sollten! Im jetzigen Zustand zählt der „Schräge Riß" zu den eindrucksvollsten Tannheimer Kletterführen!
Wandhöhe: 460 m. Kletterlänge 630 m. Zeit: 4—6 Std.
Foto Seite 231, Skizze Seite 237.

**Übersicht:** Im linken Teil der Nordostwand fällt ein auffallender, von links nach rechts ziehender, geschwungener Riß auf. Er endet an der NO-Kante. Man erreicht ihn von unten von rechts her, zuletzt mittels langem Linksquergang unter schwarzen, oft nassen Überhängen.
**Zugang:** E etwa 40 Meter unterhalb des Gimpelbandes (hierher wie bei R 158, Alte Nordwand).
**Führe: 1. SL:** Die auffallende, schwarze Verschneidung schwierig hinauf (V), zuletzt einige Überhänge überspreizend (V—, dann IV+) zu Stand auf Absatz (40 m). **2. SL:** Linkshaltend über geneigte schrofige Platten zu gutem Stand, rechts unterhalb eines Pfeilerchens (43 m, II).

**3. SL:** Über Platten und feinen Riß linkshaltend auf den Pfeilerkopf (V+) und absteigender Quergang zu einem Stand auf Absatz (38 m). **4. SL:** Über nassen, abschüssigen Überhang (VI) zum Beginn des großen Linksquerganges. Zunächst kleingriffig (VI), dann leichter (V) über rauhe Platten nach links zu Stand in kleiner Felswanne (40 m). **5. SL:** Hier den Beginn der Rißreihe in herrlicher Kletterei linkshaltend hinauf zu Stand auf Absatz (40 m, V). **6. SL:** Gerade unter Rißwulst und direkt über ihn hinweg (VI—) in erheblich leichtere Plattenzone (IV—). Stand bei Absatz mit Sanduhr, etwas links des hier seichten Risses (44 m). **7. SL:** Die geneigten Platten hinauf, bis sich der Riß wieder aufsteilt (Stand, 35 m III+, II). **8. SL:** Links an Schuppenriß hinauf und abschüssig rechts zu Rißwulst. Über diesen (VI) und die beiden folgenden abschüssigen Überhänge zu überwölbtem Stand bei großer Sanduhr (45 m). **9. SL:** Links über Platten an die Kante und links von ihr zu Stand (40 m, III; hier kommt von links die NO-Kante (R 165) herauf). **10. SL:** Noch links von der Kante, dann rechts auf sie zu Stand unter Steilaufschwung (43 m, III, IV—). **11. SL:** Knapp rechts des Aufschwunges an Rissen hinauf und wieder am Grat leichter zu Blockstand (IV+, IV, 40 m). **12. SL:** Kurz noch leicht (II), dann rechts in kurze Verschneidung (IV+), die in flachere Felsen führt (III). Stand bei Absatz (42 m). **13. SL:** Weiter in schrofigen Felsen zu Absatz (20 m, II). **14.—16. SL:** Nun in steilen Grashängen mit kurzen Schrofenabsätzen, immer in Gratnähe bleibend zu einem Kopf im Ostgrat des Gimpels. Unschwierig am Grat rechts zum Normalweg (etwa 120 m, I, kurz II).

● **165    Nordostkante**
    K. Lang, H. Schmitt, 1927.
    **V+ / A0** oder frei **VI—**; aufgeteilt wie folgt: V+ (mehrere, zum Teil längere Stellen), überwiegend jedoch III und IV, kurze Stellen V—, V. Einige Stellen im Wulstriß A0 oder frei VI—.
    Selten gemachte, jedoch im Mittelteil sehr schöne Führe, teilweise herrlich ausgesetzt. ZH im Fels, SH jedoch nur zum Teil. Wandhöhe: 500 m. Kletterlänge 700 m. Zeit: 4—5 Std. Foto Seite 230, Skizze Seite 241.

**Übersicht:** Die Nordostkante ist erst in ihrem mittleren Teil deutlich ausgeprägt und verläuft oben wieder etwas flacher, zuletzt als Grat. Sie wird von unten her über von links nach rechts ziehende Kamine und Verschneidungen, die in einem Plattenschuß enden, erreicht.

**Zugang:** E im untersten Teil der Nordostwand des Gimpels, am rechten

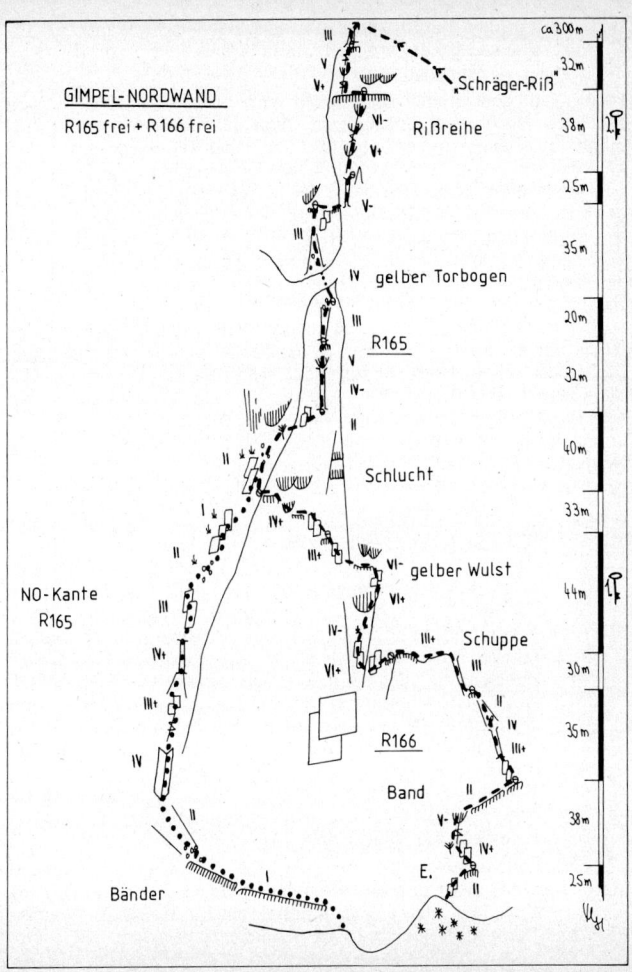

GIMPEL-NORDWAND
R165 frei + R166 frei

Schräger-Riß

Rißreihe

gelber Torbogen

R165

Schlucht

gelber Wulst

Schuppe

NO-Kante
R165

R166

Band

Bänder

E.

ca 300 m
32 m
38 m
25 m
35 m
20 m
32 m
40 m
33 m
44 m
30 m
35 m
38 m
25 m

241

Ende eines großen Schuttbandes, das nach links in die Wand zum Beginn der in der Übersicht erwähnten Kaminreihe führt. Von der Otto-Mayr-Hütte 20 Min.

**Führe:** Auf dem breiten Band leicht nach links bis kurz vor dessen Ende (I). Noch etwas linkshaltend, dann jedoch gerade durch Verschneidung hinauf. In der Folge über Risse und Kamin (IV +) zum Beginn des großen, nach rechts führenden Plattenschusses, der in einigen Seillängen unter gelbe Überhänge leitet (bis hierher etwa 180 m, IV, dann III, zuletzt II und I). Unter diesen Überhängen nach rechts zu einer Kaminreihe (Stand, 20 m, II, III). Einen Kamin, zuletzt kleiner Überhang (V) gerade hinauf zu Stand auf Absatz (32 m, IV—, V). In der breiteren Kaminrinne hinauf unter gelben Torbogen (Stand, 20 m, III). Durch den Torbogen hindurch (IV) und in Rinne weiter zu Stand an der rechten Wand (35 m, IV, zuletzt III) Plattenquergang nach rechts um die Kante (V—) und in Rißkamin hinauf zu Stand neben Pfeilerchen (25 m, V—). Die folgende, leicht nach rechts ziehende Rißreihe samt 3 Überhängen (V +, A0 oder VI—) hinauf zu Stand auf einem Band (38 m, V +, A0 oder VI—). Auf dem Band nach links und durch Riß hinauf zu geneigteren Felsen und zu Stand (32 m, V, V +). Noch etwas rechtshaltend zur gratartigen Kante, wo auch der „Schräge Riß" (R 164) heraufkommt (etwa 25 m, III). Weiter wie dort.

● **166    Direkte Nordostkante**
F. Lang, R. Hoffmann, 1957.

VI— / A 1, frei VI +; aufgeteilt wie folgt: VI— (kurze Stellen in der Schluchtseillänge), überwiegend IV, manchmal auch III. Zwei Stellen A 1 oder frei VI + (brüchig).

Fast nie wiederholter und in einer Seillänge nicht ganz ungefährlicher Direkteinstieg zur NO-Kante. Mehr etwas für Spezialisten, die auch splittrigen Fels mögen. Die Schlüsselseillänge weist schlechte H auf und hat große Seilreibung. ZH vorhanden, SH nur teilweise. Sollten H fehlen, so kann das Anbringen neuer auch A2 sein. Im untersten Teil dieses Direkteinstieges sind auch Varianten möglich.

Wandhöhe: 500 m. Kletterlänge 730 m (gesamte Nordostkante). Zeit: 4—7 Std. (gesamte Nordostkante).

Foto Seite 231, Skizze Seite 241.

**Übersicht:** Die Nordostkante entsendet nach unten eine tiefe Schlucht, die in riesigen, meist nassen schwarzen Platten endet. Diese Platten werden rechts umgangen, um dann mittels einer auffallenden Schuppe nach links zum untersten Ende der Schlucht zu gelangen. Diese wird dann ein Stück verfolgt und dann linkshaltend verlassen. Hier trifft die

Führe auf den Plattenschuß der Nordostkante (R 165) und verfolgt diese weiter zum Gipfel.

**Zugang:** Einstieg etwas rechts der Fallinie des Schluchtausganges. (Hierher von der Otto-Mayr-Hütte in 25 Min.)

**Führe: 1. SL:** Über geneigte Platten zu Absatz (25 m, II). **2. SL:** Nun steiler über Platte links zu kleinem Strauch (IV+) und von diesem über Rißüberhang hinauf (V—) zu breitem Band, das nach rechts hinauf (II) zu Stand leitet (38 m). **3. SL:** Linkshaltend zu Kaminreihe, die zum rechten Ende der auffallenden Schuppe leitet (Stand, III+, IV—, 35 m). **4. SL:** Mittels Kamin auf die Schuppe hinauf, und hinter oder an ihr nach links zu Stand an ihrem Ende (30 m, III). **5. SL:** Etwas absteigend um das Eck (VI—) zu Haken und gerade (A 1 oder VI+) in die plattige Schlucht hinein. Unter großem Wulst rechtshaltend hinauf (A 1 oder VI+) und wieder links zurück (VI—) in die Schlucht. In ihr zu Stand (44 m). **6. SL:** An der linken Schluchtseite ansteigender Quergang an die Kante (IV+) und zu Stand am rechten Rand des Plattenschusses der NO-Kante (33 m). **7. SL:** Im flachen Plattenschuß hinauf und unter gelben Überhängen wie die NO-Kante nach rechts zum Beginn der Kaminreihe (40 m, II). Weiter wie bei der NO-Kante (R 166).

● **167    Nordostflanke**
Hermann von Barth, 1870.
**I** (stellenweise), oft auch Gehgelände.
Wenig gemachte und auch unlohnende „Graskletterei". Teilweise recht mühsam.
Höhenunterschied vom E zum Gipfel etwa 400 m. Zeit: etwa 2 Std.

**Zugang:** E bei den ersten Drahtseilen des Weges zur Nesselwängler Scharte (R 37), etwa 1 Std. ab Otto-Mayr-Hütte.

**Führe:** Rechts die steilen, teils schrofigen Grashänge hinauf und unter den Zacken des Gimpelgrates hindurch, bis man eine große Scharte erreicht. Aus dieser steil auf den Kopf, von dem aus man bald den Normalweg und über diesen am Grat den Gipfel erreicht.

● **168    Gesamter Ostgrat-„Gimpelgrätle"**
A. Weixler, 1904.
**IV—** (eine Stelle), überwiegend II, oft auch leichter.
Landschaftlich lohnende Gratkletterei mit kurzen Kletterstellen. Wird jedoch kaum gemacht und ist im Vergleich zu den anderen Gimpelrouten von untergeordneter Bedeutung.
Gratlänge: etwa 750 m. Zeit: etwa 2 Std.

**Führe:** Wie bei R 170 zum Gipfel des Schäfer. Von dort am Grat entlang, einen kurzen Kamin (IV—) hinab und in Felsen weiter zu einer Scharte (südseitig, etwas verwickelte Routenführung). Über steile Schrofen auf den nächsten Kopf (II). Wieder etwas hinab und nun längere Zeit eben weiter. Ein Kopf wird leicht (I) überstiegen, während der nächste nordseitig umgangen wird (II, I). Aus der Scharte hinauf auf den Kopf, den auch die NO-Flanke erreicht und wenige Meter zum Normalweg. Über diesen zum Gipfel des Gimpel.

**Hinweis:** Dieser Grat kann auch in der Gegenrichtung (H. und R. Haff, 1910) begangen werden!

● **169**    **Schäfer,** 2060 m

Erste Ersteigung dieser eigentlich wenig markanten Erhebung im langen Ostgrat des Gimpels vermutlich durch Einheimische. Ragt als grasiger Felskopf westlich der Nesselwängler Scharte auf und kann relativ leicht über seinen kurzen Ostgrat erstiegen werden. Hübsche Nahblicke auf den Nordgrat der Kellespitze. Durch seine Südwand leiten einige, heute nur noch selten gemachte Führen. Diese sind zum Teil recht hübsche Klettereien, kurz zwar, aber ohne den üblichen Südwandrummel an Gimpel, Roter Flüh oder Hochwiesler.

● **170**    **Normalweg über den Ostgrat**
         **I** (am obersten Gratabschnitt), ansonsten unschwieriger grasiger Hang. Kaum Trittspuren vorhanden, jedoch wegen der Kürze des Anstieges einfache Orientierung.
         Höhenunterschied vom E zum Gipfel etwa 60 m. Zeit etwa 15 Min.

**Anstieg:** Von der Nesselwängler Scharte (R 37) links den zunächst wenig ausgeprägten Grat, oder rechts von ihm über Wiesen hinauf. Zuletzt etwas felsig zum höchsten Punkt (I).

● **170 A**   **Abstieg auf dem Normalweg (R 170)**
         **I** (am obersten Gratabschnitt), ansonsten unschwierig.

**Vom Gipfel** den zunächst scharfen Grat (I) entlang in Richtung Kellespitze. Bald jedoch flacher über unschwierige Wiesen am nunmehr wenig ausgeprägten Grat hinab zur Nesselwängler Scharte. 5 Min. ab Gipfel.

● **171   Südkante**
　　Erstbegeher unbekannt.
　　**V +**, aufgeteilt wie folgt: V + (2 längere Stellen), im unteren
　　Teil oft V, erst im oberen Teil leichter. Kurze, wenig gemach-
　　te, aber recht hübsche Kamin- und Rißkletterei. Im oberen
　　Teil etwas brüchig, dort jedoch erheblich leichter als unten.
　　Wenige H im Fels. Für die unteren Längen empfiehlt es sich,
　　einige Haken für die Standplätze mitzuführen. Diese Route
　　kann leicht im Anschluß an eine andere Südwandführe ge-
　　macht werden.
　　Kantenhöhe: 150 m. Kletterlänge 180 m. Zeit: 2 Std.
　　Foto Seite 249, Skizze Seite 247.

**Übersicht:** Im rechten Teil der Südwand des Schäfer zieht ein markan-
ter, sich zum Kamin erweiternder Riß durch den unteren Steilabbruch.
Danach folgt die Führe einem Grat, der sich bald verflacht und in den
Gipfelhängen ausläuft.

**Führe:** siehe Skizze!

● **172   Südostriß-„Holzkeilriß"**
　　A. Kleemeier, L. Schuster, 1953.
　　**VI / A 1**, frei **VII—**, aufgeteilt wie folgt: VI (eine Stelle),
　　überwiegend VI—, V +, V, im oberen Teil auch leichter. In
　　der Schlüsselstelle fehlen einige H!
　　Vor 16 Jahren zuletzt wiederholte, stellenweise nicht ganz un-
　　gefährliche Kletterei in etwas lockerem Fels. Einige ZH im
　　Fels, SH vorhanden.
　　Wandhöhe: 150 m. Kletterlänge etwa 180 m (mit Vorbau)
　　Zeit: etwa 2—3 Std.
　　Foto Seite 249, Skizze Seite 247.

**Übersicht:** Im rechten Teil der zentralen Südwand des Schäfer verläuft
ein markanter Riß, zunächst über grauen, dann durch gelben Fels. Zuletzt erreicht der Riß den obersten Teil der hier gratartigen Südkante.

**Führe: 1. SL:** Vom Weg zur Nesselwängler Scharte (R 37) über den
Vorbau hinauf (II, eine Stelle III +) zu Stand direkt unter dem hier
noch geneigteren Riß (etwa 85 m, II, kurz III +, zuletzt I). **2. SL:** Den
Riß hinauf (VI—) zu seinem vorläufigen Ende. Kurz links über Platten,
dann wieder rechts in den nun schmäleren Winkel. Einige Meter spreizend hinauf auf eine schräge Platte. Wenige Meter über diese zu Stand
unter großem gelben Überhang (30 m, VI—, dann V). **3. SL:** Wenige
Meter rechts zu feinem Riß, der rechts hinaufführt (VI / A 1 oder frei
VII—). Der rampenähnlichen Fortsetzung noch einige Meter folgend,

dann wieder links an grauer Wand ansteigender Quergang (V+) zurück in den Haupttriß. Über blockige Wand links zu Stand auf Absatz (35 m). **4. SL:** Über kurzen Riß, leicht rechtshaltend, dann im linken von zwei Rissen hinan, zuletzt kleiner Überhang (V—), weiter in die sich oben verengende Kaminrinne (IV—). Zuletzt über zerrissene Platten (III+) zum Grat und zu Stand (42 m). **5. SL:** Über den Grat und die Schlußhänge zum Gipfel (I, II, 45 m).

● **173**   **Südwand-„Graf-Iseler-Riß"**
A. Graf, H. Iseler, 1943.
**VI,** aufgeteilt wie folgt: VI (eine Stelle), überwiegend VI—, V+, V, unten und oben auch leichter.
Kaum wiederholte, doch unerwartet nette Riß- und Wandkletterei. Meist fester Fels, unten etwas grasig.
Der „Graf-Iseler-Riß" ist identisch mit dem bisher in Führerwerken aufgeführten „Schrägen Riß". Der unten feine, durch eine Platte führende Riß wurde auch schon direkt erklettert (A. Maringele u. Gef.). Einige H vorhanden, für die Standplätze ist die Mitnahme zusätzlicher H empfehlenswert! Wandhöhe: 150 m. Kletterlänge etwa 210 m (ohne Vorbau). Zeit: etwa 2—3 Std.
Foto Seite 249, Skizze Seite 247.

**Übersicht:** Im linken Teil der Schäfer-Südwand (links eine tiefe Scharte) ist ein markanter, schräger Riß eingebettet. Sein unterster Teil wird mittels einer großen Rechtsschleife umgangen, während der Rest des Risses in seiner ganzen Länge erklettert wird. Oben verläuft die Führe dann an der sich anschließenden gratartigen Kante, die direkt zum Gipfel leitet.

**Führe:** siehe Skizze!

● **173 a  Direktvariante**
A. Maringele und Gef.
**VI / A1,** frei VII, aufgeteilt wie folgt: VI (durchgehend), am Beginn A1 (HK nötig!)
Sehr anstrengende Rißvariante, deren Ausstieg durch Grasboschen erschwert wird; fester Fels!
Länge: 20 m. Zeit: 30—45 Min.

**Variante:** Die Variante benützt den feinen Riß, der die unterste Fortsetzung des Graf-Iseler-Risses (R 173) bildet und sonst in einer Rechtsschleife umgangen wird. Der zunächst breite, überhängende Riß wird zunehmend schmäler und führt direkt zum Stand nach der 1. SL von R 173! Weiter wie dort.

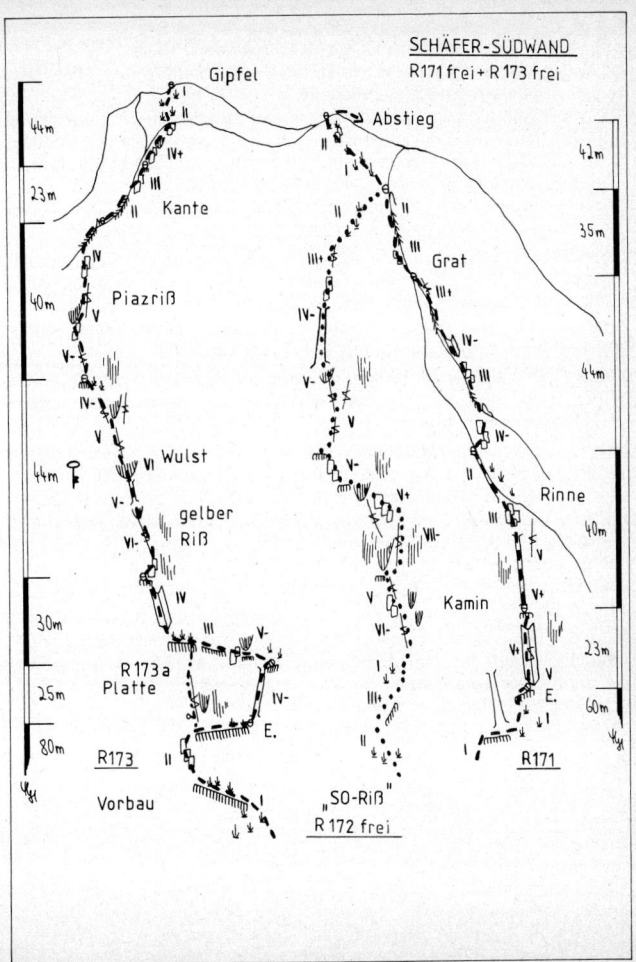

● **174  Alte Südwand**

E. Gretschmann, O. Leixl, v. Schwerin, 1920.

**V—**, aufgeteilt wie folgt: V— (eine Stelle), kurz III +, III, überwiegend jedoch leichter.

Fast nie begangener Anstieg, der zumeist über Grasschrofen leitet. Mündet oben in R 173. Im Gegensatz zu den anderen Südwandführen brüchig, erst oben festerer Fels; von untergeordneter Bedeutung. Kaum H vorhanden.

Wandhöhe: 150 m. Kletterlänge etwa 170 m. Zeit: etwa 1—1½ Std. Foto Seite 249.

**Übersicht:** Die Schäfer Südwand wird links von einer Kaminschlucht begrenzt. Im linken Teil dieser Schlucht beginnt der Anstieg, um oben direkt in der nurmehr schrofigen Schlucht zu der Scharte im Grat auszusteigen. Hernach wendet sich die Führe nach rechts zu einem Seitengrat und erreicht gemeinsam mit R 173 den Gipfel.

**Zugang:** In Fallinie des linken, der von der Schlucht herabziehenden beiden Risse ist der E. Hierher vom Weg zur Nesselwängler Scharte (R 37) in wenigen Min.

**Führe:** Zunächst gerade über grasdurchsetzte Steilschrofen (III +), dann linkshaltend in die steile Wand. In einer Linksschleife ein Steilstück umgehend (V—) wieder in die nun erheblich breitere Schluchtrinne zurück (etwa 65 m, III, kurz V—). Die Schluchtrinne, teils Geröll und Gras hinauf in die Scharte (etwa 50 m, II). Aus der Schlucht zunächst kurz nördlich absteigend, dann wieder ansteigend nach rechts zum Grat von R 173 ("Graf-Iseler-Riß"). Über ihn zum Gipfel (III, eine Stelle IV +).

**Hinweis:** Die Haken, die an der markanten Kante links von der Kaminschlucht stecken, zeigen lediglich einen Versuch an. Dieser Vorstoß endet unter einer kompakten, vom Weg zur Nesselwängler Scharte deutlich sichtbaren, bauchigen Wand.

**Schäfer-Südwand**

R 171  Südkante
R 172  "Holzkeilriß"
R 173  Südwand-"Graf-Iseler-Riß"
R 174  Alte Südwand                          Foto: W. Mayr

● **175**          **Kellespitze,** 2247 m

Die erste Ersteigung des höchsten Gipfels der Tannheimer Gruppe erfolgte mit Sicherheit durch Einheimische. Schon allein wegen der umfassenden Rundsicht und den imposanten Nahblicken ist der Besuch lohnend. Allerdings ist schon auf dem Normalweg stellenweise Kletterfertigkeit erforderlich. Die Überschreitung von Ost nach West ist die großzügigste Kletterei III. Grades in den Tannheimern. Gleiches gilt auch für den Nordgrat, nur daß sich dieser in höheren Schwierigkeiten abwickelt. Durch die Südwand der Kellespitze leitet die längste südseitige Führe in den Tannheimern. Alle anderen Anstiege, außer den Führen an Löwenzahn und Kelletürmen sind unlohnend und werden nicht mehr begangen. Das Gestein an der Kellespitze ist nicht ganz so solide wie in der Nachbarschaft. Immer wieder sind in die Führen brüchigere Abschnitte eingelagert. Auf den ersten Blick sicher ein Nachteil, aber eben nur auf den ersten . . .

**Hinweis:** Obwohl der Nordabbruch der Kellespitze mit nahezu 750 Meter wirklich der höchste Tannheimer Wandabbruch ist, stellen seine Durchstiege wenig lohnende Kletterführen dar. Nur versierte Schrofen- und Grasspezialisten, die auch einen Sinn für die umliegenden Nahblicke haben, werden an diesen Anstiegen ihre Freude haben.

● **176**    **Normalweg über die NW-Seite**
      **II** (eine Stelle), ansonsten kurze Kletterabschnitte (I), überwiegend jedoch Gehgelände, das aber besonders im Frühjahr und im Spätherbst durch Schneeauflage sehr gefährlich werden kann (mehrere Todesfälle!). Eine Stelle ist mit unhandlichem Drahtseil gesichert (II). Ansonsten deutliche Trittspuren und einzelne rote Farbmarkierungen. Haken, die das Spannen von Seilgeländern ermöglichen, sind vorhanden.
      Höhenunterschied vom E zum Gipfel: etwa 250 m. Zeit: etwa 1 Std. von der Nesselwängler Scharte.
      Foto Seite 230 / 231, 267.

**Anstieg:** Von der Nesselwängler Scharte (R 37) rechts über Wiesen hinauf ("Lenzles Anstand") und unter den ersten Felsen des Westgrates hindurch in die Nordwestflanke. Kurz eine Kaminrinne hinab (I) und an der Flanke wieder ansteigender Quergang, zuletzt kurze Felsabsätze querend (I) in eine auffallende, zunächst noch schottrige Kaminrinne. Diese hinauf (Vorsicht wegen Steinschlag!) und über eine kurze Sperrstelle (II, schlechtes Drahtseil) hinweg in die Fortsetzung und über gestufte Schrofen in eine Scharte. Rechts über kurzes Schrofenwandl (I) hinauf und wenige Meter zum Gipfelkreuz.

● **176 A  Abstieg auf dem Normalweg (R 176)**
　　　　　**II** (eine kurze Stelle), überwiegend jedoch Gehgelände mit
　　　　　mehreren Kletterpassagen (I). Vom Gipfel zur Nesselwängler
　　　　　Scharte in etwa 30—45 Min.

**Vom Gipfel rechts** hinab, zuletzt etwas steiler (I) zu einer Scharte, von
der links eine steile Kaminrinne hinabzieht. Diese hinunter zu einer kurzen Sperrstelle an der linken Seite. Diese hinab (II, schlechtes Drahtseil)
und die Rinne weiter hinunter, zuletzt links über kurze Felsstufen hinausqueren. Die Flanke leicht absteigend weiter queren bis man durch
eine Kaminrinne aufsteigend (I) den Beginn der Wiesen über der Nesselwängler Scharte erreicht. Unter dem Westgrat hindurchquerend
leicht hinab zu dieser.

● **177  Westgrat**
　　　　　J. Enzensperger, 1897.
　　　　　**III** (kurze Stellen), überwiegend II und I, teils auch Gehge-
　　　　　lände.
　　　　　Oft gemachte, stellenweise prächtig ausgesetzte Kletterei.
　　　　　Überwiegend fester Fels, teilweise auch schon abgeklettert.
　　　　　Wenige H sind im Fels, zumeist natürliche Sicherungsmög-
　　　　　lichkeiten an Zacken, Köpfeln und Sanduhren. Lohnender
　　　　　als der Normalweg.
　　　　　Gratlänge: etwa 350 m. Kletterlänge etwa 450 m. Zeit: etwa
　　　　　2 Std. Foto Seite 81, 267.

**Übersicht:** Der Westgrat setzt direkt neben der Wiese („Lenzles Anstand") über der Nesselwängler Scharte an. Über eine steile Felsstufe
gelangt man an den Grat. Dieser wird verfolgt (zumeist deutliche Trittspuren) bis zu einem Schartel (hier Abstieg nach NW zum Normalweg
möglich) und jenseits einen Gratkopf übersteigend erreicht man den
letzten, steilsten Aufschwung, der knapp links vom Gipfel endet.

**Führe:** Von der Nesselwängler Scharte (R 37) kurz dem Normalweg
(R 176) folgend, bis man rechts über die Wiese zu den ersten Felsen des
Westgrates queren kann. Über den von einem seichten, meist breiten
Riß durchzogenen Aufschwung in griffigem, festem Fels zwei Seillängen hinauf zu seinem Ende (etwa 70 m, II, eine Stelle III). Am zunächst
flachen Grat entlang, einige kurze Felsstellen überwindend (I, II) zu einem tiefen Schartel (II). Steil aus diesem hinauf (II) auf einen Gratkopf. Wieder hinab zu weiterer Scharte (Blick in die Südwand). Hier
setzt der letzte, steile, kantenartige Aufschwung an. Direkt an ihm,
oder kurz links von ihm hinauf (II). Eine kurze Verschneidung im oberen Abschnitt bildet die Schlüsselstelle (III). Nach etwa 3 Seillängen hat

man das Ende des Aufschwunges in der flachen Gipfelzone erreicht (etwa 110 m, II, kurz III). Wenige Meter zum Gipfel.

**Hinweis:** Bei der Überschreitung der Kellespitze wird der Westgrat meist im Abstieg begangen. Die Orientierung ist wegen der Trittspuren und dem stellenweise abgekletterten Fels recht einfach. Einfach immer in Gratnähe bleiben. Vom Gipfel aus gesehen beginnt der Westgrat an der rechten von zwei südwestseitig hinabziehenden Rippen (die linke bricht bald steil ab!).

● **178    Ostgrat-„Teufelsgrat"**
J. Bachschmid, E. Christa, 1898.
**III** (mehrere längere Stellen im Bereich Kelleschrofen-Babylonischer Turm), überwiegend jedoch II und I. Ganz oben auch Gehgelände. Viel begangene, landschaftlich einmalig schöne, teilweise imponierend ausgesetzte Gratkletterei. Wird oft unterschätzt. Besonders in Verbindung mit dem Westgrat eine lohnende Tagestour. Hat den Nachteil, daß im obersten Teil recht mühsames Gehgelände folgt. Kaum H im Fels.
Gratlänge: 550 m. Kletterlänge etwa 600 m. Zeit: 3–4 Std.

**Übersicht:** Der Ostgrat der Kellespitze ist der Verbindungsgrat zwischen dem östlichen Endpunkt, dem Kelleschrofen, und der Kellespitze. In diesem Grat ragt übrigens auch der Babylonische Turm auf. Meist wird der Kelleschrofen über den Führerkamin erstiegen (II, eine Stelle III, siehe R 190). Hernach wird leicht absteigend die Nordflanke des folgenden Turmes (Babylonischer Turm) gequert um an der zunächst zackigen Gratschneide in reizvoller Kletterei immer in Gratnähe weiterzusteigen. Der grasige Gipfelaufschwung wird dann in Gratnähe etwas mühsam, jedoch weniger schwierig erstiegen.

**Zugang:** Über den Normalweg (R 190) auf den Kelleschrofen.

**Führe:** Vom Gipfel des Kelleschrofen zunächst kurz am Ostgrat entlang, dann bald nordseitig hinab (II, III) und auf schmalen Bändern ausgesetzt in der Nordseite in Richtung Babylonischer Turm. Aus der Scharte vor ihm waagrechte Querung seiner Nordflanke (II, III) zu der Scharte westlich von ihm (eindrucksvoller Blick auf die Westwand des Turmes). Rechts der Gratschneide, fast immer in Höhe des Grates entlang, teils auf Bändern, teils auf plattigen Schrofen (II). Einmal schnürt sich der Grat eng zusammen. Hier an der rechten Seite der Schneide sehr ausgesetzt weiter (III), bis der Grat wieder breiter wird. Bald ist somit das zackenreiche Mittelstück, das nur geringen Höhengewinn erlaubt, überwunden. Die grasigen Schlußhänge immer in der

Nähe des nun rückenartigen Grates hinauf (I, kurz II, meist Gehgelände). Bald wird der Rücken wieder flacher, bis er dann am Gipfel ausläuft.

● **179**  **Alte Südwand**
H. Haff, R. Haff, 1907.
IV, aufgeteilt wie folgt: IV (kurze Stellen), überwiegend II, kurz auch I und III, unten und oben auch Gehgelände.
Fast nie mehr wiederholte, teilweise außerordentlich steinschlaggefährdete und geröllige Felsfahrt. Keine H vorhanden. Im Vergleich zu den anderen Führen wenig lohnend!
Wandhöhe: 300 m. Kletterlänge 420 m. Zeit: 3 Std.

**Übersicht:** Die von vielen Pfeilern in Schluchten und Gräben zergliederte Südwand der Kellespitze weist in ihrem linken Teil eine große, von rechts nach links ziehende Schlucht auf. Diese endet vor dem letzten Steilaufschwung des Westgrates in demselben. Diese Schlucht dient zunächst als Einstieg. Bei günstiger Gelegenheit wendet sich die Führe in die rechte, unten überhängende Wand und erreicht über sie eine breite grasige Rampe unter der gelben Gipfelwand. Diese Rampe leitet nach links an einen Grat, über den die Führe dann wieder leicht rechtshaltend den Gipfel erreicht.

**Zugang:** Kurz unterhalb der Nesselwängler Scharte (R 37) leitet ein Steig in Richtung Sabachjoch. Dieser führt unter der Südwand der Kellespitze entlang zum Beginn der großen Schlucht (etwa 15 Min. ab Nesselwängler Scharte).

**Führe:** Die Schlucht etwa eineinhalb Seillängen hinauf (II, sehr geröllig, oft Altschnee) und bei einem Band nach rechts in die unterhalb überhängende, gelbsplittrige Wand hinaus. (Die große Schlucht kann übrigens bis zum Westgrat erklettert werden, dann III, jedoch sehr steinschlaggefährdet!) Schräg rechts zu einem Kamin, der zuletzt linkshaltend den Ausstieg auf eine Geröllterrasse ermöglicht (III +). Einige Meter nach links, dann über eine Wandstufe brüchig hinauf (IV), zuletzt wieder nach rechts in die Fortsetzung des unten nach links verlassenen Kamins. In dieser Kaminrinne hinauf bis zu Absatz. Hier über eine Platte, links eines breiten Risses hinauf (IV—) auf eine breite Geröllterrasse. Etwas leichter nun immer ziemlich gerade hinauf auf die nach links hinausführende Grasrampe. Diese nach links und kurz vor ihrem Ende über die darüber ansetzende Wand hinauf (III) an den Grat. Dieser endet bald darauf knapp links des Gipfels.

● **180**  **Südwand-Südostsporn**
F. Haff und Gef. 1935.

**VI+** (eine Stelle), überwiegend V+, V—, oft IV+, IV, nur kurze Strecken etwas leichter.

Bisher erst wohl 3 oder 4 mal wiederholte, sehr großzügige und alpine Felsfahrt. Zumeist Grat und Kantenkletterei, erst ganz oben Wandkletterei, daher ist auch die Bezeichnung „Direkte Südwand" hier fehl am Platze. Wenige H im Fels.

**Hinweis:** Einige Haken und ein Satz Stopper sehr zu empfehlen. Bei dieser Führe handelt es sich um die großzügigste Südseitenroute der Tannheimer. Gar nicht mit den Führen an Roter Flüh oder Hochwiesler zu vergleichen! Zumeist festes Gestein!

Wandhöhe: 400 m. Kletterlänge 510 m. Zeit: 4—6 Std.
Foto Seite 257, Skizze Seite 255.

**Übersicht:** Die Südwand der Kellespitze weist rechts der großen Schlucht, in welcher die Alte Südwand (R 179) den Anfang nimmt, einen markanten Kantenpfeiler auf. Dieser endet erst weit oben in der Gipfelwand, direkt in Fallinie einer Riß- und Rampenreihe. Über den Kantenpfeiler, wobei einige Aufschwünge rechts, später dann links umgangen werden, leitet die Führe zu der Gipfelwand. Diese wird mit der Riß- und Rampenreihe erklettert. So erreicht man den letzten Teil des Ostgrates und kurz darauf links den Gipfel.

**Zugang:** Einstieg fast am tiefsten Punkt des Kantenpfeilers, wo ein Rißkamin gerade hinaufleitet. Hierher wie bei R 179, nur noch wenige Minuten weiter absteigend querend.

**Führe: 1. SL:** Über kurze Plattenwand an Löchern in den Rißkamin (V+). Diesen hinauf (V), zuletzt leicht links zu Stand an Sanduhr (38 m). **2. SL:** Über eine Platte schräg links (V—) unter gelben Überhang. Direkt über diesen hinweg (VI+, 1 Sanduhr, danach 1 H) und eine gestufte Plattenwand in schöner Kletterei (IV) zu Stand (2 H) hinter einem Felszacken (40 m). **3. SL:** Unter dem nächsten Aufschwung rechts ausweichend über Grasband (I). Bald jedoch noch vor Erreichen einer Schlucht wieder etwas linkshaltend in splittrigen Platten (IV+) zu Stand (43 m). **4. SL:** Wieder linkshaltend über grasige Schrofen zu Absatz an der Kante (40 m, II). **5. SL:** Etwas links der Kante über Platten weiter zu kleinem Absatz (V). Hier etwas linkshaltend über löchrige Platte (VI—) hinweg zu kurzem Rißkamin, der wieder zurück an die hier messerscharfe Schneide leitet. Sehr luftig gerade hinauf (V+) und über Platten weiter zum Kopf des Absatzes. Stand bei Block (45 m). **6. SL:** Auf der etwas flacheren Gratkante hinauf zum Kopf eines neu-

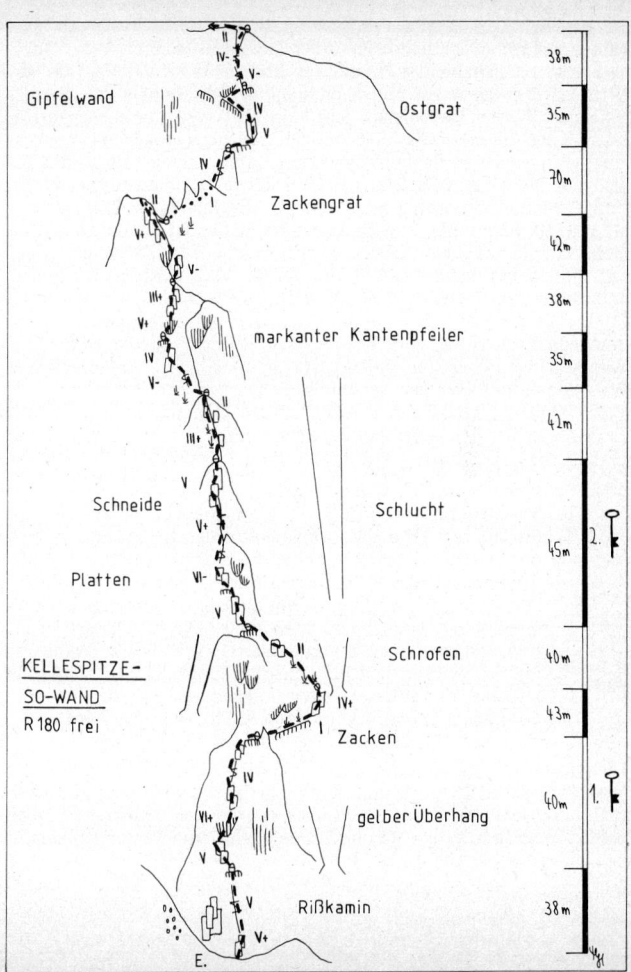

KELLESPITZE-
SO-WAND
R 180 frei

Gipfelwand

Ostgrat

Zackengrat

markanter Kantenpfeiler

Schneide

Schlucht

Platten

Schrofen

Zacken

gelber Überhang

Rißkamin

E.

erlichen Absatzes (Zackenstand, 42 m, III +). **7. SL:** Links des markanten, gelbroten Kantenpfeilers einen kurzen Riß hinauf. Weiter links — zuletzt rechtshaltend zu Stand auf Absatz (35 m, IV, V—). **8. SL:** Über Platte etwas rechts unter Überhang und direkt über ihn (V +) in geneigtere Platten die zuletzt leicht links (IV) wieder an die gratartige Kante leiten (38 m). **9. SL:** Rechts einen Überhang umgehend (V—) gelangt man wieder an die linke Wand der Kante. Immer knapp links der Schneide hinauf (V +) zuletzt auf die Schneide (III) und auf den Kopf. Einige Meter absteigend zu Stand am Beginn eines Zackengrates (42 m). **10. SL:** Links des Zackengrates weiter (II, dann I), zuletzt rechtshaltend auf einen Pfeilerkopf (IV), mit dem der Zackengrat unter der Gipfelwand endet (etwa 70 m). **11. SL:** Auf Leiste rechts hinaus und durch Verschneidung hinauf (V), zuletzt rechts um Kante zu Rampe. Diese links weiter, bis man unter gelben Überhängen etwas abdrängend nach rechts zum Beginn einer Rißreihe queren kann (IV). Wenige Meter höher Stand auf Absatz (35 m). **12. SL:** Die Risse hinauf (V—), dann im folgenden, den immer breiter werdenden Kamin gerade weiter (IV—), zuletzt etwas rechtshaltend (II), zu Stand am Grat (38 m). **13. SL:** Leicht links zum nahen Gipfel.

● **181    Nordgrat, Direkte Führe**
v. Schwerin, M. Wittwer, 1921.

**V +**, aufgeteilt wie folgt: V + (mehrere, zum Teil längere Stellen), oft IV +, IV. Längere Strecken III, im unteren Teil und oben auch leichter. Wohl die großzügigste Fahrt in den Tannheimer Bergen. Landschaftlich sehr beeindruckend und von alpinem Charakter. Wenn auch nicht immer ganz festes Gestein, so doch recht interessant. Die hier beschriebene Führe ist die lohnendste unter allen Möglichkeiten. Wenige H im Fels, viel natürliche Sicherungsmöglichkeiten. Einige H und ein paar Stopper sollten mitgenommen werden.
Gratlänge: 700 m. Kletterlänge 850 m. Zeit: 5—7 Std.
Foto Seite 75, 261, 263, 266 / 267, Skizze Seite 259.

**Übersicht:** Der Nordgrat der Kellespitze wirkt besonders vom Weg zur Nesselwängler Scharte aus imposant. Sein unterster Abbruch, ein riesiger Plattenschuß wird nicht begangen, erst bei der Gedenktafel „Karl Sohler" verläßt man den Weg und erreicht einen markanten Rißkamin,

**Kellespitze von Südosten**
R 180    Südwand-SO-Sporn
W = vermutlicher Einstieg „Westverschneidung" (F. Haff u. Gef.)
Foto: M. Lutz

Kellespitze

180

180

W

der auf die hier gratartige Kante leitet. Über einige Zacken, teilweise in ihren Wänden kletternd erreicht man dann die große Scharte vor dem Löwenzahn, einem gewaltigen Felszahn im Massiv der in der Folge zu überschreitenden Kelletürme. Während der Löwenzahn rechts ansteigend gequert wird, werden die Kelletürme alle von links her (NO-Seite) erstiegen. Nach den Kelletürmen erreicht man erneut eine tiefe Scharte, aus der man rechtshaltend hinaufsteigt zum nun flacheren Nordgrat, der bald den Normalweg von links her erreicht (bei der Scharte vor dem Gipfel). Über ihn dann wenige Meter noch zum Gipfel.

**Zugang:** Auf dem Weg vom Reintal zur Nesselwängler Scharte (R 37) bis zum Gedenkfelsen (eingelassene Gedenktafeln, u.a. Karl Sohler, daher die Bezeichnung „Sohlerplatte" für den Felsen). Etwa 30 Min. vom Talboden aus. Hier links die Schuttströme querend zum Beginn der Wand.

**Führe:** Über Grasbänder weiter links in die Wand hinaus. Bei einer kleinen Fichte rechts ansteigend zum Beginn einer V-förmigen Schlucht. Diese hinauf, zunehmend steiler zu Absatz, rechts eines links hinaufziehenden Rißkamins (schon von unten deutlich sichtbar). Bis hierher etwa 150 m, III, II. Über Platten links in den Kamin (IV +) und in ihm hinauf. Zuletzt im rechten Riß zum Grat (Blockstand, 45 m, IV). Den Grat an seiner rechten Seite knappe 3 Seillängen leichter, zuletzt rechts unter einem Zacken hindurch, hinauf zu Stand unter einer gestuften Plattenwand (etwa 120 m, II, III). Über die gestufte Wand an Rissen und über Platten leicht rechtshaltend zu Stand in Scharte hinauf (45 m, IV +). Den folgenden Gratzacken zunächst an seiner Schneide weiter, dann seine linke Flanke querend zu Stand in seiner Wand (40 m, IV). Weiter die Querung fortsetzen und in die Scharte vor dem Löwenzahn. (Hier kann man nach rechts in die NW-Rinne ausweichen, R 184). Die gelbe N-Wand des Löwenzahnes wird mittels rechts ansteigender Querung an senkrechter Wand (V) umgangen. Der so erreichte Rißkamin wird bis zu seinem Ende erklettert (IV +; 35 m). Jetzt nach rechts über Schuttband und über Kaminrinne weiter zu Stand unter dem zackigen Grat (43 m, III). Auf den Grat hinauf und über ihn zu Stand (35 m, III +). Ausgesetzt kurz am Grat weiter, dann links über Band in die Nordflanke des zweiten Kelleturmes. Durch eine Rißverschneidung garade schwierig hinauf, zuletzt leicht linkshaltend zu Blockstand (42 m, II dann V +, V). Am Grat des zweiten Kelleturmes weiter zu Stand (35 m, II). Die folgende Wand rechts der Gratschneide steil hinab in die Scharte vor dem dritten und größten Kelleturm (35 m, III +). Links hinab zu Stand-H (10 m). Mittels Quergang leicht links ansteigend um eine Kante herum in einen Rißkamin (V +). Diesen leicht

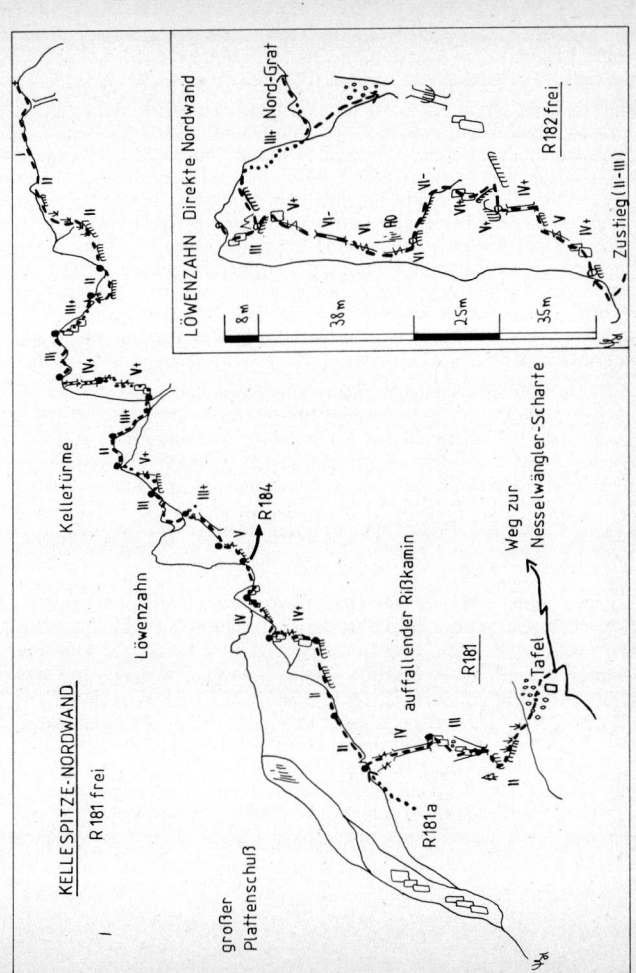

KELLESPITZE-NORDWAND

R 181 frei

LÖWENZAHN Direkte Nordwand

R 182 frei

Kelletürme

Löwenzahn

großer Plattenschuß

R 181a

auffallender Rißkamin

R 181

Tafel

Weg zur Nesselwängler-Scharte

R 184

Nord-Grat

Zustieg (II–III)

8 m
38 m
25 m
35 m

rechtshaltend hinauf. Zuletzt im linken von zwei Rissen hinauf, dann links um plattiges Eck zu breiterem Kamin (Stand, 43 m, V+, V). Den breiteren Kamin ziemlich gerade hinauf zu dessen Ende am Turmgrat und links weiter zu Stand (40 m, IV+). Am Turmgrat, teilweise brüchig zu Stand, bevor er wieder steil abbricht (40 m, III). Die schuppige Steilwand hinab, einen schrägen Felszahn linkshaltend ersteigend, dann wieder absteigend zu Stand (45 m, III+). Etwas absteigend nicht am Grat weiter sondern rechts hinab auf Schuttbänder und über diese in die große Scharte nach dem dritten Kelleturm (35 m, III+, dann II). Der folgende Steilaufschwung wird rechts umgangen (II). Dann weiter in Richtung Grat und über ihn hinauf (schöne Nahblicke auf Gehrenspitze und Kelletürme), zuletzt immer leichter werdend, bis man den Kopf, der die Rinne des Normalweges links begrenzt, erreicht (etwa 120 m, I—III). Leicht hinab zum Normalweg und über ihn wenige Meter zum Gipfel.

- **181 a   Direkter Sockeldurchstieg zum Nordgrat**
  R. Blöchl, H. P. Zweng, 1981.

  **VI—**, aufgeteilt wie folgt: VI— (eine kurze Stelle), stellenweise V— und V, zumeist jedoch II und III. Zuweilen auch Gehgelände. Idealer Einstieg, der den gewaltigen Plattenschuß jedoch nur rechts streift. Es sind keine H im Fels. Die schweren Stellen sind an festem Fels.
  Länge der Variante: 280 m. Zeit: 2 Std. (6—8 Std. für die ges. Route). Foto Seite 266.

**Zugang:** Vom Fahrweg zur Otto-Mayr-Hütte in Höhe Abzweigung Nesselwängler Scharte links über den Bach und weiter nach links zu einer geschwungenen Schluchtrinne. Hierher etwa 15 Min. ab Fahrweg.

**Führe:** Rechts dieser nach rechts hinaufleitenden Schluchtrinne über gestufte Schrofen hinauf (I, II), weiter etwas steiler werdend (II, III, 50 m). Dann wieder etwas leichter geneigteren Platten folgend (43 m, II). Anschließend kurz linkshaltend und wieder gerade zu Stand unter engem Kamin (35 m, III). Diesen Kamin hinauf (V) zu Stand unter Überhang (32 m, V). Unter dem Überhang nach links heraus und kurzer Linksquergang (VI—) dann wieder gerade, zuletzt wieder rechtshaltend zu Stand in Kamin mit Klemmblock (20 m, VI—, dann V, zuletzt

**Kellespitze-Nordgrat aus dem Reintal.**
R 181   Direkter Nordgrat (Gipfel ist nicht zu sehen! – Pfeil!)

Foto: W. Mayr

III.Kelleturm

Löwenzahn

181

181

181

IV). Wieder etwas absteigend auf der Führe zurück und links von dem Kamin gerade weiter (V—) zu Stand in bald geneigteren Platten (40 m, V—, dann IV). Bald mehr rechtshaltend über Grasschrofen zu jenem Gratstück, wo auch die Nordgratführe (R 181) nach der Erkletterung des auffallenden Rißkamins heraufleitet (etwa 100 m, II). Weiter wie dort.

● **182    Löwenzahn, Direkte Nordwand**
K. Sohler und Gef.
**VI / A0**, frei **VI +**, aufgeteilt wie folgt: VI (eine Stelle), überwiegend V +, V, unten etwas leichter. Einige Stellen A0 oder VI—, VI +, wenn man die 2. Seillänge frei erklettert (siehe Skizze). Alle H im Fels, lediglich für die Standplätze sind zum Teil Haken erforderlich. Herrliche, ausgesetzte Wand- und Rißkletterei in überwiegend bestem Fels. Wenig gemacht bisher.
Wandhöhe: 100 m. Kletterlänge 110 m. Zeit: 1—1½ Std.
Foto Seite 263, 265, Skizzen Seite 259.

**Übersicht:** Der Löwenzahn ist der erste, sehr steil abbrechende Felszahn im Massiv der Kelletürme. Die Führe benützt zunächst eine Seillänge den Direkten Nordgrat (R 181), um dann direkt an der Kante weiter zur Spitze des Turmes zu leiten.

**Zugang:** Wie bei R 184 zum Fuß der Kelletürme.

**Führe:** siehe Skizze.

**Hinweis:** Die Direkte Nordwand kann leicht im Zusammenhang mit dem Direkten Nordgrat (R 181) erklettert werden. Dadurch erspart man sich den mühsamen Zustieg (II, III) von der Nesselwängler Scharte und die Führe stellt dann eine sehr lohnende Bereicherung des Direkten Nordgrates dar. Abstieg am besten ebenso durch Weiterweg über den Direkten Nordgrat.

**Löwenzahn und Kelletürme von Nordwesten**
R 181    Direkter Nordgrat
R 182    Löwenzahn, Direkte Nordwand
R 183    III. Kelleturm, Westverschneidung          Foto: W. Mayr

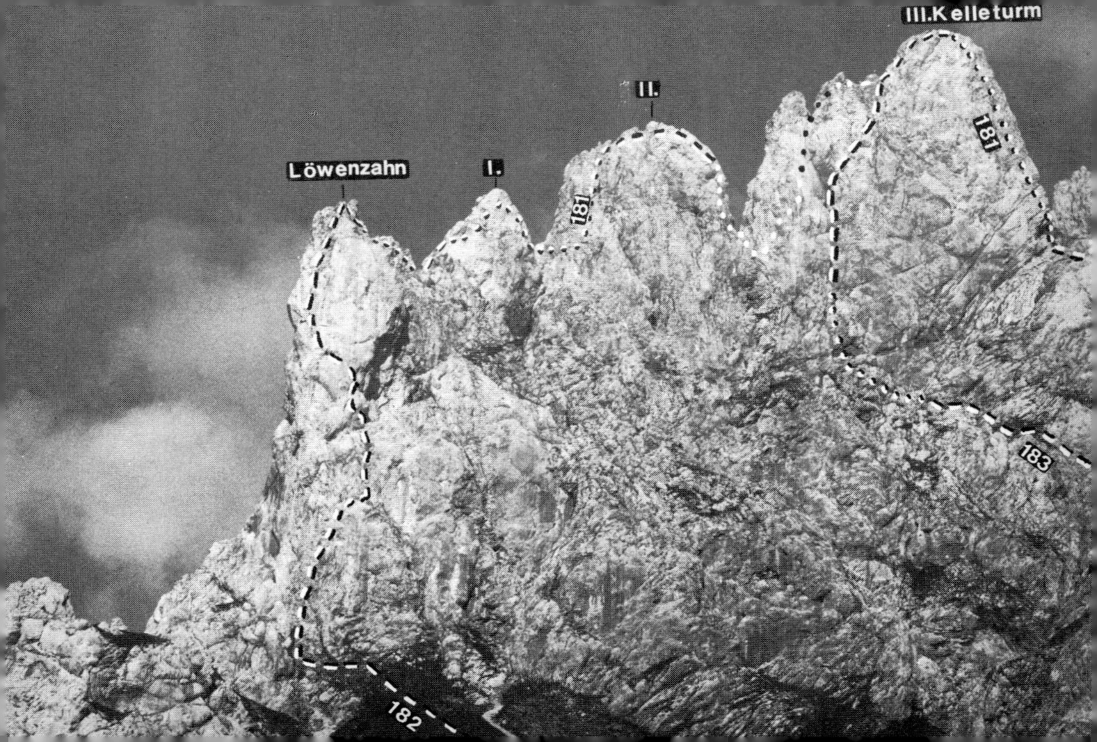

Löwenzahn
I.
II.
III.Kelleturm
181
181
182
183

● **183    Dritter Kelleturm, Westverschneidung**

H. Schertel und Gef. 1930.

**V +**, aufgeteilt wie folgt: V + (mehrere Stellen), überwiegend V und IV +, nur ganz oben leichter. Kurze, wenig bekannte Kletterei in Kaminverschneidungen. Stellenweise etwas brüchig. Wenige ZH im Fels.

Wandhöhe: 80 m. Kletterlänge etwa 85 m. Zeit: etwa 1—1½ Std. Foto Seite 263.

**Übersicht:** Die Westverschneidung befindet sich im linken Wandteil der Westwand des dritten Kelleturmes. Sie folgt immer der sich mehrfach verengenden Kaminverschneidung, die sich oben zu einer Rinne erweitert und im Turmgrat ausläuft.

**Zugang:** Am besten über den Direkten Nordgrat (R 181) bis man die tiefe Scharte vor dem dritten Kelleturm erreicht. Hier rechts etwas absteigend zum Beginn der zunächst rißähnlichen Verschneidung.

**Führe:** Die Verschneidung gerade hinauf (V +), dann mehr in Kamintechnik spreizend unter Überhang. Über diesen (V +) hinauf und hernach bald Stand (35 m). Noch in dem überhängenden Kamin weiter, zuletzt schwache Rechtsschleife zu Stand am Grat (45 m, IV +, V). Am Grat weiter auf den Kopf des dritten Kelleturmes (III +) und weiter wie beim Direkten Nordgrat (R 181).

**Hinweis:** Die Führen an Löwenzahn und Kelleturm lohnen sich kaum als selbstständige Felsfahrten und sollten eher in Verbindung mit dem Direkten Nordgrat erklettert werden.

● **184    Nordwestrinne**

J. Keichle, A. Nentwig, 1901.

**III** (einzelne kurze Stellen), überwiegend jedoch I und II, sehr häufig auch Gehgelände. Mühsamer Aufstieg durch oft schottrige Schluchtrinne. Außer einigen schönen Nahblicken auf die Kelletürme nicht viel Reizvolles.

Wandhöhe: 350 m. Kletterlänge 400 m. Zeit: 2 Std.

Foto Seite 267.

**Die Direkte Nordwand des Löwenzahnes (R 182)**

hat bestimmt noch nicht viele Wiederholer gesehen. Und das, obwohl sie mindestens ebenso lohnend ist wie etwa R 150 (Gimpelturm-Westwand). Diese Führe zählte für den Führerautor zu den vielen angenehmen Überraschungen während seiner Tätigkeit am Berg.                    Foto: M. Lutz

**Übersicht:** Die Nordwestrinne zieht zwischen den Kelletürmen und einigen rechts vorgelagerten Felstürmen herab. Sie endet im obersten, nicht mehr schwierigen Abschnitt des Direkten Nordgrates (R 181) und erreicht über diesen den Gipfel.

**Zugang:** Von der Nesselwängler Scharte etwas absteigend in Richtung Kelletürme querend zum untersten Ende der hier noch schwach ausgeprägten Nordwestrinne.

**Führe:** Über schrofige Felsstufen in diese hinein (II) und immer unter den Kelletürmen entlang der gerölligen und mühsam zu begehenden Rinne folgend (I, II). Zuletzt in Höhe des dritten Kelleturmes mehr an der rechten Seite über kurze Felsabsätze (III) hinweg in Richtung Nordgrat, der hier nur mehr wenig steil ist. Über diesen dann wie bei R 181 zum Gipfel.

**Kellespitze von Nordwesten**

Foto: W. Mayr

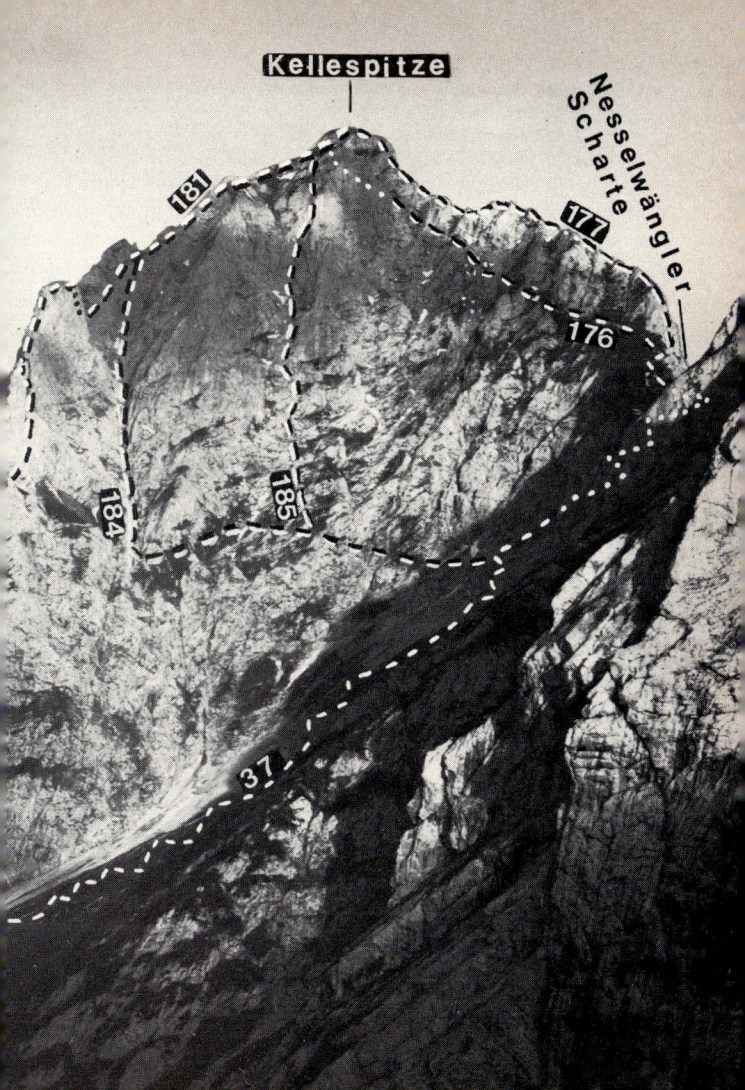

Kellespitze

Nesselwängler Scharte

181

177

176

184

185

37

● 185　**Nordwestwand**

H. Haff, R. Haff, 1905.

**III** (einige Stellen im oberen Abschnitt), überwiegend II, selten leichter. Wenig gemachte und wohl nur landschaftlich lohnende Führe. Kein klarer Routenverlauf, stellenweise brüchiger Fels.

Wandhöhe: 350 m. Kletterlänge 400 m. Zeit: 2 Std.

Foto Seite 267.

**Übersicht:** Rechts der Nordwestrinne baut sich eine Reihe von Felstürmen auf. Mehr in ihrer linken Hälfte leitet eine von der Nesselwängler Scharte schlecht einzusehende Kamin- und Rinnenreihe durch die hier wandartigen Abstürze. Diese Kaminreihe wird von rechts her erreicht und immer bis zu ihrem Ende verfolgt. Hernach erreicht man bald den links des Normalweges befindlichen Vorgipfel und aus der Scharte des Normalweges heraus zum Gipfel.

**Zugang:** Von der Nesselwängler Scharte wie bei R 37 auf dem Weg etwas absteigend in Richtung Kelletürme. Bald jedoch wieder ansteigend über grasige Schrofen gerade hinauf in Richtung einer gelbgestreiften Felswand.

**Führe:** Links an der Felswand vorbei in einer Linksschleife zu kurzer Wandstufe, die zum Beginn der Kamin- und Rinnenreihe leitet (II, kurz III). Den ersten, oben rechts hinaufführenden Kamin weiter zum Beginn des zweiten, etwas breiteren. Dieser leitet gerade hinauf (III). An seinem Ende über schrofige Abdachung in Richtung Vorgipfel, wo man auch mit dem Direkten Nordgrat (R 181) zusammentrifft. Wenige Meter hinab zum Normalweg und zum nahen Gipfel.

● 186　**Nordwand, „Aus der Kelle"**

E. Hartmann, O. Hartmann, H. Staudinger, 1921.

**III** (mehrere Abschnitte), überwiegend II, oft auch I. Teilweise auch sehr steiles Gehgelände (steile Grashalden). Recht mühsamer Anstieg in meist feuchter Grasschrofenflanke, jedoch beeindruckende Nahblicke auf den Kelleschrofen. Endet im Ostgrat (R 178).

Wandhöhe: 400 m. Kletterlänge 550 m. Zeit: 3—4 Std.

**Übersicht:** Als Kelle wird das hufeisenförmig von Kelleschrofen (links) und Kellespitze (rechts) umschlossene, meist schneerfüllte finstere Kar am Fuße der imposanten Nordwand der Kellespitze bezeichnet. Dieses wird etwas unwegsam von der Musauer Alp erreicht. Die Route leitet dann rechts der Fallinie der Scharte von Babylonischem Turm und Ostgrat hinauf und erreicht diese Scharte zuletzt etwas linkshaltend. Über den Ostgrat erreicht die Führe dann die Kellespitze. Gesamte Gehzeit: 4—5 Std. von der Musauer Alp.

**Zugang:** Von der Musauer Alp mühsam und kompliziert durch latschenversperrte Hänge in das tiefe Kar (etwa 1 Std.).

**Führe:** Links eines im hintersten Karwinkel eingeschnittenen Kamins leitet die Führe zunächst über meist feuchte, schrofige Felsen hinauf (III—). Bald sind so flachere, teils schuttige und plattige Schrofen erreicht, die zu einer von rechts herabkommenden Rinne leiten (II). Einige Meter in dieser Rinne hinauf, dann jedoch bald in Richtung Kelleschrofen (links). Zuletzt sogar etwas absteigende Querung zu einer kleinen Schutterrasse neben einer seichten, schmalen Rinne. Linkshaltend weiter (II), bald jedoch schwieriger über Wandstufen (III), zuletzt wieder leichter in Richtung auf den aus der Scharte herabziehenden Kamin. Zunehmend griffiger zu einem großen gelben Wandfleck. Nun rechts umbiegend, zuletzt über sehr steile und erdige Grasschrofen in Richtung Scharte. In dieser trifft man dann auf R 178 (Ostgrat) und erreicht über diesen den Gipfel der Kellespitze.

● **187    Nordostschlucht**
H. Daumüller, W. Herz, J. Schmitt, 1905.
**IV**, aufgeteilt wie folgt: IV (mehrere Stellen), oft III und III +. Vielfach auch II, jedoch nur selten leichter.
Gewaltiger Anstieg, jedoch oft brüchiger und erdiger Fels. Nicht immer ganz einfache Orientierung. Stellenweise auch recht mühsam (steile Grasschrofen).
Wandhöhe: 650 m. Kletterlänge 750 m. Zeit: 4—5 Std.

**Übersicht:** Die Nordostschlucht ist die gewaltige, von tiefen Einschnitten gebildete Rinnen- und Schluchtreihe, die die Nordwand der Kellespitze immer etwas rechtshaltend durchzieht. Diese Schlucht endet dann direkt in der Scharte des Normalweges (R 176) zwischen Vor- und Hauptgipfel. Die Führe hält sich immer an die Schlucht und erreicht nach deren Ende den Normalweg und den Gipfel der Kellespitze.

**Zugang:** Wie bei R 186 in die Kelle und an ihrem rechten (westlichen) Rand zum Ansatz der Schlucht.

**Führe:** Die Schlucht, teilweise auf ihrer rechten Begrenzungsrippe, bis zu einer kesselartigen Vertiefung hinauf. Nun links an eine Rippe, die die Schlucht von einer Parallelrinne trennt (III +). Die Rippe hinauf und nach einiger Zeit wieder nach rechts in die Schlucht zurück. In ihr immer etwas rechtshaltend weiter bis zu einer ihren Abschluß bildenden Wandstufe. In deren rechten Teil (IV) durch einen Kamin hinauf auf grasdurchsetzte Schrofen. Wieder in die Schlucht hinein und weniger schwierig weiter. Hernach über plattige Überhänge etwas brüchig (IV) weiter zu einer Teilung dieser Schlucht. Im linken Ast dann zu der Scharte zwischen Vor- und Hauptgipfel (III+). Nun links über den Normalweg (R 176) wenige Meter zum Gipfel.

● **188    Nordostwand**

Erstbegeher unbekannt.

**III** (mehrere Stellen), oft II und I. Zuweilen, besonders im unteren Teil auch recht mühsames und unwegiges Gehgelände. Nie mehr begangene Gras- und Schrofenhatscherei. Ohne jede Bedeutung.

Wandhöhe: 700 m. Kletterlänge 750 m. Zeit: 4—5 Std.

**Übersicht:** Zunächst gilt es, das große, im westlichen Teil der Wand eingelagerte, breite, nach rechts geneigte Band zu erreichen. Dieses wird nach links hinauf verfolgt bis zu seinem Ende. Dann linkshaltend weiter zum Vorgipfel und wenige Minuten zum Gipfel.

**Zugang:** Von der Musauer Alp noch dem Fahrweg zur Otto-Mayr-Hütte folgend bis man über den Bach in Richtung rechtes unteres Ende des großen, karartigen Bandes steigen kann. Über latschendurchsetzte Grasschrofen hinauf zum Beginn des Bandes (II).

**Führe:** Dieses Band linkshaltend immer ansteigend querend zu seinem oberen Ende hinauf (I, II). Nun über die schrofige Grasteilwand linkshaltend, dann mehr gerade (II, III) zu den bald geneigteren Grashängen des Vorgipfels. Über diese dann auf ihn und hinab zum Normalweg und über ihn mit wenigen Metern zum Gipfel.

● **189    Kelleschrofen,** 2091 m

Dieser östliche Ausläufer der Kellespitze ist eigentlich nur der markante Endpunkt im langen Ostgrat. Früher war der Kelleschrofen ein sehr beliebter Kletterberg, was sich auch in der Tatsache ausdrückt, daß seine Erschließung praktisch schon 1921 abgeschlossen war. Heute wird er praktisch nur noch im Zusammenhang mit einer Begehung des Ostgrates (R 178) der Kellespitze betreten. Und ehrlicherweise muß auch gesagt werden, daß nur wenige Abschnitte in allen Führen klettertechnisch interessant sind. Wer jedoch einen ruhigen Punkt in den Tannheimer Bergen sucht und dabei auch ein Auge für die Umgebung mitbringt, sollte es nicht versäumen, den Kelleschrofen einmal zu besuchen.

Die Besteigung durch J. Bachschmid und Gefährten im Jahre 1897 dürfte die erste gewesen sein.

● **190 Normalweg durch den Führerkamin**
J. Schmitt, 1904.
III (eine Stelle) und II (längere Strecken im oberen Teil), überwiegend jedoch I, teils auch Gehgelände. Am meisten begangener Anstieg auf den Kelleschrofen, besonders in Verbindung mit Weiterweg über R 178 (Ostgrat zur Kellespitze). Höhenunterschied vom E zum Gipfel 150 m. Zeit: 1 bis 1½ Std.

**Übersicht:** In der wild zerklüfteten Ostflanke des Kelleschrofen sind in der linken Wandhälfte zwei schluchtartige Kamine eingeschnitten. Der Führerkamin leitet durch den linken (südlichen) der beiden zum Gipfel. Im rechten führt dann der Weg der Erstersteiger hinauf. („Bachschmidkamin").

**Zugang:** Vom Sabachjoch (R 38) auf dem grasbewachsenen Rücken in Richtung Kelleschrofen, bis man die Felswände erreicht (kurze Stellen I und II). Unter ihnen nach rechts (östl.) hinüber zum Ansatz des hier noch rinnenartigen Schluchtkamins (etwa 30 Min. ab Sabachjoch).

**Führe:** Die Schrofenrinne hinauf (I), zuletzt in der rechten Flanke an steilen Grasschrofen weiter (II) zu einem steilen Grashang, der bald links zu den letzten Felsaufschwüngen vor dem Gipfel leitet. Über diese mittels kurzer Rampe (II) in wenigen Minuten etwas linkshaltend zum Gipfel des Kelleschrofen.

● **190 A Abstieg auf dem Normalweg (R 190)**
II (längere Strecken im oberen Teil), überwiegend I, teils auch Gehgelände. Vom Gipfel zum E in etwa 30—45 Min.

**Vom Gipfel** zunächst kurz am Grat östlich hinab, dann über eine kurze Felsstufe (II) links hinab und den Grashang ebenfalls etwas linkshaltend hinunter, zuletzt jedoch rechts in eine zunächst steile Grasschrofenflanke hinein (II). Diese hinab in den Grund einer immer breiter werdenden Schrofenrinne (I). Zuletzt nach rechts heraus und unter den Wänden entlang, etwas ansteigend zum Beginn eines grasbewachsenen Rückens. Über diesen dann zurück zum Sabachjoch.

● **191 Bachschmidkamin**
J. Bachschmid, A. Weixler, Probst, 1897.
III+ (eine längere Stelle), überwiegend II, kurz III. Einige Strecken auch I, unten teilweise Gehgelände.
Etwas schwieriger als der Führerkamin, jedoch nur stellenweise nette Kletterei.
Wandhöhe: 180 m. Kletterlänge 220 m. Zeit: 2 Std.

**Übersicht:** Wie schon bei R 190 (Führerkamin) erwähnt, erreicht der Bachschmidkamin durch den rechten, der beiden tief eingeschnittenen Kamine den Schlußhang und wie R 190 den nahen Gipfel.

**Zugang:** Wie bei R 190 vom Sabachjoch zum Beginn der Querung unter den Felswänden des Kelleschrofens. Etwas absteigend unter ihnen rechts hindurch und so zum Beginn einer etwas weiter herunterreichenden, steilen Geröllrinne (etwa 35 Min. ab Sabachjoch).

**Führe:** Bei einem Felsturm Einstieg in die nun steilere Felsrinne und durch diese hinauf. Dabei werden kurze Steilstufen erklettert, oder links umgangen (III). So wird ein etwa 15 Meter hoher, schöner Stemmkamin erreicht. Nach dessen Erkletterung (III +) wendet man sich nach links und erreicht so den steilen Grashang. Von hier wie R 190 über den letzten kurzen Felsriegel zum Gipfel.

● **192     Südostkante (Südostgrat)**
Ehrensberger, Freitag, Siemes, v. Schwerin, 1922.
**V,** aufgeteilt wie folgt: V (eine längere Stelle), stellenweise IV +, V—. Längere Strecken III, III +. Selten leichter. Wenige SH, 1 ZH im Fels.
Die Route ist landschaftlich eindrucksvoll und weist bis auf wenige Stellen im Mittelteil, überraschend festen Fels auf. Mit Sicherheit die interessanteste Kletterführe am Kelleschrofen.
Kantenhöhe: 150 m. Kletterlänge 230 m. Zeit: 2—3 Std.
Foto Seite 275.

**Übersicht:** Nach Südosten entsendet der Kelleschrofen einen markanten Felsgrat, der direkt an den schon in R 190 erwähnten Gratrücken anschließt. Dieser Felsgrat wird in seinem untersten Teil etwas rechts umgangen, um hernach bis zum Gipfel verfolgt zu werden.

**Zugang:** Wie bei R 190 vom Sabachjoch zum Beginn der Felswände (große Nische). Etwa 20 Min. ab Sabachjoch.

**Führe:** Ungefähr in Mitte der Nische über diese hinauf (V—) in eine kurze Rinne. Rechts über eine Rippe zum Beginn einer überdachten Kaminrampe. Diese, zuletzt stark überhängend, hinauf (V) und eine breite Felsrinne weiter, bis sie sich wieder verengt. Stand an der linken Kaminwand (44 m). Den Kamin hinauf bis zum Grat (IV) und rechts am Grat hinauf zu Stand unter kurzem senkrechten Aufschwung (40 m). Über den Aufschwung (V—) und am Grat zu kurzer Platte. Nach dieser (IV +) auf einen Gratkopf und etwas absteigend am Grat entlang zu Stand bei großem Zacken (40 m). Weiter zu einem stark zergliederten, ziemlich steilen Gratpfeiler, der ungefähr in seiner Mitte erstiegen wird

(V—). Hernach linkshaltend am leichteren Grat (III) zu Stand unter einer nach links ziehenden Plattenrampe (45 m). Auf dieser Rampe an die Kante und über bauchige Platte hinweg (IV +) an den hier plattigen und bald flacher werdenden Grat (III, III +). Zuletzt zunehmend leichter zum Gipfel (50 m).

● **193  Südkamin**

   Kögel und Gef. 1907.

   IV— (kurze Stellen), oft III, III +. Im Sockel zumeist II, I. Oft hier auch Gehgelände.

   Wenig gemachte, aber im oberen (schwierigen) Teil recht anregende Kletterei in gutem Fels.

   Wandhöhe: 200 m. Kletterlänge etwa 230 m (mit Vorbau).

   Zeit: 2 Std.

   Foto Seite 275.

**Übersicht:** Die Südwand des Kelleschrofen fußt auf einen schrofigen Grassockel, über den auch der Südkamin, der zwischen den beiden Gipfeln des Kelleschrofen eingeschnitten ist, erreicht wird. Hernach wird der auffallende Kamin bis zum Ende am Grat verfolgt. Wenige Meter rechts davon erreicht die Führe dann den Gipfel.

**Zugang:** Wie bei R 198 (Babylonischer Turm, Südrinne) auf den Bändern nach rechts, bis die Südrinne wieder linkshaltend ansteigt.

**Führe:** Hier etwas rechtshaltend über steile, grasdurchsetzte Schrofen (II, III) zu einer rechts hinaufziehenden, grasigen Rinne. Diese einige Meter hinauf, bis man links in den Kamin hineinqueren kann (III). Im Kamin dann hinauf (IV—, III +) bis zu dessen Ende am Grat (etwa 110 m, IV—). Hier rechts wenige Meter hinauf zum Gipfel.

● **194  Nordostflanke**

   J. Dorr, E. Platz, K. Sterner, 1904.

   II (kurze schrofige Stellen), oft I, zuweilen auch Gehgelände. Wohl kaum begangener Anstieg durch die wild zerrissene Nordostflanke. Teilweise mühsamer, immer der leichtesten Möglichkeit folgender Anstieg.

   Wandhöhe: 350 m. Kletterlänge 450 m. Zeit: 2 Std.

**Übersicht:** Diese Flanke, die von den Böden der Sabach-Galtalp aufsteigt, wird durch eine scharf ausgeprägte Rippe von der Südostseite, über die die beiden Kamine führen, getrennt.

**Zugang:** Von der Musauer Alp (R 19) auf dem Weg zum Gehrenjoch (R 39) hinauf, bis rechts ein Weg zum Sabachjoch abzweigt. Diesen noch kurz weiter, dann in der Flanke, die zum Bachschmidkamin hinaufzieht, noch einige Meter hinauf. Etwa 1 Std. ab Musauer Alp. Hier enden die rechts befindlichen, gelben Begrenzungswände und ein Band leitet über den hier noch schrofigen Ausläufer der Ostrippe (die eingangs erwähnte Trennungsrippe) in die NO-Seite.

**Führe:** Über Steilschrofen (II) zu diesem Band, das rechts aufwärts unter einem Überhang der Ostrippe herumleitet. Hernach etwas rechts absteigend weiter. Dann an einem Latschenfleck links vorbei und über Grashalden zu einer schwarzen Felsnische. Wieder nach links zur felsigen Ostrippe und neben ihr (II) hinauf, bis sie den Nordgrat erreicht. Aus einem Schartel wenige Meter rechts hinab, dann wieder gerade über steile Grashalden zum Gipfel.

● **195      Nordgrat**
Erstbegeher unbekannt.

**III** (mehrere Stellen), überwiegend II, oft auch I. Selten leichter. Landschaftlich sehr reizvolle Gratkletterei. Fels zumeist schrofig, stellenweise auch Behinderung durch Latschen. Einige Brataufschwünge können auch direkt erklettert werden, dann bis IV.
Gratlänge: 350 m (+ 150 m zum Grat). Zeit: 2—3 Std.

**Übersicht:** Der Nordgrat läuft steil und latschenbewachsen im Wald über der Musauer Alp aus. Er wird am besten von den Böden der Sabach-Galtalpe ausgehend erreicht. Hernach wird er bis zu seinem Ende in der kurzen Grashalde unter dem Gipfel verfolgt (kurze Umgehungen von Steilaufschwüngen möglich) und kurz darauf der nahe Gipfel erreicht.

**Zugang:** Von der Musauer Alp (R 19) auf dem Weg zum Gehrenjoch (R 39) wie bei R 194 zur Nordostflanke des Kelleschrofen. Jedoch schon vorher bei den ersten Geröllhalden, die vom Grat herabziehen, rechts hinauf in Richtung Grat. Etwa 1 Std. ab Musauer Alp.

**Führe:** In einer Rinne sehr steil empor und über eine Wandunterbrechung hinweg (III). Hernach aus dieser Steilrinne rechts heraus zu einer weiteren, kaminartigen Rinne. Diese gerade verfolgend, bis man über eine rechts befindliche Parallelrinne den Grat erreicht. Am Grat dann immer den leichtesten Weg suchend (II) zum Gipfel.

**Babylonischer Turm und Kelleschrofen von Süden**

Foto: W. Mayr

Kelleschrofen

Babylonischer Turm

192

193

198

198

199

**Hinweis:** Das Erreichen des Grates ist auch aus dem Kar unter der Nordseite der Kellespitze möglich (Aus der „Kelle"). Jedoch etwas mühsamer, aber leichter (II).

● **196    Nordwand**
H. Haff, R. Haff, Mayerhofer, v. Pieverling, 1905.

**IV** (mehrere Stellen), oft III, III+, selten leichter. Beeindruckende Fahrt. Klettertechnisch zwar weniger interessant, jedoch trotzdem nicht uninteressant, was die Szenerie betrifft.

Wandhöhe: 500 m. Kletterlänge 600 m. Zeit: 4—5 Std.

**Übersicht:** Die Nordwand des Kelleschrofen bildet die linke Begrenzung des Kares unter der Kellespitze („Kelle"). Sie wird erreicht wie R 186 (Kellespitze Nordwand-„Aus der Kelle") und leitet zunächst in Richtung Nordgrat hinauf. Bald wendet sie sich jedoch nach rechts hinauf und erreicht zuletzt eine Rippe, die einen auffallenden Kamin links begrenzt. Über diese, zuletzt den Kamin traversierend, dann über die folgende kurze Schrofenflanke auf den Gipfel.

**Zugang:** Wie bei R 186 ins Kar. Etwa 1 Std. ab Musauer Alp.

**Führe:** Aus dem linken (östl.) Teil des Kares etwa 50 Meter in Richtung Nordgrat hinauf. Jetzt beginnt ein langer, ansteigender Quergang nach rechts, der unter einer Terrasse endet. Darüber ein auffallender, gelber Wandabbruch im Nordgrat. Weitere Querung nach rechts in eine Rinne, die bis zu einem sperrenden Plattenschuß bestiegen wird (III). Am rechten Rand von demselben hinauf (IV) und wieder etwas links in die Rinne zurück. In ihr dann weiter, bis man ihre linke Begrenzungswand erklettern kann (IV). Hernach weiter bis zu einem Grat, der von einem markanten Gratturm im Nordgrat ausgeht. Dieser Grat bildet die linke Begrenzung einer auffallenden, von unten als tiefer Kamin wirkenden Kaminschlucht. Man verfolgt den Grat, bis ein relativ leichter Quergang nach rechts durch die Kaminschlucht hindurchleitet. Anschließend über die schrofige Wand ziemlich gerade hinauf zum Gipfel (II, III).

**Am Ostgrat der Kellespitze (R 178) kurz hinter dem Babylonischen Turm**
Blick auf dessen düstere Westwand (R 201). Wer hätte nicht Lust, an einem solchen Tag im Herbst hier eine Tour zu machen!    Foto: W. Mayr

Babylonischer Turm

● **197**      **Babylonischer Turm,** 2060 m

Eigentlich nur ein Zacken im Verbindungsgrat Kelleschrofen-Kellespitze. Meist wird er bei Begehung des langen Ostgrates links liegen gelassen. Doch über seine Süd- und Westseite führen mehrere Anstiege, die zum Teil recht lohnend sind. Die erste Ersteigung erfolgte vermutlich durch Bauriedl, Grießl und Holzer 1904. Am besten steigt man nach der Erkletterung von einer dieser Führen am Turm durch die Südrinne ab. Der Fels ist übrigens bei weitem nicht so brüchig, wie er auf den ersten Anschein aussieht. In diesem Bereich ist noch einer der ruhigen Winkel in den Tannheimer Bergen.

● **198**      **Normalweg durch die Südrinne**
     Lampart, 1902 (bis Scharte), O. Bauriedl und Gef. 1904 (Gipfelgrat).
     **III** (zwei Stellen), überwiegend II und I, oft auch Gehgelände (im unteren Teil).
     Meist im Abstieg begangene Rinnen- und Kaminkletterei in überwiegend festem Fels. 2 Abseilhaken im Fels.
     Wandhöhe: 200 m. Kletterlänge 280 m. Zeit: 1—1½ Std.
     Foto Seite 275, 279.

**Übersicht:** Der schlanke Turmaufbau des Babylonischen Turmes wird rechts von einer besonders im oberen Teil kaminartig ausgeprägten Rinne begrenzt. Diese läuft unten in grasige Hänge aus. Über diese wird von links her diese Kaminrinne erreicht. Sie endet in einer Scharte, aus der links über kurzen Grat der Turmgipfel erreicht wird.

**Zugang:** Wie bei R 38 zum Sabachjoch. Hier wieder links unter den Südwänden des Kelleschrofen hindurch zum Fuße der Südwestkante des Babylonischen Turmes (etwa 20 Min. ab Sabachjoch).

**Führe:** Nun rechtshaltend über Bänder und Schrofenabsätze ansteigend hinaufqueren, bis man eine seichte Grasrinne erreicht. Diese mehr linkshaltend, einen Abbruch links umgehend, bis zu ihrem Ende am Ansatz der Kaminreihe. In ihr etwa zweieinhalb Seillängen in hübscher Kletterei hinauf (III) bis zur Scharte am Grat. Nun links zunächst etwas rechts der Schneide in gutgriffigem Fels hinauf (II), zuletzt auf der Schneide zum nahen Turmgipfel mit Kassette.

**Babylonischer Turm von Süden**

R 198      Südrinne-Normalweg
R 199      Südwestkante
R 199a      Direkt-Variante
R 200      Südwestschlucht              Foto: W. Mayr

Babylonischer Turm

- **198 A  Abstieg auf dem Normalweg (R 198)**
  III (zwei Stellen), überwiegend II und I, unten viel Gehgelände. Vom Turmgipfel zum Wandfuß in 30—45 Min. 2 Ab-
  seil-H im Fels. Skizze Seite 281.

**Vom Gipfel** rechts zunächst am Grat, dann links von ihm etwas absteigend zu einer Scharte (II). Rechts hinab, zunächst an der linken Kamin-
seite, dann direkt im Kamingrund spreizend zum Ende der Kaminreihe
(III). Hier rechts einen Abbruch umgehend, zuletzt wieder linkshaltend
zu Rinne. Diese hinab und schwachen Trittspuren folgend rechts auf
Bändern hinüberquerend, zuletzt wieder absteigend zum Kar, direkt
am Fuß der SW-Kante des Babylonischen Turmes.

- **199  Südwestkante**
  O. Leixl, K. Overkamp, v. Schwerin, 1921.
  **IV +**, aufgeteilt wie folgt: IV + (eine Stelle), überwiegend IV
  und III. Nur wenige Meter leichter.
  Öfters gemachte und recht schöne, ausgesetzte Kanten- und
  Wandkletterei. Überraschend fester und griffiger Fels.
  ZH und SH sind im Fels.
  Wandhöhe: 200 m. Kletterlänge 240 m. Zeit: 2 Std.
  Foto Seite 275, 279, Skizze Seite 281.

**Übersicht:** Die im Mittelteil scheinbar wenig ausgeprägte Südwestkante
des Babylonischen Turmes wird im unteren Drittel direkt erklettert.
Hernach verläuft die Führe knapp rechts der Kante, erreicht diese kurz
wieder (sehr ausgesetzt) und durchklettert den obersten Teil in der
rechts der Kante aufragenden Wand mittels Platten- und Kaminkletterei.

**Zugang:** Zum E wie bei R 198 (Südrinne).

**Führe:** Siehe Skizze!

**Hinweis:** Im oberen Teil ist auch eine Variante möglich (R 199 a). Des
weiteren kann man vor diesem Abschnitt rechts über Bänder zur Südrinne queren, falls man der Schlüsselstelle nicht gewachsen sein sollte.

- **199 a  Direktvariante**
  M. Lutz, 1981.
  **V,** (eine Stelle), V— und IV + (überwiegend).
  Keine ZH im Fels, jedoch natürliche Sicherungsmöglichkei-
  ten vorhanden. Sehr hübsche Direkt-Variante im obersten
  Drittel von R 199. Länge: 45 m (1,5 SL). Zeit: 30 Min.
  Foto Seite 279, Skizze Seite 281.

**Variante:** Siehe Skizze R 199 unter R 199 a!

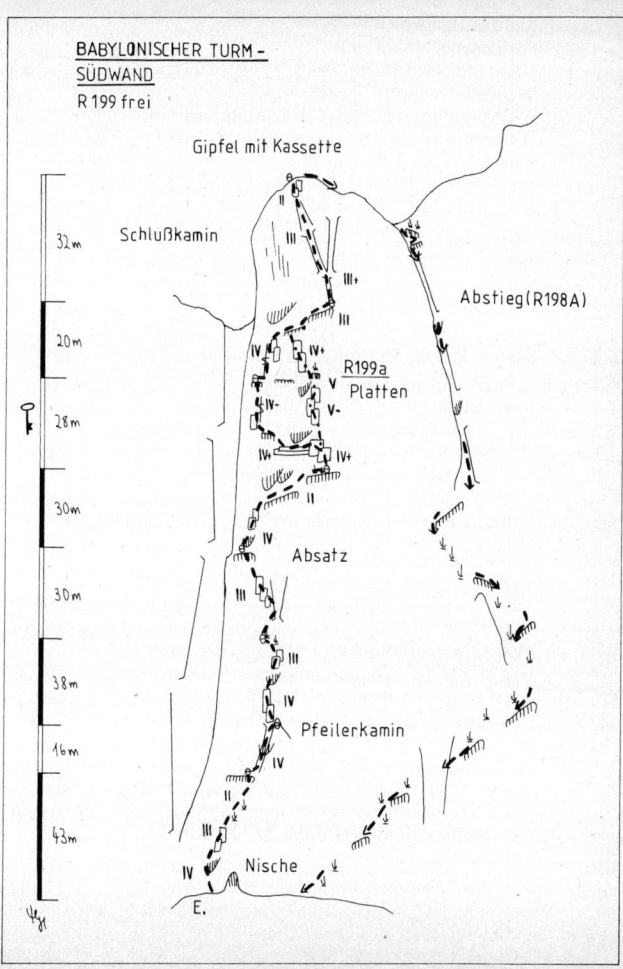

BABYLONISCHER TURM –
SÜDWAND
R 199 frei

Gipfel mit Kassette

Schlußkamin

Abstieg (R198A)

R 199a
Platten

Absatz

Pfeilerkamin

Nische

E.

32 m

20 m

28 m

30 m

30 m

38 m

16 m

43 m

- **200** **Südwestschlucht**
Erstbegeher unbekannt.

**III +** (mehrere kurze Stellen), überwiegend III und II. Nie leichter.

Nur von untergeordneter Bedeutung, mehr als Zustieg für die Westwand (R 201) in Frage kommend. Einige H im Fels. Oft sehr splittriger Fels.

Wandhöhe: 130 m. Kletterlänge 150 m. Zeit: 1 Std.

Foto Seite 279.

**Übersicht:** Die Südwestschlucht begrenzt die Westwand des Babylonischen Turmes im linken Teil. Der Anstieg wickelt sich meist auf der plattigen linken Schluchtseite ab. Nach Erreichen der Scharte kann über Bänder rechts zur Scharte der Südrinne gequert werden (III).

**Zugang:** Wie bei R 198 (Südrinne) zum Einstieg der SW-Kante.

**Führe:** Nun links an der zunächst einfachen linken Schluchtseite hinauf (I—II). Einige Male im Schluchtgrund spreizend über kleine Überhänge (III +). In der Folge wieder etwas links des Schluchtgrundes über splittrige Platten weiter hinauf (III). Zuletzt wieder in der hier kaminartigen Schlucht zur Scharte links des Turmes (etwa 150 m). Jetzt rechts etwas ansteigend queren (II), zuletzt schwieriger (III) zur Scharte, wo auch die Südrinne heraufleitet. Wie bei dieser zum Turmgipfel.

- **201** **Westwand**
L. Schuster, J. Tauscher, 1959.

**VI +** / **A 3**, aufgeteilt wie folgt: VI + (2 Stellen im unteren Wandteil), oft VI, VI—, nur ganz oben etwas leichter (V, IV—). Längere Strecken A2, A1, eine Stelle A3.

Bisher erst 6 Wiederholungen (1981). Kurze, jedoch sehr schwierige und luftige Wand- und Hakenkletterei. Die erste Seillänge zählt zum Schwierigsten in den Tannheimer Bergen! Die meisten ZH und SH sind im Fels. Einige Haken erforderlich. Die Haken sind jedoch äußerst schwer zu setzen (A3). Sollten von den vorhandenen einige fehlen, so kann das Anbringen neuer auch A4 sein!

Wandhöhe: 80 m. Kletterlänge 100 m. Zeit: 1½—2 Std.

**Übersicht:** Die Westwand des Babylonischen Turmes, gelb und überhängend, begrenzt die Südwestschlucht rechts. Der Durchstieg durch sie erreicht sie von der Südwestschlucht ausgehend erst in ihrem oberen Drittel. Die Orientierung ist aufgrund der Kürze und der vorhandenen Haken nicht allzu schwierig.

**Führe:** Die Südwestschlucht bis etwa 10 Meter unterhalb der Scharte im Grat hinauf (140 m, II bis III +). Stand an Ring-H. Rechts zu kleinem Loch (V). Hier etwas absteigend zu weit herausstehendem H (VI). Von diesem eine bröselige, überhängende Wand 4 Meter (VI +) zu weiterem, weit herausstehendem H. Von diesem nach links (A3) zu schmaler Rampe. Kurz frei (VI), dann an Haken (A1) unter eine Wandstelle über dem Ende der kurzen Rampe. Diese linkshaltend hinauf (VI +) zu Haken. 4 Meter gerade (A2, VI) zu Schlingenstand (Wandbuch, 35 m, VI +, A1—A3). Nun an Schuppe nach links zu Überhang. Bei herausstehendem Haken darüber (VI—, A1 oder VI +), dann abschüssig nach links (VI) unter weiteren Überhang. Über diesen linkshaltend im Riß hinauf (VI) und auf geneigter Platte nach rechts hinauf an eine Kante (Stand, 40 m, VI, dann IV—). An der Kante hinauf (V—, V) und leichter bald zum Turmgipfel (25 m, V—, dann II).

- **202**    **Nordwand**
  Hartmann und Gef., 1921.
  Die Führe ist vermutlich identisch mit R 186 (Kellespitze Nordwand, „Aus der Kelle". Siehe dort!

- **203**    **Gehrenspitze,** 2164 m

Erste Besteigung durch Einheimische, da der den Talkessel von Reutte beherrschende Berg sicher schon vor den Zeiten H. v. Barths eine Herausforderung darstellte. Freistehender Gipfel mit herrlicher Rundsicht, ein lohnendes Wanderziel ersten Ranges (auf dem Normalweg nicht über dem I. Grad!). Von Kletterern wird dieser Berg nur wenig aufgesucht, denn die Zustiege zu den Führen sind relativ lang. Auch haben die Führen zum Teil einen streng alpinen Charakter, weisen kaum Haken auf und bewegen sich in zumeist abwärtsgeschichtetem Gestein, das nicht immer eisenfest ist. Trotz alledem besitzen die Routen einen besonderen Reiz, die Einsamkeit und das Gefühl, sich in einer nur äußerst selten begangenen Führe aufzuhalten. Für alle Führen ist ein Hakensortiment anzuraten, denn einige Führen sind regelrecht klemmkeilfeindlich, so daß eine Sicherung nur durch Haken möglich ist. Insgesamt ein erholsamer Kontrast zu den teilweise wenig alpinen Führen der Roten Flüh oder des Hochwiesler!

- **204    Normalweg**
   Gümbel, 1854.
   **I,** kurze Stelle kurz unterhalb der Scharte im Gipfelgrat. Zumeist jedoch Gehgelände. Die Rinne, durch die der erste Teil des Anstieges leitet, ist durch weiter oben Kletternde etwas steinschlaggefährdet!
   Höhenunterschied vom E zum Gipfel: etwa 180 m. Zeit etwa 30 Min. ab E; etwa 1 Std. ab Gehrenjoch.
   Foto Seite 285, 292.

**Anstieg:** Vom Gehrenjoch (R 39) rechts ansteigend einem Steiglein folgen. Dieses leitet, einige Felsrippen querend, auf einen Grat, der kurz darauf an der Südwestkante endet (Gedenktafeln, Nische, E). Hier links ums Eck in eine Rinne und durch sie, teils auf ihrer linken Seite hinauf. Eine kleine Felsstufe (I) überwindend gelangt man so in ein Schartel, das man nach rechts ansteigend verläßt, um einen Grat zu erreichen, der bald darauf zum Gipfel leitet.

- **204 A   Abstieg auf dem Normalweg (R 204)**
   **I,** zumeist jedoch leichter. Vom Gipfel zum E (bei den Gedenktafeln) in 15 Min. Bis zum Gehrenjoch 30 Minuten.

**Vom Gipfel** links auf den Grat, der verfolgt wird, bis Trittspuren kurz vor seinem Ende nach rechts weisen. Hier hinab, zuletzt waagrecht zu kleiner Scharte. Über kurze Kletterstelle (I) links in Rinne, die bis zum Beginn eines links ansetzenden Grasrückens verfolgt wird (Gedenktafeln). Nun dem Steiglein folgend rechtshaltend hinab zum Gehrenjoch.

- **205    Westgrat**
   Erstbegeher unbekannt.
   **III** (einzelne Stellen), zumeist jedoch II und leichter. Teils sogar Gehgelände. Keine zwingende Routenführung, Haken sind nicht vorhanden, jedoch ausreichend natürliche Sicherungsmöglichkeiten an Köpfeln und Zacken. Oft brüchiges Gestein, landschaftlich eindrucksvoll.
   Gratlänge: 300 m. Kletterlänge 350 m. Zeit: 1½—2 Std.
   Foto Seite 285.

**Übersicht:** Der Westgrat bildet die Fortsetzung des Grates, der in seinem obersten Teil auch vom Normalweg (R 204) benützt wird. Seinen Anfang nimmt er bei den Böden der Sabach-Galtalp als wilder, zerrissener Grat. Dieser Teil wird jedoch nicht begangen. Vielmehr wird vom Gehrenjoch aus der Grassporn bis zu seinem Ende verfolgt. Sodann gelangt man auf den Grat, um ihn bis zum Zusammentreffen mit dem Normalweg und zum nahen Gipfel zu verfolgen.

Gehrenspitze

205

204

205

**Gehrenspitze vom Gehrenjoch aus gesehen (Südwesten)**
R 204 Normalweg
R 205 Westgrat

Foto: W. Mayr

285

**Zugang:** Vom Gehrenjoch dem Grassporn in Richtung Westgrat folgen. Einige Felsabsätze werden dabei umgangen. Dort wo sich der Grassporn verliert, ist es möglich, über Grasbänder und leichte Schrofen auf den Grat zu gelangen.

**Führe:** Die folgenden Zacken und Türme werden teilweise umgangen (III—) oder auch direkt überklettert (III). Eine scharfe Gratschneide bildet die Schlüsselstelle (III) in gutem Fels. Bald erreicht man so den großen Kopf, links der Rinne des Normalweges. Etwas in der Nordseite absteigend in die Scharte wo auch der Normalweg heraufkommt. Über ihn zum Gipfel.

● **206    Südwestwand**
A. Maisel und Gef. 1922.
V +, aufgeteilt wie folgt: V + (einige Stellen), überwiegend V und IV, nie leichter. Keine ZH vorhanden, SH nur zum Teil. Kurze, jedoch sehr hübsche Reibungs- und Wandkletterei in bestem Fels. Keine zwingende Linienführung, da in den unteren Seillängen ausgequert werden kann.
Wandhöhe: 130 m. Kletterlänge etwa 135 m. Zeit: 1 bis 1½ Std.
Foto Seite 292.

**Übersicht:** Rechts der Rinne des Normalweges baut sich eine von unten geschlossen wirkende Wandflucht auf, die ihrerseits rechts von der Südwestkante begrenzt wird. Die Führe leitet in etwa immer in der Mitte dieses Wandstreifens bis zum Grat des Normalweges empor.

**Zugang:** Man folgt dem Normalweg einige Meter in der Rinne, bis es möglich ist, über ein grasiges Band rechts in die Wand einzusteigen (Stand-H).

**Führe: 1. SL:** Nun über gegliederte Plattenwand gerade empor unter kleinen Überhang (IV +). Über ihn an seiner schwächsten Stelle linkshaltend hinweg (V) und kurz gerade über Platte, dann links zu Stand auf Absatz (45 m). **2. SL:** Kurz links unter markante Platte, die rechts von Verschneidung begrenzt wird. Die Platte wird direkt überwunden (V +) um in kleiner Linksschleife auf Absatz zu gelangen. Hier rechts in kurze Verschneidung und durch sie (V—) hinauf in leichteres Gelände und zu Stand-H und Sanduhr (45 m). **3. SL:** Gerade durch kurzen Riß unter kleinen Überhang und über ihn (V) auf eine Platte, die möglichst gerade überklettert wird (V—, dann IV). Wenige Meter zum Grat und zu Stand an Zacken (45 m). **4. SL:** Über den Grat leicht zum nahen Gipfel.

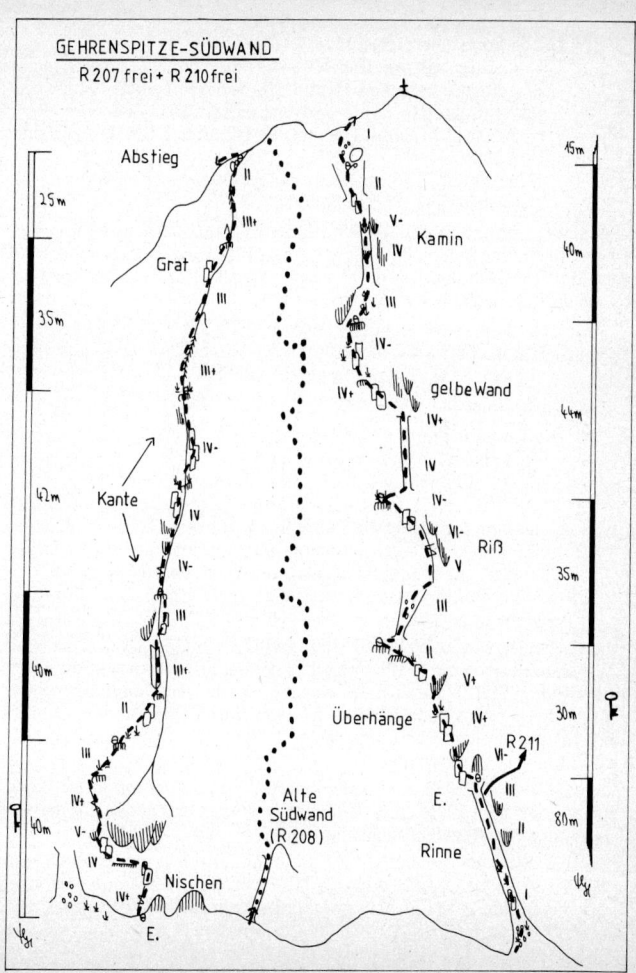

GEHRENSPITZE-SÜDWAND
R 207 frei + R 210 frei

● **207**   **Südwestkante**
A. Maisel und Gef. 1922.

V—, aufgeteilt wie folgt: V— (2 kurze Stellen), überwiegend IV, längere Strecken II und III. Öfters gemachte, teilweise sehr ausgesetzte Grat- und Kantenkletterei. Jedoch stellenweise etwas brüchig. Die meisten benötigten SH und ZH sind im Fels!

Kantenhöhe: 150 m. Kletterlänge 180 m. Zeit: 2 Std.
Foto Seite 292, Skizze Seite 287.

**Übersicht:** Der untere Teil der SW-Kante ist wenig ausgeprägt und von Überhängen abgeschlossen. Dieser Abschnitt wird mittels Quergang nach links oben umklettert bis in flacheres Gelände. Rechtshaltend erreicht die Führe dann die nun gratartig ausgeprägte Kante, die in der Folge bis zum Ende am Grat des Normalweges verfolgt wird.

**Zugang:** Wie R 204 zum E direkt links der Nischen mit den Gedenktafeln.

**Führe:** Siehe Skizze!

● **208**   **Alte Südwand**
O. Leixl, v. Overkamp, v. Schwerin, 1920.

IV +, aufgeteilt wie folgt: IV + (2 Stellen), überwiegend IV und III, nur kurz leichter. Öfters begangene, besonders im oberen Teil lohnende Führe in meist gutem Gestein. ZH sind im Fels, teils auch Verhauerhaken. Klemmkeile und einige Haken zur Standplatzsicherung jedoch empfehlenswert!

Wandhöhe: 160 m. Kletterlänge 165 m. Zeit: 2—3 Std.
Foto Seite 293.

**Übersicht:** Der linke Wandteil weist zwischen Südpfeiler (rechts) und SW-Kante (links) eine Wandeinbuchtung auf. Die Führe beginnt unten in der linken Hälfte dieser Einbuchtung, wendet sich dann in geneigterem Gelände etwas nach rechts, um dann durch Risse und Verschneidungen mit der Unterbrechung eines Linksquerganges immer gerade den Gipfelgrat zu erreichen.

**Zugang:** Wie R 204 zu den Gedenktafeln. Von diesen unter der Wand rechts hinab zum Fuße eines auffallenden Schrofenkamines in der linken Hälfte der Wandeinbuchtung (E).

**Führe: 1. SL:** Den rinnenartigen Kamin hinauf, bis er steiler wird. Hier links Stand an Sanduhr (30 m, II, III +). **2. SL:** Die Rinne weiter bis unter Verengung und links kurz heraus und parallel zur Verengung zum Pfeilerkopf. Gerade durch kleinen Geröllkessel in die linke von zwei Rinnen. Zuletzt auf die Kante zwischen den beiden Rinnen und über

abschließende Wandstelle zu Stand (42 m, IV + , IV, meist II und III).
**3. SL:** Nun immer schräg rechts über grasige Rampe zu Kamin mit Klemmblock (kompakter Fels). In ihm 10 Meter hinauf und flacher werdend in Rinne zu Stand links eines markanten Pfeilers (38 m, II, IV). **4. SL:** Die folgende Verschneidung zuerst hoch, dann gerade, zuletzt linkshaltend weiter zu Stand unterhalb einer gelben Wandzone (Nische), (20 m, II, IV). **5. SL:** Rechts aus der Grotte heraus und in den rechten von drei Rißkaminen, dann nach etwa fünf Metern ansteigender Quergang ausgesetzt links an teils brüchiger, gelber Wand zu Stand hinter einer Kante (20 m, IV + ). **6. SL:** In schwach ausgeprägter Verschneidung, die sich in Rinne verliert, folgt man bis zu Geröll und dem nahen Grat (Stand an Zacken, 25 m, III und II). **7. SL:** Leicht wenige Meter zum Gipfel.

● **209    Südpfeiler**
   P. Risch und Gef. 1922.
   **V + / A 0** oder frei **VI,** aufgeteilt wie folgt: V + (längere Stellen), überwiegend IV und V, nie leichter. Zwei Stellen V + / A 0 oder VI.
   Wenig bekannte, aber hervorragend rassige und ausgesetzte Kletterei, direkt an der Pfeilerkante. ZH und SH sind im Fels. Einige Klemmkeile kleiner und mittlerer Größe empfehlenswert!
   Wandhöhe: 180 m. Kletterlänge etwa 190 M. Zeit: etwa 2—3 Std.
   Foto Seite 293, Skizze Seite 291.

**Übersicht:** Die Führe leitet im unteren Teil von rechts her an die Pfeilerkante, verfolgt diese, um einmal linkshaltend von ihr emporzuführen. Im obersten Teil führt sie dann wieder direkt an der Pfeilerkante hinauf bis zu deren Ende am Grat des Normalweges. Der markante Pfeiler in Wandmitte kann auch immer direkt verfolgt werden (siehe R 209 a!)

**Zugang:** Zum E von den Gedenktafeln (hierher wie R 204) in wenigen Minuten. Er befindet sich rechts unterhalb der Pfeilerkante bei kleinem Absatz (Stand-H).

**Führe:** Siehe Skizze!

- **209 a**  **Direkter Südpfeiler**
    M. Lutz, R. Blöchl, 1981.
    **VI** (eine Stelle), überwiegend VI—, V, kaum leichter. 1 ZH
    im Fels, Klemmkeile zur weiteren Absicherung von Vorteil.
    Diese Führe bildet die logische Fortsetzung der Südpfeiler-
    führe (R 209) im Mittelteil und leitet entweder an, oder
    knapp rechts der Kante empor zum obersten Abschnitt des
    Südpfeilers.
    Länge: etwa 65 m. Zeit: 3 Std. (für die gesamte Führe!)
    Foto Seite 293, Skizze Seite 291.

**Variante:** Siehe Skizze!

- **210**  **Südostwand**
    W. Merkl, T. Leiß, 1923.
    **VI**—, aufgeteilt wie folgt: VI— (2 Stellen), überwiegend je-
    doch IV und III.
    Kaum begangene Führe in nicht immer ganz festem Gestein,
    jedoch durchaus lohnende Kletterei. Einige ZH und SH im
    Fels, jedoch empfiehlt sich die Mitnahme einiger Haken zur
    besseren Standplatz-Absicherung.
    Wandhöhe: 230 m. Kletterlänge 245 m. Zeit: 2—3 Std.
    Foto Seite 293, Skizze Seite 287.

**Übersicht:** Die Südwand weist in ihrem rechten Wandteil einen markanten, von rechts unten, nach links oben ziehenden Einschnitt auf.
Dieser bildet den logisch vorgezeichneten Weg der Südostwandführe.
Diese mündet wenige Meter links des Gipfels in einer Rinne am Grat
des Normalweges.

**Zugang:** Von den Gedenktafeln (hierher wie R 204) unter der Südwand
hindurch, zuletzt steil absteigend um eine Felsrippe herum zum Beginn
einer steiler werdenden Felsrinne, die zu einer Nische leitet. Hier E.

**Führe:** Siehe Skizze!

- **211**  **Südostkante**
    A. Maisel und Gef. 1922.
    **V**, aufgeteilt wie folgt: V (eine Stelle), überwiegend IV und
    IV +. Vielfach leichter (besonders im unteren Teil).
    Fast nie gemachte Führe, die nur auf drei kurzen Seillängen
    interessantere Kletterei bietet. Kaum H vorhanden, daher
    Mitnahme von einigen Haken und Klemmkeilen zu empfeh-
    len!
    Kantenhöhe: 230 m. Kletterlänge: 250 m. Zeit: 2½—3 Std.
    Foto Seite 293.

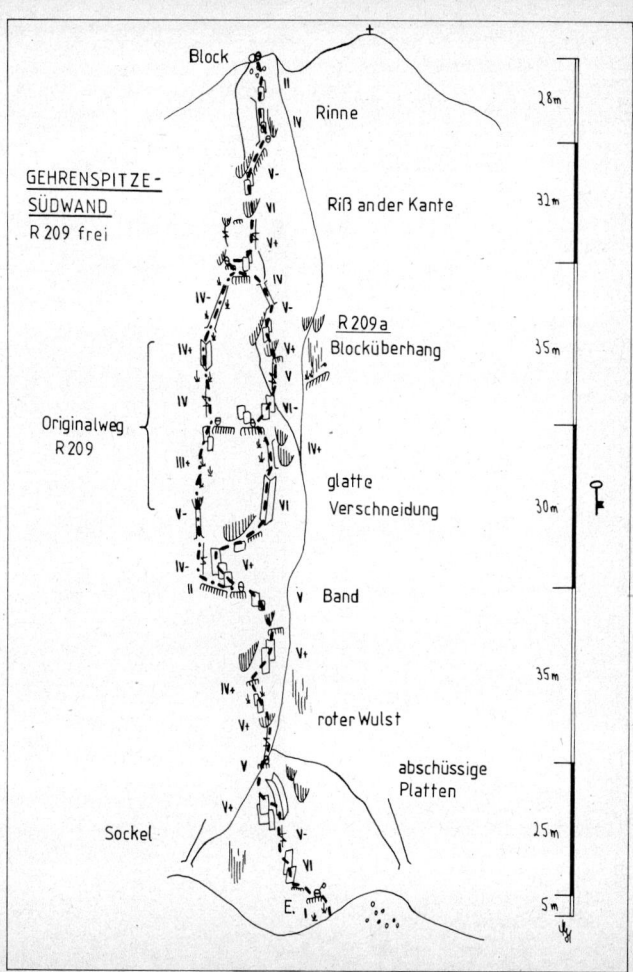

**GEHRENSPITZE-SÜDWAND**
R 209 frei

Block

II

Rinne

V

Riß an der Kante

V—

VI

V+

IV

IV-

V-

R 209a
Blocküberhang

IV+

V

IV

VI-

Originalweg
R 209

III+

IV+

glatte
Verschneidung

V-

VI

IV-

V+

II

Band

V+

IV+

roter Wulst

V

abschüssige
Platten

V+

V-

Sockel

VI

E.

28m

32m

35m

30m

35m

25m

5m

291

**Gehrenspitze Südwand**

| | |
|---|---|
| R 204 | Normalweg |
| R 206 | Südwestwand |
| R 207 | Südwestkante |
| R 208 | Alte Südwand |
| R 209 | Südpfeiler |
| R 209 a | Direkter Südpfeiler |
| R 210 | Südostwand |
| R 211 | Südostkante |

Foto: W. Mayr

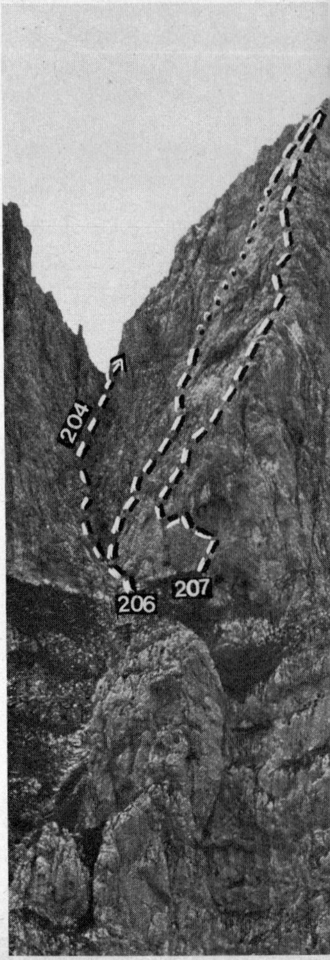

Gehrenspitze

209a

208

209

211

210, 211

**Übersicht:** Der rechte Teil der Südwand weist in seinem oberen Teil eine markante Kante auf. Diese jedoch relativ kurze Kante wird wie bei der Südostwand über die Felsrinne und nachfolgende Grasbänder rechtshaltend erreicht. Nun entweder an oder rechts der Kante zum nahen Gipfel, der direkt erreicht wird.

**Zugang:** Zum E wie bei R 210.

**Führe: 1. SL:** Aus der Nische kurz absteigend, dann rechts über Wandstelle (IV—) auf Grasschrofen und Bänder, die rechtshaltend bis zur hier noch gratartigen Kante verfolgt werden (43 m, IV—, dann II und III). **2. SL:** An der gratartigen Kante weiter, bis sie überhängend wird. Hier rechts der Kante weiter und bald wieder an sie zurück. Ein weiterer Überhang wird ebenfalls in Rechtsschleife umgangen, um zum Stand zu gelangen (35 m, IV+). **3. SL:** Vom Stand wenige Meter gerade hinauf (V) und etwas links über leicht brüchigen Fels zu Stand an der Kante (25 m, V, IV+). **4. SL:** Noch an der Kante durch kleine Verschneidung weiter auf Absatz. Hier nun entweder direkt an der Kante (V—) oder leicht rechts davon in flacheres Gelände und leicht zum nahen Gipfel (35 m, IV, dann II und I).

● **212    Südostflanke**
Erstbegeher unbekannt.
**I** (längere Stellen in der Schlucht), überwiegend jedoch (steiles) Gehgelände. Fast nie gewählter und objektiv auch gefährlicher Aufstieg zur Gehrenspitze. Zumeist wegloses Gelände, anstrengender Anstieg!
Höhenunterschied von der Gehrenalm (R 32) zum Gipfel: etwa 550 m. Zeit: 2 Std.

**Zugang:** Von der Gehrenalm folgt man zunächst noch dem Weg zum Gehrenjoch um ihn dann rechtshaltend in Richtung Blachenspitze (auffallender Grat!) zu verlassen.

**Führe:** In Serpentinen dann steil und mühsam zum Fuß einer Rinne links dieses auffallenden Grates. Diese Rinne verengt sich bald zur Schlucht und leitet in leichter Kletterei (I, sehr steinschlaggefährdet!) zum Ostgrat der Gehrenspitze. Dieser leitet dann unschwierig über steile Grashalden zum nahen Gipfel.

● **213    Ostgrat**
Erstbegeher unbekannt.
**III**, überwiegend jedoch Gehgelände mit kurzen Stellen im I. und II. Grad. Landschaftlich eindrucksvolle und reizvolle Gratkletterei, die weit mehr Anforderungen an die Tritt-

sicherheit in grasigem Gelände als an die reine Kletterfertigkeit stellt. Gratlänge: 600 m. Zeit: etwa 2 Std.

**Übersicht:** Der Ostgrat der Gehrenspitze reicht mit seinen Ausläufern fast bis in den Talkessel von Reutte. Jedoch beginnt die eigentliche Führe erst über der Baumgrenze, rechts des ersten steilen Aufschwunges. Man erreicht von Norden den Grat und über die Durrenspitzen und den markanten Kopf der Blachenspitze den Gipfel der Gehrenspitze.

**Zugang:** Von den Böden der Hahlalp in Richtung Nordflanke der Gehrenspitze (zur Hahlalp über R 40). Nun immer den leichtesten Weg suchend im Steilgras und in leichten Schrofen, einige Bänder benützend auf den Grat.

**Führe:** Auf ihm nun zunächst unschwierig, dann steiler werdend, jedoch noch unschwierig zum Ostgipfel der Durrenspitze (etwa 1850 m). Nun in der Nordseite etwas absteigend und ausgesetzt hinunter und auf schrofigen Bändern in die Scharte zwischen den beiden Durrenspitz-Gipfeln. Aus der Scharte dann steil zum Westgipfel (Kreuz) und weiter auf dem Grat bis zu einem steilen Abbruch. Nun durch einen kleinen Kamin südseitig hinab. Unter den steilen Felsen querend in kleines Schartel. Am Grat oder manchmal in die Flanke südseitig ausweichend und zuletzt über plattige Schrofen zum höchsten Punkt der Blachenspitze (III). Nun nordseitig leicht absteigend, einigen Türmchen ausweichend in Scharte und am Grat oder nordseitig in steilem Gras zum Gipfel der Gehrenspitze.

● **214    Nordostwand**
Adam, v. Schwerin, 1921.
III +, kurze Einzelstellen, jedoch überwiegend II und III. Fast nie begangene und im Verhältnis zum langen Zustieg doch recht kurze Kamin- und Rinnenkletterei.
Wandhöhe: 400 m. Kletterlänge etwa 200 m (+ 200 m Gehgelände). Zeit: etwa 2 Std.

**Übersicht:** Die Nordwand der Gehrenspitze wird in zwei Hälften durch den vom Hahlejoch kommenden Grat getrennt. In der linken (östlichen) Hälfte befindet sich ein von Kaminen und Schluchten durchzogener Wandstreifen in dem die Führe verläuft. Sie hält sich an eine auffallende Schlucht, die oben in einem schwarzen Kamin ausläuft. Links von ihm erreicht sie sodann einen Seitengrat und über ihn leicht den Gipfel.

**Zugang:** Vom Hahlejoch (R 40) über den grasigen Rücken zur Wand.

Zunächst linkshaltend über Steilgras und Schrofen zum Ansatz der Schlucht (E).

**Führe:** Die Schlucht zunehmend schwieriger hinauf bis zum Beginn des markanten schwarzen Kamins. Hier wird eine Seitenrinne, die nach links abzweigt, etwa 20 Meter verfolgt. Jetzt über eine kurze Wandstelle (III +) hinweg und zu Stand in weiterer Rinne (25 m, III, III +). Noch etwa 30 Meter die Rinne verfolgend, bis man links über eine neuerliche Seitenrinne auf die linke Begrenzungsrippe der Hauptrinne gelangt (III). Ihre Kante wird zunehmend leichter und leitet in grasiges Gelände. Über einen Grasrücken dann unschwierig in einer Viertelstunde zum Gipfel.

- **215**    **Nordostkamin-„Böldkamin"**
  W. Böld, 1904.
  **III** (längere Strecken), zumeist jedoch II und leichter. Im untersten Abschnitt und in der Gipfelzone viel Gehgelände.
  Wenig gemachte, jedoch zeitweise nicht unschöne Kamin- und Rinnenkletterei in gutem Fels.
  Wandhöhe: 400 m. Kletterlänge etwa 200 m (+ 200 m Gehgelände). Zeit: 2 Std.
  Foto Seite 303.

**Übersicht:** Der schon bei der Nordostwand (R 214) erwähnte Wandstreifen wird rechts vom Nordnordostgrat, der im Hahlejoch ausläuft, begrenzt. Knapp links davon befindet sich eine in eine verborgene Schlucht eingeschnittene Kamin- und Rinnenreihe, die die Führe benützt. Im oberen Teil (Gehgelände) erreicht sie gemeinsam mit der Nordostwand den Gipfel.

**Zugang:** Wie bei R 214 den begrünten Rücken hinauf. Zuletzt leicht linkshaltend die Felsen rechterhand umgehend, erreicht man mit einer abschließenden Rechtsquerung einen Geröllstreifen. Dieser leitet etwas linkshaltend in eine vorher nicht einsehbare Schlucht (bis hierher meist Gehgelände).

**Führe:** Die Kaminreihe hinauf bis zu ihrem Ende. Bei den Gabelungen benützt man immer den jeweils linken Ast (teilweise III). Durch eine kurze Rinne am Ende der Kaminreihe wird dann ein kleines Schartel erreicht, das nach links aufwärts verlassen wird. Nach Erreichen eines weiteren Schartels gelangt man in unschwieriges Gehgelände. Über steile Grashalden sodann in etwa 15 Minuten zum Gipfel.

● **216**   **Nordnordostgrat**
Erstbegeher unbekannt.

IV (einzelne, teils längere Passagen), jedoch meist III und leichter. Im unteren Bereich und in der Gipfelzone Gehgelände wie bei der NO-Wand und dem Böldkamin.

Nur ganz selten durchstiegene und mehr durch landschaftliche Reize hervorstechende Führe. Teilweise etwas brüchig.

Grathöhe: 400 m. Kletterlänge etwa 230 m (+ 200 m Gehgelände). Zeit: 2—3 Std.

Foto Seite 303, 311.

**Übersicht:** Der Nordnordostgrat bildet die rechte Begrenzung des linken Teiles der Gehrenspitze-Nordwand und läuft im Hahlejoch als Grasrücken aus. Im untersten Teil und in der Gipfelzone verläuft er gemeinsam mit NO-Wand und Böldkamin. Der unterste Abbruch des Grates wird noch links umgangen, während sich die Führe im weiteren Verlauf immer am Grat hält. Dieser läuft dann oben flach aus und über den Gipfelhang wird leicht der höchste Punkt der Gehrenspitze erreicht.

**Zugang:** Vom Hahlejoch (R 40) den begrünten Rücken hinauf bis er sich in der Wand verliert.

**Führe:** Nun links vom untersten, felsigen Gratabbruch über steile, grasdurchsetzte Schrofen hinauf bis man ohne größere Schwierigkeiten wieder nach rechts zur Gratschneide queren kann (bis hierher teilweise II). Nun rechts der Gratschneide durch breiten Riß hinauf und wieder links an die Kante und zu Stand. Ein nun folgender Steilaufschwung wird gerade überklettert (IV). Wieder auf der Schneide, gelangt man zu einem Köpfel (Tiefblick in die von rechts heraufziehende Schlucht). Hinab in die nächste Scharte und einige Meter in einer von links heraufziehenden Rinne hinunter. Jetzt an der Wand des folgenden Felsturmes gutgriffig empor und linkshaltend in etwas grasige Verschneidung. Zunächst in ihr weiter, dann rechts heraus und in einem kleinen Kamin leichter werdend zum höchsten Punkt des Gratturmes (teilweise IV). Links hinab in ein Schartel, in dem auch der Böldkamin mündet. Sodann noch eine Seillänge weniger schwierig linkshaltend in leichtes Gelände, das bald zum Gipfel leitet.

## ● 217 Linker Nordostpfeiler-„Marktoberdorfer Pfeiler"

K. Metterlein, D. Elsner, 1976.

VI—/A1 oder frei VI+; aufgeteilt wie folgt: VI— (einige, zum Teil längere Stellen), überwiegend V, nur im obersten Teil leichter. Drei Stellen VI—/A1 oder frei VI+.

Bisher kaum wiederholte, jedoch sehr lohnende und nicht einfach zu kletternde Führe in teils hervorragendem Fels.

ZH im Fels. Einige H für die Standplätze von Vorteil. Wie bei allen Routen an der Nordwand der Gehrenspitze ist auch beim Linken Nordostpfeiler der Fels abwärtsgeschichtet und ausgesprochen klemmkeilfeindlich! Für die Plattenseillängen ist die Mitnahme einiger Sanduhrschlingen sehr zu empfehlen. Im jetzigen Zustand bietet die Führe schöne Freikletterei und dies sollte auch so bleiben!

Wandhöhe: 400 m. Kletterlänge etwa 350 m (+ 150 m Gehgelände). Zeit: 4 Std.

Foto Seite 303, Skizze Seite 299.

**Übersicht:** Der linke Wandteil weist zwei auffallende Pfeiler auf. Über den rechten, teilweise gelben Pfeiler führt der Nordostpfeilerweg (R 218) hinauf, während der linke Pfeiler von dieser Führe bezwungen wird. Ihren Anfang nimmt die Führe knapp rechts der Fallinie einer großen schwarzen Nische. Mittels einer Riß- und Kaminreihe wird die untere Pfeilerhälfte überwunden, um hernach mittels Linksquerung den oberen Teil des hier nun ausgeprägten Pfeilers zu erreichen. Dieser wird nun bis zu seinem Ende und weiter zum Gipfel verfolgt.

**Zugang:** Vom Hahlejoch (R 40) in wenigen Min. zum E. Wenige Meter über dem Karboden bei markantem Vorbau, knapp rechts der Fallinie der eingangs erwähnten Nische.

**Führe: 1. SL:** Über den plattigen Vorbau leicht linkshaltend unter kleinen Überhang. Über ihn hinauf und zu Stand auf Grasleiste (40 m, III, IV+). **2. SL:** Leicht linkshaltend über plattige Wand (V—) in seichte Wanne. Rechts zu Plattenwulst und über ihn hinauf (A1 oder VI+) in kleine Nische. Links an Kante zu seichtem, abwärtsgeschichtetem Riß. Ihn anstrengend weiter (VI—, A1 oder VI+) und zuletzt hangelnd links zu Stand (43 m). **3. SL:** Über gestufte Wand rechtshaltend hinauf zu Rißgabelung. Den rechten Riß weiter, zuletzt unter Wulst links heraus zu Stand an Ringhaken (43 m, V—, V). **4. SL:** Zunächst fallender Linksquergang auf Grasband und links weiter zu Stand bei 4 Sanduhren (25 m, I, II). **5. SL:** Über Plattenwand herrlich hinauf, zuletzt linkshaltend (A1 oder VI—) zu Verschneidung, die links hinauf an die Pfeilerkante und zu Stand leitet (IV+, V+, 35 m). **6. SL:** Einen ge-

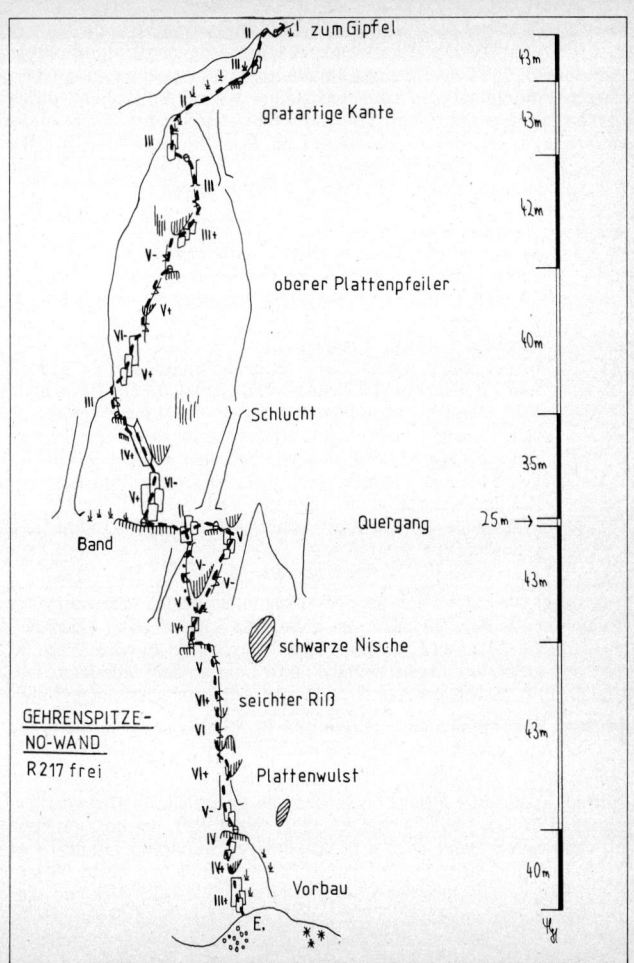

zum Gipfel

43 m

gratartige Kante

43 m

oberer Plattenpfeiler

42 m

40 m

Schlucht

35 m

Quergang        25 m →

Band

43 m

schwarze Nische

seichter Riß

43 m

GEHRENSPITZE-
NO-WAND
R 217 frei

Plattenwulst

VI+

V-

IV

IV+

40 m

III+

Vorbau

E.

299

neigten Riß weiter unter senkrechte Plattenwand. Diese rechtshaltend hinauf (V+, VI—) zu Einrissen und mittels diesen zu Stand (40 m, Wandbuch). **7. SL:** Noch einen kurzen Riß hinauf, sodann unter Überhängen Plattenquergang nach rechts und wieder linkshaltend durch Rißkamine zu Stand (42 m, V—, dann III+). **8. SL:** Kurz links an die gratartige Kante und an ihr hinauf zu weiterem Stand (43 m, III). **9. SL:** Nun noch eine Seillänge am Grat (III, 43 m) bis man über steile Grashalden nach etwa 15 Minuten den Gipfel erreicht.

● **218 Nordostpfeiler**

M. Bertle, Ph. Albrecht nach Vorarbeiten von H. und B. Loderer und J. Trenkle mit den Erstbegehern, 1965.

VI—, A1/2, frei VI; aufgeteilt wie folgt: VI— (eine Stelle), überwiegend jedoch V und V+, nur oben leichter. Längere Strecken A1, A0, 2 Stellen A2.

Bisher wenig wiederholte und etwas überbewertete, jedoch sehr eindrucksvolle Wand- und Rißkletterei. Im gelben Wandbereich überwiegend technische Kletterei. Werden die ersten 3 Seillängen frei geklettert, so erhöhen sich die Schwierigkeiten auf VI! Sollten im technischen Teil der Führe Haken fehlen, so kann das Anbringen neuer durchaus A3 sein! ZH im Fels, SH nur im schweren Teil.

Wandhöhe: 400 m. Kletterlänge etwa 380 m (+ 150 m Gehgelände). Zeit: etwa 5 Std.

Foto Seite 303, Skizze Seite 301.

**Übersicht:** Die Führe leitet über den rechten der beiden schon eingangs erwähnten Pfeiler. Auffallend ist dabei eine schräge gelbe Verschneidung, die über Platten etwas links ihrer Fallinie erreicht wird. Nach ihrer Durchkletterung wendet sich die Führe links an die Pfeilerkante und erreicht über sie die grasigen Gipfelhänge und unschwierig den Gipfel.

**Zugang:** Vom Hahlejoch (R 40) in wenigen Minuten zum Einstieg, der sich in Fallinie einer den Pfeiler links begrenzenden Schluchtrinne befindet.

**Führe:** Leicht auf ein Band, über dem die eigentliche Plattenwand beginnt (25 m, II). Etwas rechts zu einem feinen Riß, der im Zick-Zack auf ein weiteres Band leitet. Auf ihm links zu Standplatz (30 m, IV+, V+). Den hier ansetzenden Piazriß (VI—) hinauf und etwas leichter unter Platte. Linkshaltend über sie hinweg (A0 oder VI) und eine Kaminrinne zu Stand unter schwarzer Verschneidung (43 m, IV+, VI—, A0). Die Verschneidung mit abschließendem Überhang (A0 oder VI) hinauf in Rißkamin. Nach diesem rechtshaltend zu Stand auf klei-

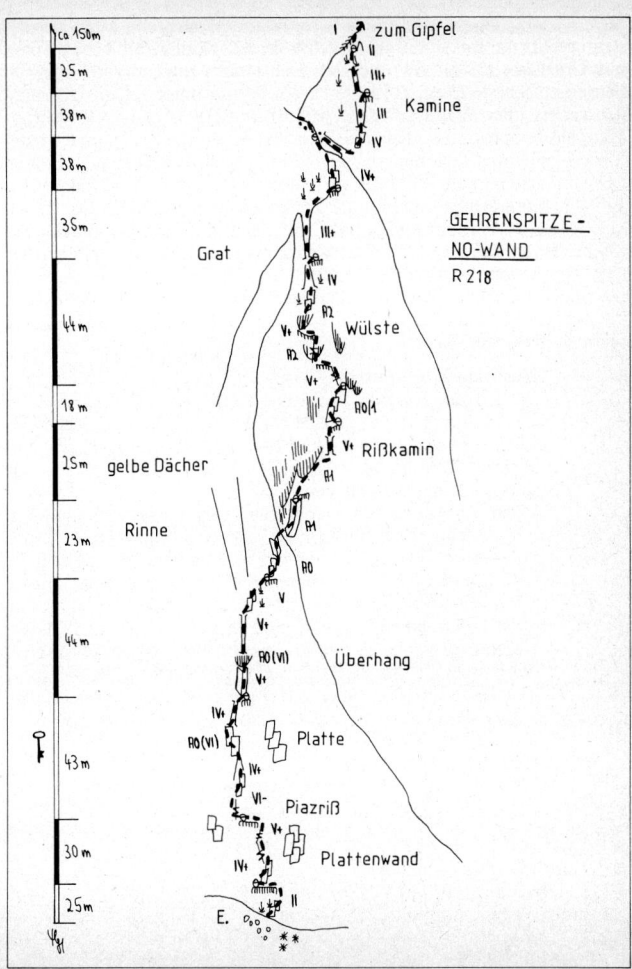

GEHRENSPITZE-
NO-WAND
R 218

301

nem Absatz (44 m, V+ / A0). Über glatte Wandstelle (A0) gerade, dann rechts um Eck in die große gelbe Verschneidung. Schlechter Stand auf Grasleiste (23 m, A1, A0/V). Den Haken folgend zu Körperriß. Diesen zu Stand (25 m, A1, A0/V+). Weiter unter gelben Überhängen rechts über Wand zu Stand auf Absatz (18 m, A1, A0). Mittels Hangelschuppe unter großen Überhang. Über ihn (A2) und wieder links hangelnd unter neuerlichen Wulst. Nach dessen Überwindung (A2) in geneigterem Gelände zu Stand (44 m, A2/V+, dann IV). Links in Kaminrinne und hernach rechts weiter zu Stand (35 m, III+). Die folgende Plattenwand hinauf auf Seitengrat und zu Blockstand (38 m, IV+, dann I). Den Grat weiter bis er sich verliert. Nun rechts absteigend, dann wieder über Platten hinauf in Kamin. In ihm zu Stand (38 m, I, dann IV). Noch eine Seillänge flacher werdend linkshaltend auf weiterer Grat (35 m, III). Nun unschwierig über Grashalden leicht rechtshaltend zum Gipfel.

- **219**    **Nordwand-„Battertriß"**
  W. Stösser, L. Hall, F. Schütt, 1928.
  **VI+**, eine Stelle A1, aufgeteilt wie folgt: VI+ (2 Stellen im Riß), überwiegend VI und VI—, nur vor und nach dem Riß leichter. Eine Stelle (1 H) in der 2. Rißseillänge ist A1, ansonsten reine Freikletterei.
  Bisher äußerst selten wiederholte, sehr ernste Riß- und Kaminkletterei. Eine der schwierigsten der Tannheimer Gruppe! ZH im Fels, SH nur zum Teil. Der Fels dieser Route ist sehr kompakt und klemmkeilfeindlich. Daher sind längere Strecken zwingend ohne Sicherung zu erklettern! Fast nie ganz auftrocknende Nässe und einige heikle, meist nasse Überhänge geben der Führe einen sehr ernsten Charakter, der durch die oft eiserfüllte Gipfelschlucht noch verstärkt wird. Nur alle paar Jahre trifft man im Riß auf optimale Verhältnisse.
  Wandhöhe: 500 m. Kletterlänge etwa 530 m (+ 180 m Gehgelände). Zeit: 4—8 Std.
  Foto Seite 307, 311, Skizze Seite 305.

**Gehrenspitze von Nordosten**

Foto: W. Mayr

Gehrenspitze

**Übersicht:** Der rechte (westliche), etwas konkave Teil der Nordwand weist einen auffallenden Schluchtgraben auf. Zu ihm führt eine Rampe und ein feiner Riß („Battertriß"). Kurz vor einem Torbogen im Schluchtgraben wird er über seine linke Seite verlassen und der so erreichte Seitengrat verfolgt, bis er ausläuft. Danach über die Schlußhänge unschwierig zum Gipfel.

**Zugang:** E direkt im Winkel im linken Teil der hier konkav wirkenden Wand. Hierher vom Weg zum Hahlejoch (R 40), der nach Erreichen des Gehrenkares nach rechts hinauf verlassen wird (1 Std. ab Musauer Alp).

**Führe: 1. SL:** Über Rinne rechtshaltend zu schottrigem Absatz (25 m, II). Geneigte Platten rechtshaltend zum Beginn einer enger werdenden Kaminrampe. Über ihr Stand (45 m, IV +). **2. SL:** Nun nicht die Kaminreihe weiter, sondern links über Wandl (V +) in eine plattige Rinne, die in leichteres Gelände leitet. Linkshaltend zu Stand (45 m, V +), dann III). **3. SL:** In kleiner Rechtsschleife zu Verschneidung, direkt im Winkel. Diese hinauf zu Stand bei Schuppe am Beginn des Battertrisses (35 m, IV +, V). **4. SL:** Den Riß gut 20 m hinauf, dann rechts über Plattenwand zu gutem Stand (30 m, VI—, VI). **5. SL:** Quergang zurück in den Riß und über Überhang heikel hinweg (A 1, dann VI +). An der linken Wand weiter und wieder in den zumeist feuchten Riß. In ihm anstrengend hinauf, zuletzt splittriger Wulst, in einen kleinen Kamin (Stand; 40 m, VI und VI +, 1 H A 1). **6. SL:** Links an Kante und über Überhang hinweg zum nun geschlossenen Riß. Diesen gerade weiter bis Überhang nach rechts zu einem in gleicher Höhe befindlichen Absatz drängt (Stand, 30 m, VI—, VI). **7. SL:** Wieder links zum feinen Riß und über ihn hinauf (VI, VI +) zum Beginn der etwas links ansetzenden, gewaltigen Schlucht. An ihrem rechten Rand, zuletzt etwas schwieriger zu gutem Stand an zwei Haken (45 m, VI, VI +, dann V—). **8. SL:** Leicht zu einer Verengung (Stand, 40 m, I). **9. SL:** Den glatten Kamin hinauf und links zu Stand (35 m, V +, V). **10. SL:** Über eine abdrängende Plattenwand zuerst am linken Rand hinauf, dann Rechtsquerung und zuletzt wieder linkshaltend über seichten Riß zu Stand an der linken Schluchtseite (39 m, V, V—). **11. SL:** Diese weiter verfolgen, bis links eine Rinne hinaufleitet. An ihrer linken Seite Stand-H (44 m, II, dann III +). **12. SL:** Vom Stand gerade über splittrige Wand auf Rampe, die zu kleinem Pfeiler leitet. Hernach noch einige Meter zu Stand auf Band (43 m, V—, dann III +). **13. SL:** Rechts ansteigend zu Rinne, über den Grat, der die Schlucht links begrenzt leitet (Stand, 40 m, III). **14. SL:** Den nun unschwierigen Grat, teilweise leichte Schrofen, weiter bis er sich in den grasigen Gipfelhängen verliert. Sodann unschwierig über diese zum Gipfel.

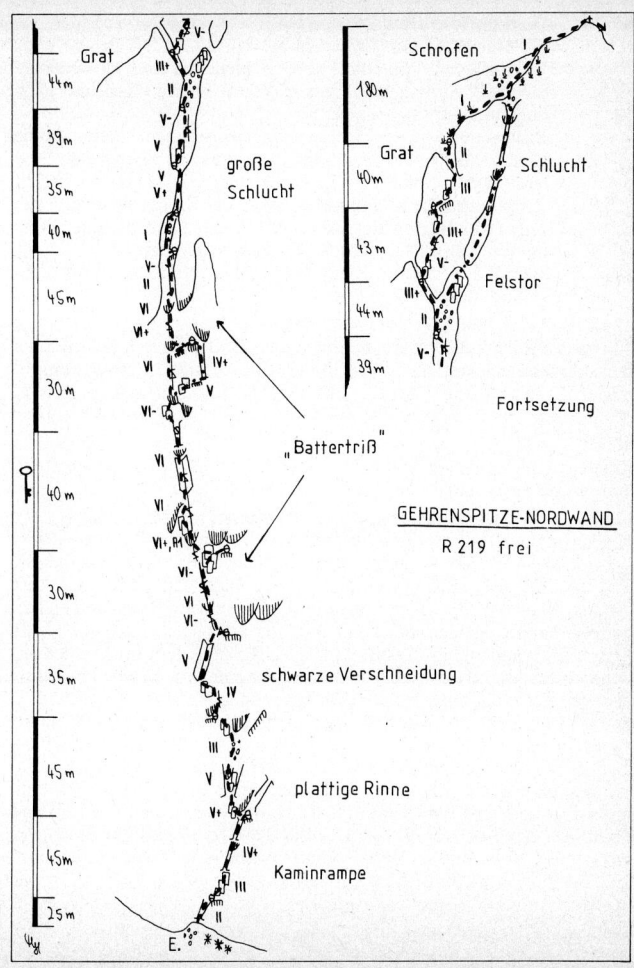

GEHRENSPITZE-NORDWAND
R 219 frei

Grat

44 m
39 m
35 m
40 m
45 m

große Schlucht

30 m
40 m
30 m
35 m
45 m
45 m
25 m

„Battertriß"

schwarze Verschneidung

plattige Rinne

Kaminrampe

E.

Schrofen

180 m

Grat
40 m
43 m
44 m
39 m

Schlucht

Felstor

Fortsetzung

● **220**    **Direkte Nordwand-„Maiselführe"**
W. Maisel, Munz, 1921.

**VI,** aufgeteilt wie folgt: je eine Stelle VI und VI—, einige Stellen V +, längere Strecken V. Im unteren Teil und ganz oben auch etwas leichter.

Bisher nur wenige Begehungen, jedoch sehr nette, alpine Kletterfahrt mit einigen sehr interessant zu kletternden Stellen. Der zumeist abwärtsgeschichtete Fels ist recht sicherungsarm, Klemmkeile sind in der Kaminreihe von Nutzen. (Am Beginn der Kaminreihe stecken rechts oben Verhauerhaken). ZH und SH teilweise vorhanden.

Wandhöhe: 500 m. Kletterlänge etwa 510 m (+ 180 m Gehgelände). Zeit: 5—6 Std.

Foto Seite 41, 311, Skizze Seite 309.

**Übersicht:** Rechts der großen Schlucht des „Battertrisses" fällt im oberen Wandteil ein markanter Einriß auf. Dieser wird in etwas komplizierter Linienführung, zuletzt mit langem Linksquergang erreicht. Nach seiner Durchkletterung erreicht man dann leicht den Normalweg und den Gipfel.

**Zugang:** Zum Einstieg wie beim „Battertriß" (R 219). Jedoch steigt man etwas rechts davon ein.

**Führe: 1. SL:** Über geneigte, schuttige Platten zu Absatz (25 m, II). **2. SL:** In einer Linksschleife über die Wand hinauf zu kleinem Absatz (35 m, III +). **3. SL:** Rechts in plattige Verschneidung und durch sie und über kleinen Wulst (IV +) hinauf. Nun links waagrecht zu Absatz (Stand, 35 m). **4. SL:** Links wenige Meter in geneigte Rinne und rechtshaltend hinauf, zuletzt steiler um eine hier weniger ausgeprägte Kante herum zu Stand (42 m, II bis III +). **5. SL:** Auf dem breiten Schuttband rechts hinauf, zuletzt jedoch über Platten zum Beginn einer darüber ansetzenden, nach rechts hinaufziehenden Kaminrampe (Stand, I, dann III +, 38 m). **6. SL:** Schwierig in sie hinein, dann immer höher zu ihrem vorläufigen Ende bei Absatz (Stand, 42 m, V, IV). **7. SL:** Zunächst leichter, dann wieder steiler zu neuerlichem Stand in der Kaminrampe höher rote Schlinge in der Fortsetzung; 40 m, III). **8. SL:** Nun links über herrliche Platte unter Wulst. Links über ihn hinweg (VI) und Stand auf Band (25 m). **9. SL:** Das Band einige Meter links absteigen, bis es möglich ist in die folgende Plattenwand einzusteigen. Diese hin-

**Am Beginn der Schlüsselseillänge des Battertrisses (R 219)
in der Gehrenspitze-Nordwand.**                    Foto: M. Lutz

auf, an Pfeilerriß weiter, zuletzt durch glatte Verschneidung zu Stand (30 m, V +). **10. SL:** Auf dem großen Band leicht absteigend nach links und über kurze Wandstelle zu Stand auf Absatz, rechts neben kleinem Pfeiler (35 m, II, dann V). **11. SL:** Leicht fallend um den Pfeiler herum in die große Kaminreihe. Zunächst an Einrissen an der linken Wand, dann im Grund hinauf zu Stand (38 m, VI—, V). **12.—14. SL:** Die Kaminreihe noch 3 Seillängen, zuletzt links heraus zum Beginn des Gipfelhanges (etwa 130 m, IV bis V +). Nun leicht zum Normalweg auf den man bei der Scharte im Grat trifft, oder links zum von unten schwer aussehenden, hornförmigen Felsgrat. Dieser leitet in kurzweiliger Kletterei (II bis IV—) nach etwa 150 m direkt zum Gipfel.

● **221**   **Alte Nordwand**

W. Blenk, Wagner, 1905.

**IV,** aufgeteilt wie folgt: IV (längere Stellen, besonders im oberen Wandteil), nur selten leichter als III.

Da die Route nicht immer ganz zwingend vorgezeichnet ist, kann es auch vorkommen, daß die Schwierigkeiten den Grad IV + oder V— erreichen. Kaum ZH vorhanden, ebenso SH. Wird wie alle anderen Routen an der Nordseite nur sehr selten wiederholt.

Obwohl nicht extrem schwierig, so stellt die Führe doch einige Anforderungen an die Kletterfertigkeit (abwärtsgeschichtet, teilweise brüchig) und die Orientierung. Eine der größeren mittelschweren Unternehmungen in der Tannheimer Gruppe.

Wandhöhe: 500 m. Kletterlänge etwa 450 m (+ 200 m Gehgelände). Zeit: etwa 3 Std.

Foto Seite 311.

**Übersicht:** Im rechten Teil der Nordwand bildet die Felsformation ein markantes „U". An der linken unteren Seite des „U" springt ein Felssporn hervor. Etwas links davon beginnt die Führe, die sich im Zick-Zack immer links vom „U" bewegt. Nach Erreichen eines Schuttfeldes wendet sich die Führe in einer Linksschleife zum Ansatz eines nach rechts ziehenden, rampenartigen Kaminsystems. Nach dessen Erkletterung wendet sich die Führe linkshaltend der Gipfelabdachung zu, die über geneigte Felsen erreicht wird. Kurz darauf über den Normalweg weiter.

**Zugang:** Zum E wie beim „Battertriß" (R 219), jedoch im rechten Wandteil bei einem Felssporn, der das „U" links begrenzt.

**Führe:** Im Zick-Zack wird die Wandstufe links vom „U", immer den leichtesten Weg suchend in drei Seillängen erklettert (teilweise IV). Das

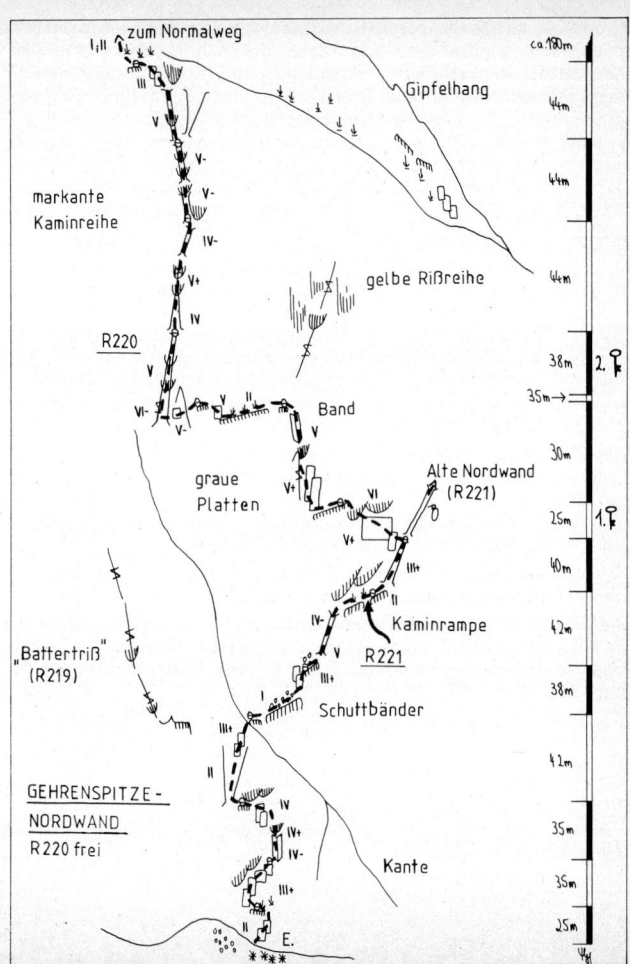

GEHRENSPITZE-
NORDWAND
R 220 frei

309

so erreichte Schuttfeld wird nach links verfolgt um dann wieder rechtshaltend ein Band zu erreichen. Dieses zieht schräg links hinauf und man trifft so kurz mit der Direkten Nordwand (R 220) zusammen. Die jetzt ansetzende Kamin- und Rißreihe wird bis zu ihrem Ende erklettert (4 Seillängen, III, IV). Aus dem Schartel am Ende klettert man linkshaltend an Rissen und über Platten die bald geneigtere Wand hinauf. Nach zwei Seillängen erreicht man so die grasige Gipfelabdachung (III+). Diese wird linkshaltend, meist unschwierig, bis zum Zusammentreffen mit dem Normalweg am Schartel im Grat verfolgt.

● **222**  **Nordwestschlucht**
J. und H. Zametzer, Reichert, 1881.
**III** (wenige kurze Stellen), meist jedoch II und leichter. Viel, zum Teil unwegsames Gehgelände.
Brüchiger Fels, viel Gras und teilweise Latschenwuchs (besonders im unteren Teil) sind wohl zurecht der Grund dafür, daß die NW-Schlucht wohl fast nie durchstiegen wird.
Schluchtlänge: 400 m. Kletterlänge etwa 100 m (+ 300 m Gehgelände). Zeit: etwa 2 Std.

**Übersicht:** Von den Böden der Sabach-Galtalp fallen 2 Grate auf. Der rechte (südliche) dient in seinem oberen Teil dem Westgrat als Anstieg, während der linke eine Route ist. Durch den teilweise schrofigen Graben zwischen den beiden Graten leitet die Nordwestschlucht hinauf. Oben leitet sie dann nach rechts auf den Westgrat.

**Zugang:** Über einen Schuttstrom aus den Böden der Sabach-Galtalp empor zum Schluchtbeginn (teilweise Latschen).

**Führe:** Die Schlucht, immer dem günstigsten Weg folgend, hinauf bis sie flacher und zuletzt unschwierig zu begehen ist. Hier nach rechtshaltend auf den Westgrat und über ihn nicht mehr so schwierig zum Normalweg und zum Gipfel.

**Gehrenspitze, Nordwand**
R 216   Nordnordostgrat
R 219   Nordwand-„Battertriß"
R 220   Direkte Nordwand
R 221   Alte Nordwand
O = Originalweg R 220                              Foto: W. Mayr

—Gehrenspitze

221

221

2201

0

220l

220

219

216

Eigentlich nur ein Ausläufer oder besser gesagt eine markante Grater-
hebung im langen Ostgrat der Gehrenspitze. Ähnlich wie die kreuz-
geschmückten Durrenspitzen (etwa 1850 m, siehe auch R 213, Gehrenspitze Ostgrat), die beide keiner näheren Erwähnung bedürfen. Die
Blachenspitze kann über den Ostgrat der Gehrenspitze erreicht werden.
Von Interesse ist aber lediglich die im folgenden beschriebene Südkante.

● 224 **Südkante**
E. Herb, L. Gratl, 1967.

VI— / A 1, aufgeteilt wie folgt: VI— (kurze Einzelstellen),
überwiegend V und IV. Selten leichter. Einige Stellen A1.
Wenig wiederholte und im oberen Teil recht brüchige
Kanten- und Gratkletterei. Die unteren Seillängen sind jedoch fest und interessant! ZH im Fels, SH jedoch nur zum
Teil. Eine der beiden Minisanduhren in der Schlüsselstelle ist
ausgebrochen, so daß jetzt vielleicht ein Bohrhaken nötig
sein dürfte, da es sich hier um eine fugenlose Wandstelle handelt.
Kantenhöhe: 200 m. Kletterlänge etwa 240 m. Zeit: etwa
3—4 Std.

**Übersicht:** Schon von der Gehrenalm fällt die Südkante auf. Sie ist in
drei Abschnitte zu unterteilen. Den untersten, grauen Kantenpfeiler;
den mittleren, schlanken Aufschwung und den obersten, gelben
Schlußabschnitt. Die Führe steigt etwas rechts der Kante ein, verläuft
dann direkt an der Kante, um zuletzt links von ihr auszusteigen.

**Zugang:** Von der Gehrenalm (R 32) über steile Grashalden in etwa
30 Min. zum E etwas rechts des untersten Kantenfußes.

**Führe: 1. SL:** Zuerst kurz gerade hinauf, dann ansteigender Rechtsquergang über glatte Platte (VI—) und auf einer schmalen Rampe zu einem Überhang. Nach ihm (V + / A1) durch kurzen Riß hinauf zu
Stand an der eigentlichen Kante (35 m). **2. SL:** Über die Kante (IV) zu
ebenem Blockgrat und zu Stand in einer Scharte (30 m). **3. SL:** Nun
weiter Spreizschritt an abschüssige Wand (V) und leicht linkshaltend zu
überhängender Wandstelle. Über diese (V + / A1) hinweg und leichter
zu Stand bei Sanduhr, direkt unter glatter Plattenwand an der Kante
(42 m). **4. SL:** Über die kompakte Platte zu Sanduhr (V + ). Nun
gerade weiter zu einem Ringhaken (VI— ) und mittels einer
Miniatursanduhr (etwa 1—2 mm stark, die zweite SU ist ausgebrochen)
über aalglatte Wand zu Loch (H, A 1). Über einen Überhang (VI—)

weiter und Stand vor weiterem kurzen Grataufschwung (38 m). **5. SL:**
Direkt darüber und am Grat weiter mittels brüchigem Reitgrat zum
letzten Kantendrittel (H). Links der Kante gerade hinauf zu Stand bei
Absatz mit Block (44 m, V). **6. SL:** Kurz links, dann gerade und wieder
nach links zu Haken. Weiter kurzer Rampe folgend schräg links (V).
Zuletzt rechtshaltend zu Haken und weiter in dieser Richtung zum Gipfelgrat (Blockstand, 43 m). **7. SL:** Wenige Meter zum Gipfel (I, II).

● **225**          **Schneide,** 2008 m

An sich unbedeutende, jedoch schöne Nahblicke auf Kelleschrofen und
Gehrenspitze gestattende Erhebung zwischen dem Sabach- und Gehrenjoch. Die Überschreitung ist eine recht nette Gratwanderung mit
kurzen Kletterstellen. Der nach Süden hin abfallende, kurze Steilabbruch wurde auch schon erklettert, ist jedoch aufgrund der Kürze der
Kletterei wenig interessant.

● **226**     **Überschreitung von West nach Ost**
        Erstbegeher unbekannt.
        **II** (kurze Stellen), kurz auch I, zumeist jedoch Gehgelände.
        Hübsche, teilweise etwas ausgesetzte Gratwanderung.
        Zeit: etwa 1 Std.

**Anstieg:** Vom Sabachjoch (R 38) rechts am schmalen Rücken einigen
schwach erkenntlichen Steigspuren folgend zunächst direkt an der
Schneide weiter. Bei einigen Felseinlagerungen rechts ausweichend in
die Südwestflanke. Zuletzt wieder steil auf den Grat. Oder direkt am
Grat weiter (dann II). Am Grat dann etwas ausgesetzt zum Gipfel der
Schneide (teils I). Weiter am Grat oder etwas links davon in der Nordostflanke zum Gehrenjoch (unschwierig).

● **227**     **Südwand**
        Koch, 1980.
        **IV+** (kurze Stellen), zumeist IV und III. Selten leichter.
        Kurze, recht hübsche Kletterei in gutem Fels.
        Wandhöhe: etwa 50 m. Kletterlänge etwa 50 m. Zeit: etwa
        45 Min.

**Übersicht:** Die Schneide bricht nach Süden hin (zum Hochjoch) mit einer im obersten Teil steilen, felsigen, spornähnlichen Wand ab. Über
diese leitet die kurze Kletterei direkt zum Gipfel.

**Führe:** Keine näheren Angaben vorhanden!

● **228**　　　　　　**Hahlenkopf,** 1761 m

An sich unbedeutende Erhebung nördlich des Hahlejoches (R 40).
Hübsche Nahblicke auf die Nordwestseite und die düstere Nordwand
der Gehrenspitze. Als Wanderziel recht lohnend und überraschender-
weise wenig besucht.

● **229**　　**Normalweg vom Hahlejoch**
　　　　Unschwierig.
　　　　Kurze Gratwanderung, kaum Steigspuren.
　　　　Zeit: etwa 30 Min. ab Hahlejoch.

**Anstieg:** Vom Hahlejoch rechts am Gratrücken, teilweise durch Latschen behindert entlang. Kurz einmal rechts ausweichend, zuletzt wieder am Grat etwas felsig zum höchsten Punkt.

# 4. Die Gipfel des Südkammes

● **230**          **Hahnenkamm,** 1940 m

Kuppelförmige Erhebung im Kamm, der von der Gaichtspitze nordwärts in Richtung Schneide zieht, eine Besteigung erfolgt zumeist in Verbindung mit einer Hahnenkammbahn-Auffahrt. Auf dem Gipfel befindet sich eine Sendeanlage der österreichischen Post. An einem ostwärts abfallenden Kamm befindet sich kurz oberhalb der Bergstation ein botanischer Alpenblumengarten, dessen Besuch in jedem Fall lohnt.

● **231**     **Anstieg von der Bergstation der Hahnenkammbahn**
          Unschwierig.
          Kurze, recht hübsche Wanderung. Schöne Nahblicke vom
          Gipfel des Hahnenkamm.
          Zeit: etwa 30 Min. ab Bergstation.

**Anstieg:** Von der Bergstation linkshaltend hinauf zu einer Einsattelung im Kamm. Nun am Kamm rechts über am Ende steile Wiesen zum höchsten Punkt.


● **232**          **Dützel (Titzelberg),** 1820 m

Unbedeutende Erhebung nördlich des Hahnenkammes. Seine Besteigung ist im Prinzip wenig interessant.

● **233**     **Anstieg vom Tiefjoch (südlich)**
          Unschwierig. Es kann ohne Probleme nach Norden zum
          Hochjoch abgestiegen werden. Zeit: etwa 15 Min. ab Tiefjoch.

**Anstieg:** Vom Tiefjoch, R 41, nördlich steil über Wiesen zum höchsten Punkt. Leicht nördlich hinab zum Hochjoch oder auf dem gleichen Weg zurück.


● **234**          **Hornbergle,** 1756 m

Ebenso unbedeutende Erhebung links unterhalb der Bergstation der Hahnenkammbahn.

● **235**     **Anstieg von der Hahnenkammbahn-Bergstation**
          Unschwierige, kurze Wanderung, eher leicht absteigend über
          Weiden.
          Zeit: etwa 15 Min. ab Hahnenkammbahn-Bergstation.

**Anstieg:** Von der Bergstation der Hahnenkammbahn links hinab auf die Weidelböden und etwas ansteigend auf den Rücken des Hornbergles.

● **236**  **Gaichtspitze,** 1988 m

Markanter Bergstock. Bildet den südlichen Abschluß der Tannheimer Berge und hat aufgrund seiner freistehenden Lage für den Besucher eine herrliche Rundsicht parat. Besonders die Hauptkette der Tannheimer Berge ist von der Gaichtspitze aus einzusehen, ebenso, wie auch der Talkessel von Reutte gut zu überblicken ist. Der östliche Ausläufer der Gaichtspitze, die Gundenspitze (1784 m) ist von geringer Bedeutung und kann ohne Schwierigkeiten über den Grat von der Gaichtspitze aus erreicht werden.

● **237**  **Nordanstieg von der Hahnenkammbahn-Bergstation**
Unschwierige, hübsche Wanderung, nur am kurzen felsigen Gipfelaufbau etwas Trittsicherheit erforderlich.
Zeit: etwa 45 Min. ab Bergstation.

**Anstieg:** Von der Bergstation linkshaltend hinauf zu einer Einsattelung im Kamm, der vom Hahnenkamm herüberzieht. Auf dem Kamm links weiter bis zum felsigen Gipfelaufbau. Um diesen herum und linkshaltend zum langen Ostgrat, über den man dann westlich zum Gipfel ansteigt.

● **238**  **Südanstieg**
Unschwierige, landschaftlich sehr hübsche Wanderung. Jedoch etwas anstrengend.
Zeit: etwa 3 Std. ab Tafel beim Gaichtpaß.

**Anstieg:** Von der Gaichtpaß-Straße (Hinweistafel) auf dem Steiglein steil über die teils bewaldeten Südhänge hinauf bis zum langen Ostgrat, den man kurz unterhalb des Gipfels erreicht. Links leicht hinauf zum Gipfel.

● **239**  **Gundenspitze, Westgrat**
Unschwierige, wenig lohnende Wanderung.
Zeit: etwa 30 Min. von der Gaichtspitze.

**Anstieg:** Von der Gaichtspitze am Ostgrat hinab zu seinem gipfelähnlichen vorläufigen Ende (Gundenspitze). Stellenweise Behinderung durch Latschen.

# 5. Gipfel nördlich des Hauptkammes

**● 240**                    **Falkenstein,** 1268 m

Dieses nach Süden und Osten teilweise mit eindrucksvoll steilen Wänden abstürzende Massiv begrenzt die Tannheimer Kette nördlich und ist nicht mit dem Hauptkamm direkt verbunden. Jedoch zählt die Gratwanderung über den Zirmgrat zum Salober bis nach Füssen zu den reizvollsten Unternehmungen im weiten Umkreis. Zudem hat man dabei immer wieder reizvolle Nahblicke zur Tannheimer Hauptkette im Süden, während die Ostallgäuer Seenplatte nördlich einen interessanten Kontrast zur Bergszenerie darstellt. Am Falkenstein selbst und am Wändle bei Füssen „Füssener Wändle" befinden sich zwei lohnende Schlechtwetterziele für extreme Kletterer.

**● 241    Gratwanderung Falkenstein — Salober — Füssen**
Unschwierige, sehr lohnende Wanderung, besonders im Herbst recht hübsch. Gratlänge etwa 5,5 km. Zeit: etwa 3 Std.

**Übersicht:** Der zumeist bewaldete Kamm Falkenstein-Zirmgrat-Salober begrenzt das Vilstal nördlich, während es im Süden von den Tannheimer Bergen eingerahmt wird. Den Falkenstein erreicht man von Pfronten-Meilingen oder von Süden (Pfronten-Steinach). Hernach leitet der Weg zumeist in Kammnähe über den Zirmgrat zum Salober und erreicht dann absteigend den Alatsee. Eine Fahrstraße dient dann als Weiterweg nach Bad Faulenbach und nach Füssen (Busverbindung zurück nach Pfronten).

**Anstieg:** Von Pfronten-Meilingen am Fahrweg entlang, zuletzt durch den Wald zum Kamm (eindrucksvoller Blick auf die Ostabstürze des Falkenstein). Hier nach rechts hinauf zur Burgruine Falkenstein (darunter Wirtshaus). Den Kamm kann man auch von Pfronten Steinach aus erreichen: Über einen zuletzt steilen Serpentinenweg, der unter der Ostwand des Falkenstein zum nahen Kamm führt (etwa 1 Std.). Zunächst wieder zurück zum Kamm, dann etwas links von ihm am ebenen Grat entlang. Zuletzt wieder nach rechts auf den Kamm und zum Zwölferkopf (1238 m). Zumeist am Grat, zuletzt etwas fallend immer in Kammnähe zu einer Einsattelung. („Salobersattel"; hier kann nach links nach Weißensee abgestiegen werden). Wieder etwas ansteigend in der Nordflanke am höchsten Punkt des Salober (1174 m) vorbei zu einer Einsattelung (rechts die österreichische Saloberalpe). Links hinab zum Alatsee und um ihn herum (Wirtshaus) auf eine Fahrstraße, die nach Bad Faulenbach führt. Von dort in etwa 15 Min. nach Füssen hinein.

- **242** **Ostwand**

    X. Schindele und Gef. 1963.

    **V + / A2, A1,** aufgeteilt wie folgt: V + (zwei Stellen), oft IV und V, kurz auch leichter. Mehrere Stellen A1, eine kurze Stelle A2. Von Einheimischen öfters durchstiegene und recht nette Übungskletterei in beeindruckend steiler Wand, ideale Ausweichtour bei schlechtem Wetter. ZH und SH sind im Fels, die Mitnahme einiger H ist zu empfehlen, ebenso ein Doppelseil.

    Wandhöhe: 100 m. Kletterlänge 115 m. Zeit: 1½—2 Std.

**Übersicht:** Die Ostwand des Falkensteins (Wettersteinkalk) weist in der Mitte der Wand eine große Grotte auf („Mariengrotte"). Links unterhalb von ihr steigt die Führe ein und erreicht über einen Vorbau zwei kleine Höhlen. In einer Rechtsschleife leitet sie dann zu einer gelben Verschneidung, erreicht über sie das Schlußdachl und hernach rechtshaltend die Burgruine.

**Zugang:** Wie R 241 zum Kamm und jenseits in steilen Kehren hinab zur Mariengrotte und links unterhalb zum Einstieg. Etwa 45 Min. ab Pfronten-Meilingen.

**Führe: 1. SL:** Über eine etwas splittrige Wand in Rechtsschleife hinauf in große Nische mit zwei kleinen Höhlen (25 m, III +, dann I). **2. SL:** Rechts zu überhängendem Riß, der etwas links, dann rechts auf Pfeiler leitet (V, V +). Hier nun links eine überdachte Rampe zu Stand auf Absatz (32 m, V, V +, dann II). **3. SL:** Über kleinen Bauch (V) und eine überhängende Verschneidung hinauf (A1), zuletzt links über Platte (V +) und einen kurzen Kamin etwas rechts zu Stand (28 m). **4. SL:** Links eine Hangelschuppe hinauf (V, dann A1) unter den weit ausladenden Schlußüberhang. Über ihn direkt (A1, kurz A2) und hernach kurz gerade (V—) dann links über Leiste zu schöner Kante. Diese hinauf (IV +) und bald leichter werdend (II) zu Stand an Baum (40 m). **5. SL:** Rechtshaltend über wenig ausgeprägten Grat zur Ruine am höchsten Punkt des Falkenstein.

**Abstieg:** Jenseits leicht hinab.

● **243**   **„Füssener Wändle"-Westwand**
T. Bartenschlager und Gef.

**A 3 / VI—**, aufgeteilt wie folgt: A2 (längere Strecken), stellenweise A1, A0, kurz auch A3. Einzelne Stellen V und VI—. Nie leichter.

Interessante Haken- und Wandkletterei in festem Fels. Eine ideale Ausweichtour. ZH und SH sind im Fels. Einige Haken sollten trotzdem mitgenommen werden, auch das Doppelseil ist hier von Vorteil.

Wandhöhe: 80 m. Kletterlänge etwa 120 m. Zeit: etwa 2—4 Std.

**Übersicht:** Kurz vor der Grenze Ziegelwies (bei Füssen) erkennt man links im Wald eine steile Wand. Die Führe beginnt ungefähr in Wandmitte (rechts ein großer, gelber Ausbruch) und der weitere Routenverlauf ist durch einige Haken vorgezeichnet.

**Zugang:** Von Ziegelwies (Parkplatz bei Reifen-Socher) einen Fahrweg rechts hinauf, bis es möglich ist, ihn rechts bei einem Blockgewirr zu verlassen. Über Blöcke dann steil zum Einstieg (etwa 20 Min. ab Parkplatz). Stand an Bohrhaken bei abgesprengtem Block.

**Führe: 1. SL:** Über kurze Wandstelle (V) zum ersten Haken. Nun gerade über Überhang (A1) und weiter zu Riß. Hernach rechts kurze Verschneidung zu Stand (25 m). **2. SL:** Rechts wenige Meter weiter, dann gerade (A2) und unter kleinen Überhängen Hakenquerung nach links (A2, A1), zuletzt wieder gerade zu zwei H. Hier gilt es mittels pendelnder Leiter ein links befindliches Seil zu erreichen, an diesem zu weiterem Haken (A3). Kurz gerade, dann links (V) zu Stand (35 m). **3. SL:** An Platte hinauf (V+) und links zu Riß. An ihm über Überhang (A0) und frei unter Dachl. Unter diesem nach links (V+) und mittels H und Untergriffen auf abschüssiger Leiste links (VI—) zu Stand (25 m). **4. SL:** Rechts kurzen Riß zu Hangelleiste (A2 / V+). Hernach über glatte Wand gerade (A1, A0) zu steiler Platte. Auf ihr nach rechts unter Dachl (VI—). Direkt über dieses hinweg (A3, A2), zuletzt frei (V+) zu Graspolstern und noch einige Meter gerade (III+) zu Stand an Baum (35 m).

**Abstieg:** Noch etwas weiter hinauf, dann rechts im Wald querend bis man eine steile Rinne erreicht. Diese hinab, zuletzt im Blockgewirr weiter, bis man rechts unter der Wand zurück zum Einstieg queren kann (15 Min. ab Ausstieg).

**Hinweis:** In der Nähe des Füssener Wändles gibt es auch einen Klettergarten, in dem vom III. bis zum VIII. Grad einiges geboten ist (bis zu 20 m hoch!).

Schritte in der
Vertikalen.
Die Suche des Weges
nach oben.
Warmen Fels in den
Händen fühlen.
Spiel und Kampf
mit der Schwerkraft.
Die Welt um sich
vergessen — leben
nur für den Augenblick.
Mit einem Wort:
Bergsteigen

Wir schaffen Voraussetzungen.
Mit Material, auf das Verlaß ist.

Bergsport
Trekking
Speläologie

vauDe

D-7992 Tettnang 1

Unser informativer Katalog kann kostenlos
angefordert werden. Verkauf nur über den Fachhandel.

# Stichwortregister

Die angeführten Zahlen beziehen sich ausschließlich auf die mit einem
● bezeichneten Randzahlen, nicht auf die Seitenzahlen.

# NOTIZEN

Rückseite beachten

# Berichtigung

(bitte im Umschlag einsenden an Bergverlag
Rudolf Rother GmbH, 8000 München 19, Postfach 67)

Die Randzahl .......... des Alpenvereinsführers Tannheimer Berge, Auflage 1982,
bedarf folgender Verbesserung bzw. Neufassung:

bitte wenden!

Absender:.............................................

Postleitzahl, Ort:.............................................

Straße:.............................................

Die Bergverlag Rudolf Rother GmbH ist berechtigt, diese Berichtigung dem Verfasser zur Bearbeitung der neuen Auflage zuzustellen. Der Verlag wird bei Erscheinen dieser neuen Auflage dem Einsender ein Exemplar zum Vorzugspreis mit 50 % Nachlaß anbieten.

Rückseite beachten

# Berichtigung

(bitte im Umschlag einsenden an Bergverlag
Rudolf Rother GmbH, 8000 München 19, Postfach 67)

Die Randzahl ......... des Alpenvereinsführers Tannheimer Berge, Auflage 1982,
bedarf folgender Verbesserung bzw. Neufassung:

bitte wenden!

Absender:.................................

Postleitzahl, Ort:.................................

Straße:.................................

Die Bergverlag Rudolf Rother GmbH ist berechtigt, diese Berichtigung dem Verfasser zur Bearbeitung der neuen Auflage zuzustellen. Der Verlag wird bei Erscheinen dieser neuen Auflage dem Einsender ein Exemplar zum Vorzugspreis mit 50 % Nachlaß anbieten.

# Kleines Seil- und Knotenbrevier

Zusammengestellt
vom Sicherheitskreis
im Deutschen Alpenverein

Herausgegeben zum
Anlaß des 60jährigen Bestehens
(1920 — 1980) der

# Bergverlag Rudolf Rother GmbH München

## Sicher in die Berge, glücklich nach Hause mit den Führern aus dem alpinen Fachverlag (Stand 1.6.82)

A.F. = Auswahlführer
AVF = Alpenvereinsführer
Gr.F. = Großer Führer
Hln. = Halbleinen
Kl.F. = Kleiner Führer
ku.F. u. K. = Kurzführer und Karten
La. = Laminiert

● Neuauflage in Vorbereitung
■ Neuerscheinung in Vorbereitung

| | |
|---|---|
| Achensee u. Achental, Ku.F. u. K. | 5,80 |
| Adamello-, Presanella-, Baitone-Gruppe, Gr.F. | 24,80 |
| Allgäuer Alpen, Groth, AVF | 32,80 |
| Allgäuer Alpen, Groth, Kl.F. | 15,80 |
| Allgäu, Gr.F., Ringheftung | 29,80 |
| Allgäuer Bergland, A.F. | 13,80 |
| Ammergauer Alpen, AVF | 14,80 |
| Ampezzaner Dolomiten, Kl.F. | 12,80 |
| Ankogel- und Goldberggruppe, Buchenauer, AVF | 20,80 |
| Antholzer Tal, Schnelle, Kl.F. | 12,80 |
| Aostatal, Führer, Kl.F. | 16,80 |
| Bayerisches Hochland **Ost** Kornacher, A.F. | 13,80 |
| Bayerisches Hochland **West** Kornacher, A.F. | 13,80 |
| Bayerisches Hochland, Wochenendtouren, A.F. | 19,80 |
| Bayerische Voralpen Ost, Tegernsee/Schlierseer Berge, Zimmermann, AVF | 29,80 |
| Bayerische Voralpen, Kletterführer, Zebhauser, A.F. ● | ca. 24,80 |
| Bayerische Voralpen vom Staffelsee bis Oberammergau, Kl.F. | 6,80 |
| Bayerisches Inntal, Kl.F. | 4,80 |

| | |
|---|---|
| Benediktenwand-Gruppe, Estergebirge und Walchenseeberge, AVF | 19,80 |
| Berchtesgadener Alpen, Schöner, AVF ● | ca. 32,80 |
| Berchtesgadener Alpen, Schöner, Kl.F. | 15,80 |
| Bergell, Nigg, Kl.F. | 14,80 |
| Berner Alpen, Munter, Gr.F. | 29,80 |
| Berninagruppe, Flaig, A.F. | 26,80 |
| Brandnertal, Flaig, Kl.F. | 9,80 |
| Bregenzerwaldgebirge, AVF | 29,80 |
| Brentagruppe, Wels, Gr.F. | 24,80 |
| Brentagruppe, Kl.F. | 12,80 |
| Chiemgauer Alpen, AVF | 26,80 |
| Civettagruppe, AVF | 29,80 |
| Cristallogruppe und Pomagagnonzug, Schmidt, AVF | 28,80 |
| Dachsteingeb. **Ost**, AVF | 29,80 |
| Dachsteingeb. **West**, AVF | 28,80 |
| Dachsteingeb., End, Kl.F. | 12,80 |
| Dauphiné Haut Kl.F. | 16,80 |
| Dolomiten **Ost**, Hager, A.F. | 13,80 |
| Dolomiten **West**, Hager, A.F. | 13,80 |
| Dolomiten-Höhenwege 1—3, Hauleitner, A.F. | 19,80 |
| Dolomiten-Höhenwege 4—6, Hauleitner, A.F. | 19,80 |
| Dolomiten-Klettersteige **Ost,** Frass/Höfler/Werner/Heindl | 17,80 |
| Dolomiten-Klettersteige **West,** Frass/Höfler/Werner/Heindl | 14,80 |
| Dolomiten, Mittelschwere Felsfahrten, Kubin, A.F. | 24,80 |
| Eggentaler Berge und Latemargruppe, Schnelle, Kl.F. | 10,80 |
| Eisacktal, Oberes, Kl.F. | 19,80 |
| Eisenerzer Alpen, AVF | 19,80 |
| Feltriner Dolomiten, Kl.F. | 12,80 |
| Ferwallgruppe, Malcher, AVF | 20,80 |
| Gailtaler Alpen, Kl.F. | 17,80 |
| Geisler-Steviagruppe, AVF | 29,80 |
| Gesäuse Kl.F. | 17,80 |
| Glockner/Granatspitzgruppe, End, AVF | 34,80 |
| Glockner/Granatspitz- und Venedigergruppe, Kl.F. | 22,80 |

# Kleines Seil- und Knotenbrevier

## A. SEIL-, REEPSCHNUR- und BANDKNOTEN

**Man beschränke sich auf die einwandfreie Beherrschung weniger Knoten. Deshalb sind nachfolgend nur die Knoten aufgeführt, deren Anwendung in Fels und Eis erforderlich ist. Diese Knoten sollten jederzeit, auch nachts, bei schlechtem Wetter und unter Zeitdruck, sicher geknüpft werden können; die Anseilknoten auch bei spiegelbildlicher Betrachtungsweise am Gefährten. Übung ist notwendig! Alle Knoten mit Handkraft festziehen und vor Belastung durch kräftigen Zug in zwei entgegengesetzte Richtungen prüfen, ob einwandfrei geknüpft. Müssen für beide Seilpartner unmittelbar lebenswichtige Knoten geknüpft werden, wie beispielsweise das Zusammenknüpfen zweier Seile beim Abseilen mit Doppelseil, so knüpft der eine Seilpartner den Knoten (Spierenstich oder Bandknoten) und der andere kontrolliert ihn.**

**(1)** Sackstich mit Schlinge beim Knüpfen. **(2)** Sackstich mit Schlinge geknüpft. **(3)** Achterknoten mit Schlinge beim Knüpfen. **(4)** Achterknoten mit Schlinge geknüpft.

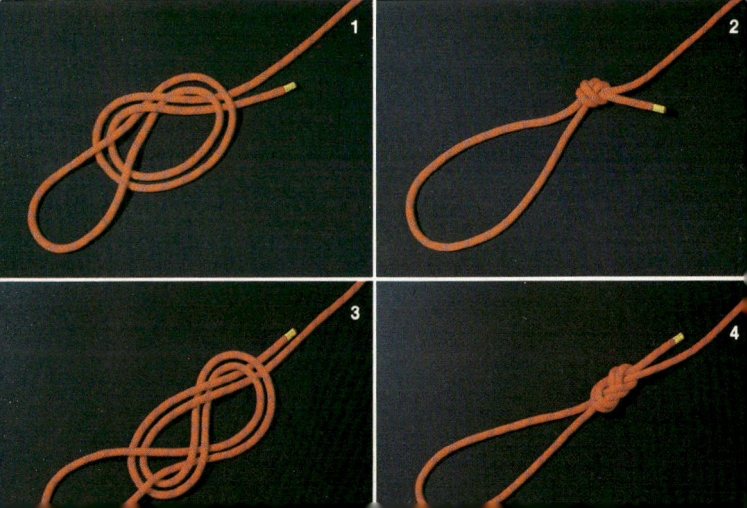

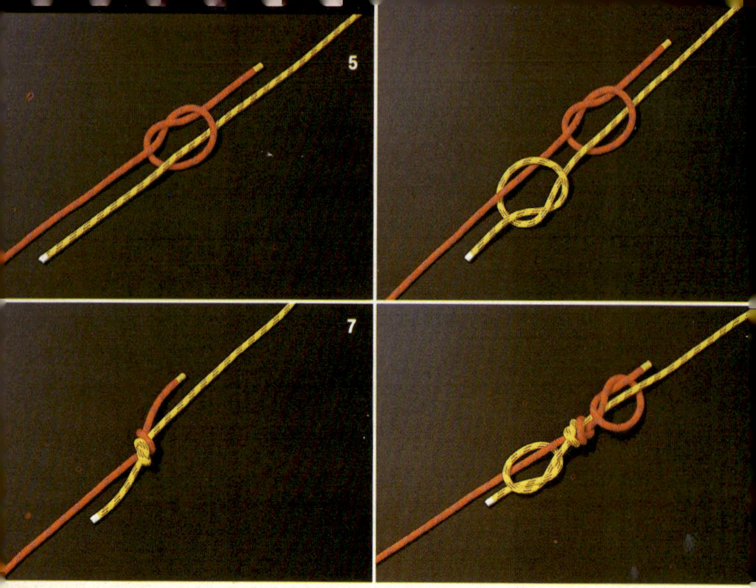

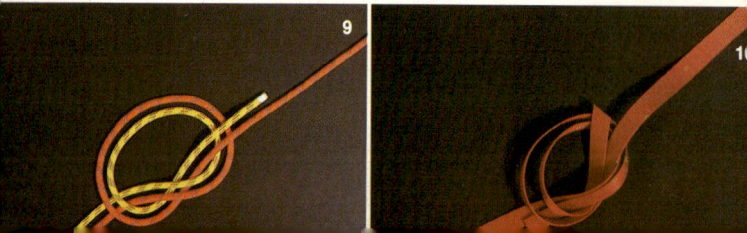

(**5** und **6**) Spierenstich beim Knüpfen. (**7**) Spierenstich geknüpft. (**8**) Spierenstich mit Sicherungsendknoten an beiden Seiten

**Zum Verbinden zweier Seile (40-m-Abseilstellen) Spierenstich oder Bandknoten verwenden. Bei etwas steiferen (weniger geschmeidigen) Seilen nur den Bandknoten verwenden. Er ist sicherer!**
**In Bandmaterial geknüpfter Sackstich oder Spierenstich zieht sich unter Belastung auf. Deshalb für Bandmaterial nur den Bandknoten verwenden!**

(**9**) Bandknoten beim Knüpfen. (**10**) Bandknoten geknüpft.

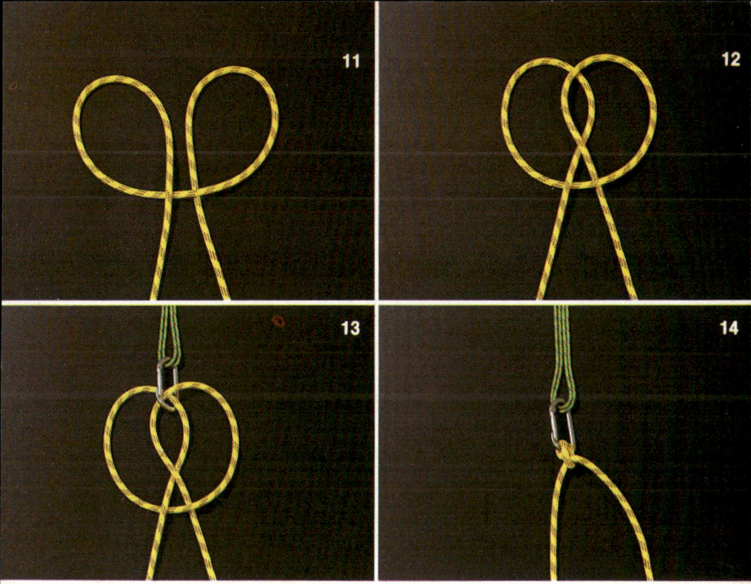

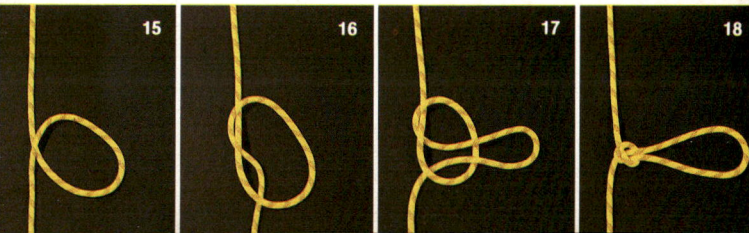

**(11, 12 und 13)** Mastwurf während der verschiedenen Phasen des Schlingen-legens. **(14)** Mastwurf im Karabiner festgezogen.

**Mastwurf zur Fixierung der Selbstsicherung am Standplatz verwenden. Er läßt sich leicht verschieben und damit die gewünschte Länge der Selbstsicherung einstellen. Mastwurf immer gut festziehen! — Der Schleifknoten zur Fixierung eines Gestürzten kann mit einer Hand in den losen Seilstrang hinter der Sicherung geknüpft werden. Schlinge zur Absicherung in Karabiner einhängen!**

**(15, 16 und 17)** Schleifknoten beim Knüpfen. **(18)** Schleifknoten geknüpft.

## B. RETTUNGS- oder KLEMMKNOTEN

**Knoten, die sich — um ein fixiertes Seil gelegt — bei Belastung festziehen (klemmen), sich aber bei Entlastung verschieben lassen. Anwendung: Flaschenzug, Fixieren eines Gestürzten und Aufsteigen am fixierten Seil. Reepschnurdurchmesser etwa halber Seildurchmesser (oder etwas weniger), andernfalls keine ausreichende Klemmwirkung. Bei Nässe Klemmwirkung geringer, dann eine Umschlingung mehr anlegen.**

(**19** und **20**) Ankerstich beim Anlegen und festgezogen (Ankerstich = erste Knüpfphase des Prusikknotens, klemmt nicht!). (**21** und **22**) Prusikknoten beim Anlegen und festgezogen. (**23** und **24**) Prusikknoten mit dreifacher Umschlingung beim Anlegen und festgezogen.

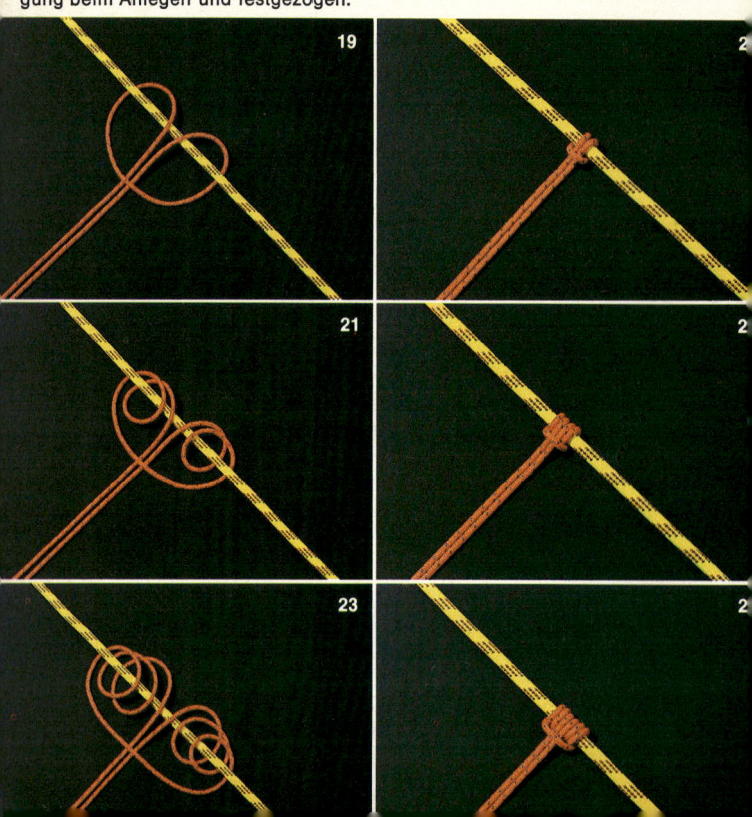

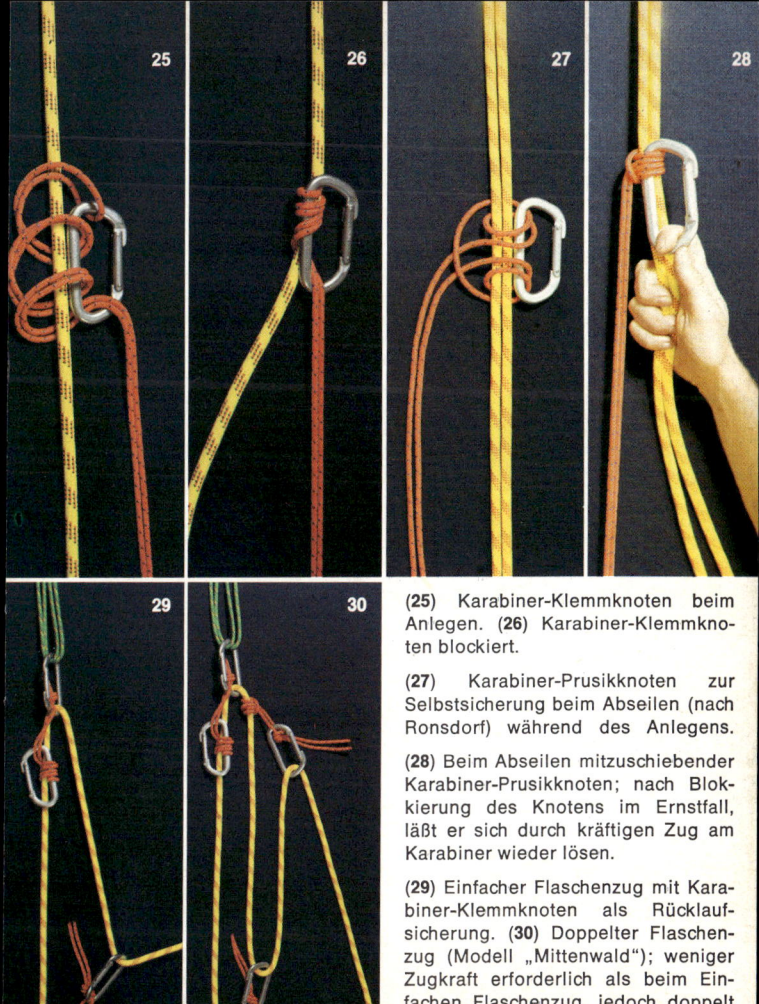

**(25)** Karabiner-Klemmknoten beim Anlegen. **(26)** Karabiner-Klemmknoten blockiert.

**(27)** Karabiner-Prusikknoten zur Selbstsicherung beim Abseilen (nach Ronsdorf) während des Anlegens.

**(28)** Beim Abseilen mitzuschiebender Karabiner-Prusikknoten; nach Blockierung des Knotens im Ernstfall, läßt er sich durch kräftigen Zug am Karabiner wieder lösen.

**(29)** Einfacher Flaschenzug mit Karabiner-Klemmknoten als Rücklaufsicherung. **(30)** Doppelter Flaschenzug (Modell „Mittenwald"); weniger Zugkraft erforderlich als beim Einfachen Flaschenzug, jedoch doppelt soviel Zugweg; Rücklaufsicherung ebenfalls mit Karabiner-Klemmknoten; möglichst kurze Reepschnurschlingen benutzen!

## C. ANSEILKNOTEN und ANSEILMETHODEN

**Nur die Zweipunkt-Anseilmethode mit Brust- und Sitzgurt bietet bei Stürzen und freiem Hängen optimale Überlebenschancen. Freies Hängen, angeseilt nur um die Brust (mit oder ohne Brustgurt bleibt gleich), führt nach 5 bis 15 Min. zu beidseitiger Armlähmung, die das Ende jeder Selbsthilfe bedeutet. Innere Verletzungen stellen sich schnell ein, der Tod nach etwa 2 Stdn., auch dann, kann der Gestürzte noch lebend geborgen werden. Außerdem besteht Gefahr, aus dem Brustgurt zu rutschen. Anseilen im Fels ab Schwierigkeitsgrad III und bei allen Gletscher- und Eistouren nur mit Brust- und Sitzgurt als Einzelstücke oder Anseilkomplettgurt. Frauen tragen den Brustgurt oberhalb der Brust.**

**(32 bis 35)** Anseilen mit Brust- und Sitzgurt mittels gestecktem Achterknoten.
**(36)** Mit Achterknoten fertig angeseilt.

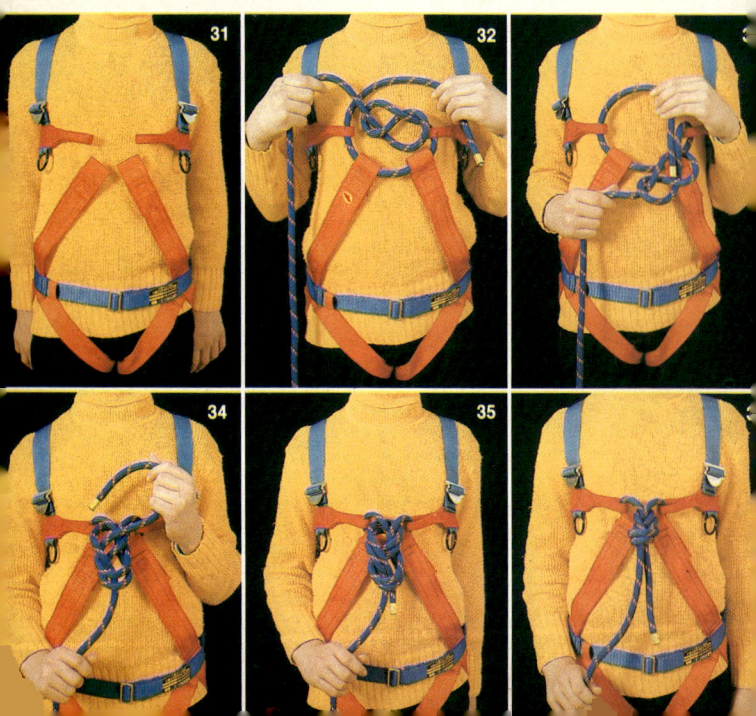

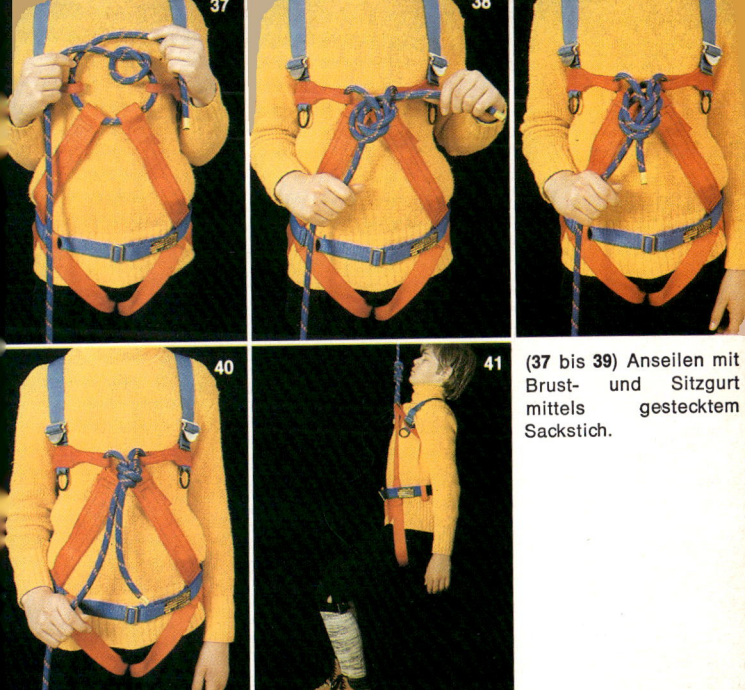

**(37 bis 39)** Anseilen mit Brust- und Sitzgurt mittels gestecktem Sackstich.

**(40)** Mit Sackstich fertig angeseilt.

**(41)** Freies Hängen mit der Zweipunkt-Anseilmethode.

**Anseilpunkt immer vor der Brust! Exakt: Nicht tiefer als der unterste Punkt des Brustbeins. Die Anseilschlaufen des Sitzgurtes müssen bis zum Anseilpunkt vor der Brust heraufreichen** (siehe Bild 31). Sind die Anseilschlaufen des Sitzgurtes zu kurz, müssen sie länger eingestellt oder mittels Reepschnur verlängert werden.

(42) Anseilen mit Anseilkomplettgurt mittels gestecktem Achterknoten.

(43) Anseilen mit Doppelseil und gestecktem Sackstich; in jedes Seil wird separat angeseilt.

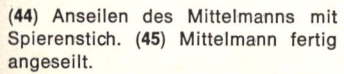

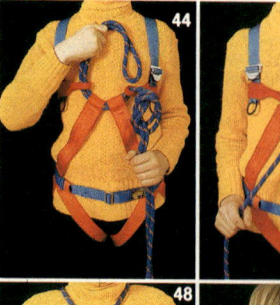

(44) Anseilen des Mittelmanns mit Spierenstich. (45) Mittelmann fertig angeseilt.

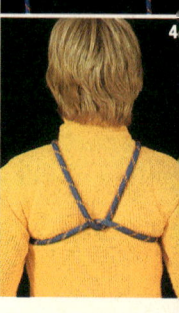

(46 bis 49) Direktes Anseilen ans Seil (mit Spierenstich und Hosenträgerschlinge) ist nur ein **schlechter Notbehelf!** Schon kurzzeitiges freies Hängen im Seil, beispielsweise von einer halben Minute, ist nahezu unerträglich, eine Hängedauer von etwa 10 Minuten führt zu inneren Verletzungen!

Zusammengestellt vom Sicherheitskreis im DAV.
Fotos: Archiv Sicherheitskreis (A, B, C) und Bergverlag Rudolf Rother GmbH (D)
Mit dieser Knotenfibel unterstützt die Bergverlag Rudolf Rother GmbH, München, das Bemühen des DAV und OeAV um die „Sicherheit am Berg".

## D. SICHERN IM FELS

Ein Beitrag zur Sicherheit beim Klettern, zusammengestellt von der Bergverlag Rudolf Rother GmbH.

Die ausreichende Sicherung einer Seilschaft im Fels hat alle Glieder der Sicherungskette zu umfassen:

**Anseilart — Anseilknoten — Seil — Zwischensicherungen — Selbstsicherung am Standplatz — Gefährtensicherung.**

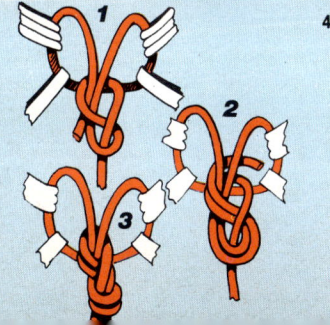

Die folgende Bildreihe einer Seilschaft beim Klettern zeigt das Zusammenwirken dieser Teile der Sicherungskette innerhalb einer Seillänge.

Bei Touren bis zum mittleren Schwierigkeitsbereich wird ein Einfachseil von 45 m Länge verwendet (1)

**Am Einstieg:**

Anseilen durch Einbinden in Brust- und Sitzgurt (2, 3) mittels gestecktem Achterknoten (4, siehe auch Seite 8, Abb. 31—36)

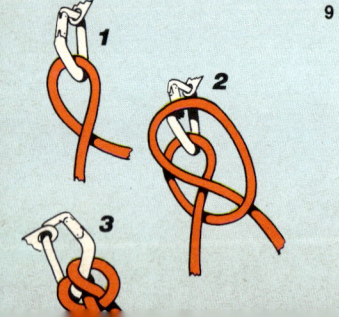

Fertig angeseilt (5)
Das notwendige Material für Zwischen- und Standsicherung ist griffbereit am Klettergürtel aufgehängt (6): Bandschlingen, Klemmkeile mit Karabiner, Expreßschlinge bereits im Seil eingehängt.

**Beim Klettern (7):**
Verschneidungsklettern mit Spreiztechnik; die erste Zwischensicherung ist bereits eingehängt.

**Am Standplatz (8):**
**Selbstsicherung** an einem Klemmkeil (erster Fixpunkt) mit Mastwurf

schlinge (**9**, siehe auch Seite 5, Abb. 11—14)

## Bau der Gefährtensicherung:

Anbringen eines zweiten Fixpunktes (Haken), Legen der Bandschlinge zum Kräftedreieck (**10, 11**) durch Verbindung von beiden Fixpunkten.

Ein Teil der Bandschlinge wird verdreht, (**10**) dann beide Teile in einen birnenförmigen Schraubkarabiner eingehängt (**11**)

Einlegen des **Halbmastwurf-Sicherungsknotens** (**12, 13, 14**)

Handhabung der Sicherung und Einholen des Gefährten (**15**)

### Standplatzwechsel:

Seilzweiter hängt in einen Fixpunkt seine Selbstsicherung (Mastwurf, **16**, **17**), anschließend wird die Gefährtensicherung am Kräftedreieck gewechselt (**17**, **18**).

### Sichern des Vorauskletternden (19):

Beachte: richtiger Seilverlauf — seitlich vom Körper über einem Bein,